中国古代国家治理丛书

周代国家治理

周治天下

Zhouzhi Tianxia

著 马平安

团结出版社

图书在版编目（CIP）数据

周治天下 / 马平安著 . -- 北京：团结出版社，2023.1
ISBN 978-7-5126-9167-4

Ⅰ.①周… Ⅱ.①马… Ⅲ.①中国历史 – 研究 – 周代 Ⅳ.①K224.07

中国版本图书馆 CIP 数据核字（2021）第 186939 号

出　　版：	团结出版社
	（北京市东城区东皇城根南街 84 号 邮编：100006）
电　　话：	（010）65228880　65244790（出版社）
	（010）65238766　85113874　65133603（发行部）
	（010）65133603（邮购）
网　　址：	http://www.tjpress.com
E-mail：	zb65244790@vip.163.com
	tjcbsfxb@163.com（发行部邮购）
经　　销：	全国新华书店
印　　装：	三河市东方印刷有限公司
开　　本：	170mm×230mm　16 开
印　　张：	19.25
字　　数：	294 千字
版　　次：	2023 年 1 月　第 1 版
印　　次：	2023 年 1 月　第 1 次印刷
书　　号：	978-7-5126-9167-4
定　　价：	58.00 元

（版权所属，盗版必究）

前言：轴心时期的华夏文明

王国维在《殷周制度论》中说："中国政治与文化之变革，莫剧于殷周之际"，"殷周间之大变革，自其表言之，不过一姓一家之兴亡与都邑之转移；自其里言之，则旧制度废而新制度兴，旧文化废而新文化兴。"这话说得很有眼光。确实，殷周之际的变革是中国新旧制度的更兴与思想文化的变革。夏商的思想文化以神为本位，而周代的思想文化以人为本位，商周思想文化的变化过程是一个由神治走向德治、从神事走向民事的过程，它体现了中国理性文化的诞生与发展，在中国政治文化思想史上有着重要的意义。

一、中国文化轴心时代的历史划分

周文化是中华文明发展史上一座令世人仰望的丰碑。

德国哲学家卡尔·雅斯贝尔斯认为，公元前10世纪至公元1世纪的千余年间，特别是公元前6世纪至公元前2世纪的400年间，是东地中海沿岸、南亚次大陆、东亚大陆文明次第出现的关键时期，他将世界文化史上的这一特殊历史阶段称作为"轴心时代"。

"轴"，顾名思义就是指物体的旋转中心，引申为极重要的所在。"轴心"即中心或枢纽。

"轴心时代"这个名词，最早是由近代德国哲学家提出来的。

首先提出"历史的轴心"这一概念的是黑格尔。他在《历史哲学》中说："所有历史都走向基督，而且来自基督。上帝之子的出现是历史的轴心。""所以上帝只有被认为是'三位一体'以后,才被认为是'精神'。这个新原则是一个枢纽,'世界历史'便在这枢纽上旋转。'历史'向这里来,又从这里出发。"

显然,黑格尔的"历史枢纽"与"历史轴心"具有相同的意思。

黑格尔这种将基督教及《圣经》的产生作为"历史的轴心"的说法,立足于西方基督教世界,是欧洲中心论的产物,并不能概括全部人类的历史。

此后,德国存在主义哲学家卡尔·雅斯贝尔斯(1883—1969)对人类轴心问题进一步做了比较系统的探讨与分析。他将人类文化划分为四阶段:第一阶段是"普罗米修斯的时代",即语言应用、工具发现、引火及用火的时代;第二阶段是公元前5000年到公元前3000年间,文明出现在埃及、美索不达米亚、印度河流域,稍后出现在中国黄河流域;第三阶段是以公元前500年为中心,从公元前800年到公元前200年,人类的精神基础同时又是独立地在中国、印度、波斯、巴勒斯坦和希腊开始奠定;第四阶段是从公元前200年至今,其中17世纪以降世界进入科学和技术时代。[①]

雅斯贝尔斯的轴心时代论是他的历史理论的核心部分。他认为在第三阶段,人类许多大智慧者首次在中国、印度和西方三个地区出现,这反映了人类意识的觉醒。这时人对历史有了自觉的认识,开始以自己的内心世界抗拒外部世界,借此超越自己和世界。这一时期才是人类历史的真正起点,在此过程中我们看到了最深刻的历史分界线,这个历史分界线即是"轴心时代"。他认为在历史轴心时代之前,由于精神运动没有进入人们意识,因此人们对历史得不到领悟,这时历史出现停滞状态。而当历史变革运动进行到一定阶段时,旧秩序崩溃了,人们的压力增强了,人们的历史意识增强了,人类的存在作为历史而成为反思的对象。这种历史的反思使人们意识到,今世是以无限的过去的历史作为先导的。这时历史意识会获得解放,历史就发生了突破,这样就进入了轴心时代。

---

① 参见[德]卡尔·雅斯贝尔斯:《人的历史》,引自《现代西方史学流派文选》,上海人民出版社1982年版,第39页。

雅斯贝尔斯的轴心时代说的核心特征主要集中在三个方面：人类自我意识的觉醒；人对历史有了自觉的认识；史鉴意识的增强。一句话，"轴心时代"说解决了人类由愚昧走向文明时代的界标问题。

参考雅斯贝尔斯的历史分期理论，笔者认为，周王朝统治时期正好就是中国文化的"轴心时代"。

公元前11世纪，周武王灭商，周王朝建立，到公元前771年周幽王为犬戎所灭之前，为中国历史上的西周阶段；公元前770年，周平王东迁洛邑，春秋时代开始；从公元前475年开始，直到公元前221年秦统一六国，这是中国历史上的战国时代。按照史学界的共识，春秋战国时期统归为中国历史上的东周时代。周代八百余年，恰好是处在公元前1000年到公元前200年之间，正是雅斯贝尔斯所说的"人类精神"基础的奠定时期，也是中华文明的奠基时期。

二、中华政治文明的初步奠基

纵观周代历史，有两座文化高峰，这就是殷周之变时期的宗周文明与春秋战国时期的百家争鸣。

中国文化第一次大的历史性突破是在殷周之变这一关键时期，其文明成就主要表现在周人在总结与扬弃黄帝统一战争、颛顼的"绝地天通"、尧舜的"德治"、大禹的"勤政"、夏殷兴亡的经验教训的基础上，对国家制度、政治文化的全方位新型建设上面。

第一，在"天命"观念上，周人实现了从崇拜依赖上帝与祖先的神本观念到敬德重民的民本观念的转变。

夏殷是神权巫术政治统治的时代。殷人迷信。《礼记·表记》说："殷人尊神，率民以事神，先鬼而后礼。"在殷商时代人们的观念中，帝是最高的神，它与人间的帝王相对，又称为上帝。帝的地位至高无上，具有绝对的权威性，它统管一切自然现象，如风、雨、雷、电，等等；此外，它还主宰人间的一切事物，如征伐、生产、建邑、灾害，等等。作为商族的至上神——"帝"，确切地说它更是殷王的保护神和象征，亦即殷商时代的官方神，不过在表面上它代表并保护的是所有的人。殷人还盛行祖先崇拜，而且这种崇拜比对上帝有过之而无不及。祖先像"帝"一样统管一切，殷王不仅事事都要卜问祖先，而且对祖先还有一套极为烦琐的祭祀制度。殷王先祖作为鬼王不仅要管理鬼间世界，更重要的是帮助在世的殷王巩固其对人间的统治。它不仅直接命令活着的臣属俯首听命于殷王，而且还能令臣属祖先的鬼魂教训其子孙听命于殷王。殷王祖先的权力之大，涉及政治统治、刑罚和军事等各个方面，这不仅是殷王实际具有的权力的反映，而且是殷商王朝的国家职能在宗教崇拜中的表现。殷王对上帝的权威是绝对信任的，认为有了上帝保佑，必然万事大吉，即使大难临头之时，也会若无其事。例如殷纣王面对王朝危机就满不在乎，大臣祖伊进谏，提请他注意，他却说："呜呼！我生不有命在天？"[①]绝对相信"我生有命在天"的泱泱"大邑商"被"小邦周"打败，使周人在历史的反省中产生了对天命的怀疑。"我不可不监于有夏，亦不可不监于有殷。我不敢知曰：有夏服天命，惟有历年。我不敢知曰：不其延，惟不敬厥德，乃早坠厥命。我不敢知曰：有殷受天命，惟有历年。我不敢知曰：不其延，惟不敬厥德，乃早坠厥命。"[②]所以他们在建国之初就制定了"敬德保民"的主导思想，把从政的重点从神权向人治的方向转移。

把从政的重点从神权向人治的方向转移，不是说周人不相信天命，周人还是把天放在第一位的，不过他们跟殷人绝对相信天命而放纵自己的态度截然不同。他们认为天命是政治的根本，民众是"天命"的决定者。西周统治者还认为"天命靡常""天畏斐忱"，要保有天命，必须靠自己的努力去维持，靠自己的道德去维持，使它永远配我有周，不转移。这是周人"敬德保民"思想的落脚点之所在。

"敬德"包括的范围很广，尊祖敬宗，亲亲孝友，尽心治民，不怠惰，不康

---

① 《尚书·西伯戡黎》。
② 《尚书·召诰》。

逸，慎刑罚，行教化，大凡信仰道德、治政态度、治政表现、政策刑罚的各个方面都归入了"德"的范畴。依据"德"的原则，周人坚持统治者对天、对祖要诚，束己要严，治政要勤，要与人为善，不得已用刑要慎之又慎，这显然是有鉴于殷末诸王荒淫失国对执政者提出的要求。"皇天无亲，唯德是辅。"[1]周人认为，皇天不会偏袒任何人，只帮助那些有德的人。用自己的"德"去保持天命，巩固自己受命者的地位，自己给自己求取更多的福佑，这才是真正的保有天命——这种靠自己的力量、靠道德的力量去维持天命的思想，无疑具有进步的因素。

"敬德"一个最重要的内容是"保民"。

周人从殷灭亡的事实中看到，不关心民众的生存，就会引起民众的反叛，所以特别强调对民众愿望、情绪、生活、好恶的重视。周初统治者把天意和民意结合起来，甚至在某种程度上把民意看成是天意的体现，这确实是在看到了民众的力量之后作出的结论。

周初敬德思想对神权即天命思想的修正，在天命观念中纳入了人治和道德的内容，这是中国思想史上的一大进步。自然，"敬德"也好，"保民"也好，周人归根结底是把它们当作维持天命的手段来使用的。不过，唯其如此，"敬德保民"的思想才能在继承旧有的鬼神信仰的同时强化其道德内涵，用人治和道德限制神权的发展，最终把神权排除在主导地位之外。"敬德保民"思想把民情当作天意的晴雨表，在神学里注入最现实的内容，中国文化开始由崇拜鬼神向重视人在世界上的地位与作用转变，这是中国理性文化思潮的开始。以此为标志，中国政治开始逐渐走上"不语怪力乱神"的面向人伦的政教体制，神学逐渐被推向"神道设教"的附属地位，这是周人对殷商以来天命观念的调整与突破。

第二，"史鉴"意识开始觉醒，统治者开始自觉地总结前人的历史经验教训，将重视历史作为一种重要的文化意识。

周初统治者推翻商纣王政权以后，面临着巩固政权、制定新的统治政策和方

---

[1]《尚书·蔡仲之命》。

针的一系列任务。显然，从这场亲身经历的周武革命中，周公等一些头脑比较清醒的政治家看到了民众身上所蕴藏的巨大的力量。水能载舟，亦能覆舟。周初统治者，从夏商周兴替的历史与周先王之鉴中发现了历史资源的重要性，并将此转化成为他们治国理政的历史依据。

历史意识的升华和对历史经验教训的批判总结，使周人逐步摆脱了殷人那种完全用神权来维护政权的思想观念。以武王、周公为首的周初统治集团能够以历史理性来认识政治、社会和人生的各种问题，否定"君权神授"，提出"君权天授"进而提出了"敬德保民"等全新而重要的政治思想主张，推动了一场华夏古国前所未有的伟大的思想解放运动。作为高瞻远瞩的大政治家，武王、周公从总结以往的历史经验中，为周王朝的长治久安找到了希望和答案。夏、殷王朝的兴亡之鉴，成了周初统治者确立治国方略的基本原则和立法建制的参考坐标。这充分体现了周初统治者自觉的历史意识及其对史鉴的重视。

第三，开创了"封邦建国""家国同构"的国家治理模式。

周人虽然通过朝歌一战而夺取政权，然殷人积威日久，势力依然雄厚，所以周人代殷之初，在心理上对于能否成功地统治天下尚缺乏充分的自信。殷人作为数百年盟主的威望所具有的强者启示的作用，以及对历史惯例的遵循与受传统习俗的影响，使周人在代殷之后最初试图建立的国家体制，仍旧是效仿殷政治模式的以周为领袖国的方国联盟体制。武王克商以后，所做的主要不过是"释百姓之囚，表商容之闾，散鹿台之财，发钜桥之粟，封比干之墓"，其后不久便"罢兵西归"。对于作为亡国之余的殷人，反而"封商纣子禄父殷之余民"[①]。这说明一开始周统治者还是按照夏商以来的惯例，在打败敌国之后令其服从即可，并没有从根本上认识到消灭殷国的重要性，而仅仅是让殷人作为邦国联合体之一员服从于周，正如"小邦周"曾经长期作为邦国联合体之一员服从于"大邦殷"一样。这种处理方法，正是部族社会时代的典型做法。倘若失败的殷人能够从此甘心屈居

---

① 《史记·周本纪》。

于从属的地位，那么周王朝未必不会像殷商那样，最终成为一个新的众多方国林立的时代。然而形势总是在发生变化，企图复兴祖业的商纣王之子武庚，联合被周政权派来监视他却因对周公摄政不满而与之勾结的管叔和蔡叔，想乘武王新死、成王年幼而周公大权独揽的"主少国疑"之机起而叛周，这就使立足未稳的周王朝立即面临被颠覆的危险。大政治家周公旦于危急存亡之时毅然率师东征平叛，再次挫败殷人，彻底粉碎了殷人重登盟主宝座的梦想。

东征平叛后，周公总结教训，深感殷人的霸主地位积数百年之久，势力尚在，余威犹存，而周族乍然兴起，力量有限，倘若治国方略完全依照殷代制度，那么殷人一旦于猝然打击之后的失败中复苏，由于其人口众多，旧土广大，周政权能否巩固统治仍将吉凶难卜。基于此种考虑，挟再胜之威而又具有雄才大略的周公旦亲自规划设计，对国家制度进行了极具深远意义的重大改革，彻底实行了"封建亲戚，以蕃屏周"①的分封制度，将同姓诸侯与周室勋臣封派到原先周人势力不及的地区进行统治；同时，又通过"制礼作乐"，使周系诸侯与其他文化落后的部族方国截然区分开来，而周系诸侯之间则具有了共同的文化观念与制度约束的同一性基础。这就改变了周初那种不平等方国联盟的松散的政治格局，把周王朝改造成一个宗法政治化，以共同的政治利益为基础，以礼乐制度和文化观念为纽带，以周王为宗主的宗族诸侯为主、异姓诸侯为辅、地缘政治为核心的强大的统一王朝。随着分封制度的彻底实施，原来夏商时代的方国联盟制度逐渐退出了历史的舞台。

第四，世袭等级社会正式形成。

从西周开始，统治者依照血缘的亲疏远近及政治地位的高低不同，将社会各层分成天子、诸侯、大夫、士、庶人五个等级，反映这种等级关系的便是礼制。《礼记·郊特牲》说："礼之所尊，尊其义也。失其义，陈其数，祝史之事也。故其数可陈也，其义难知也。知其义而敬守之，天子之所以治天下也。"周礼实际

---

① 《左传·僖公二十四年》。

上包含两个方面的内容：一是亲族血缘方面的关系，前人称之为"亲亲"；二是社会政治方面的关系，前人称之为"尊尊"。在礼仪等级制度中，"亲亲"讲的是亲族宗法制度，"尊尊"讲的是贵族爵禄制度。前者是亲属关系，后者是政治关系；前者是宗统，后者是君统。亲亲与尊尊贯彻着严格的等级制原则，它是周代统治者维护统治的工具。凭此工具，统治阶级可以维护从士到天子卿大夫范围之内整个统治阶级的利益和秩序。《礼记·中庸》说"亲亲之杀，尊贤之等，礼所生也"，讲的就是这个道理。因为礼只对贵族阶级而言，庶人以下的阶层则无礼可言，故《礼记·曲礼上》说："礼不下庶人，刑不上大夫。"就是说，礼与刑都各有应用的范围，礼只在庶人以上阶层运用，庶人阶层以下则不用礼义；刑法只用在大夫阶层以下，大夫阶层以上则不用刑法。这也与"劳心者治人，劳力者治于人"的价值原则基本一致。

西周国家治理的核心，是在"家国同构"的基础上把当时的"家国"分成了天子、诸侯、大夫等好几个层次。所谓"封建"，就是周天子封邦建国。封，实际就是"划分势力范围"；建，就是"厘定君臣关系"。诸侯是天子所封，大夫是诸侯所立。前者叫"封邦建国"，后者叫"封土立家"。因此，诸侯是天子之臣，大夫是诸侯之臣。大夫对诸侯，要尽力辅佐，并承担从征、纳贡等义务。诸侯对周天子，则有镇守疆土、捍卫王室、缴纳贡物、朝觐述职等义务。当然，如果受到其他诸侯欺侮，也可以向天子投诉，天子则应出面为其主持公道，这是天子的义务。在家国同构的基础上，周代实行了公、侯、伯、子、男五等爵位制度，形成了颇具特色的中国早期的礼治政治模式。

三、乱世士人的家国担当

中国文化第二次大的突破是在春秋战国之际。雅斯贝尔斯认为中国文化的轴心时代的转折点是在春秋战国的百家争鸣时代，他曾在《历史的起源与目标》中说"最伟大的事件集中在这一时期。此时中国有孔子和老子，还有墨子、庄子和诸子百家，产生了中国所有的哲学流派"。

春秋战国时期，天下大乱，封建制度在历史变化过程中不断出现礼崩乐坏的现象。中国向何处去？天下该怎样治理才能秩序井然、政通人和？时代课题要求人们去解决，诸子百家纷纷兴起并各自提出了他们的救世方案。

周代世袭等级社会中阶级的存在，及阶级间下对于上的服从，这是封建制度能够长期维持的一个必备的条件。周初统治者创建的分封制、宗法制、礼乐制等制度，都是旨在寻找保证封建秩序得以长期维持的路径。

然而历史进入到春秋时代，这种等级关系已经发生了实质性的变化。西周的灭亡固然是因为周幽王治理国家的失败，但何尝不是地方诸侯申侯因为个人恩怨与野心联合犬戎用军事力量驱逐周幽王的结果。实际上，愈到后来，"力"代替"礼"而影响社会就愈发凸显出来。

第一，"礼乐征伐由天子出"演变为"礼乐征伐由诸侯出"。

以周天子而论，他本是君临天下、奄有天下土地人民的至尊无上的天下共主。然而到春秋战国时代，王室衰微，中央政府无力再像周公成王时代具有绝对的政治与军事力量，周天子的威风与颜面扫地，转而成了倚靠诸侯、乞怜于诸侯、实际上等同于诸侯的一个可怜巴巴的傀儡天子。天子诸侯之间正常的关系也因为力量对比不同而荡然无存。

第二，"政在公室"演变成为"政在大夫"。

春秋时期，同诸侯僭于天子、天子不能制的情形一样，卿大夫的势力也在日益扩张而逐渐地欺凌诸侯，臣逐君及弑君的事，层出不穷。然而权力争夺之路历来是有进无退，不是你死就是我活。卿大夫的欲望是不会满足的，无论他们怎样的位高权重，公室怎样的苟延残喘，除非能够取代诸侯的地位，否则他们是不会停止争夺权力的步伐的。

第三，"陪臣执国命"。

春秋晚期，宰臣僭凌自己家主卿大夫的事情屡屡发生。季氏在鲁国的声势可谓首屈一指，然险些被宰臣阳虎所杀。阳虎不过是一家臣而已，然而窃国宝，专国邑。季氏专鲁，而阳虎专季氏。季氏过卫，阳虎必使从南门入，从东门出。季桓如晋，阳虎强使孟懿子往报夫人之币。二子不敢违。其声势浩大，已非寻常。而且阳虎甚至敢于盟鲁侯及三桓于周社，盟人于亳社。后来阳虎欲尽废三桓的嫡子，而立其庶子以代之，拘囚季孙将杀之，差一点就成功了。后来三桓共力进攻阳虎，阳虎才失败奔齐。家臣凌主，专废立，任意刑杀侵凌跋扈的情形，阳虎不过一例而已。

自春秋末至战国时期，因为天下失序，百姓涂炭，诸子救世之论蜂起，遂出现百家争鸣。他们所争论的问题虽然很多，但都离不开政治。其中有两个中心问题：一是维持还是推翻封建等级制度和贵族阶级专政；二是怎样消灭封建割据与战争，实现国家统一。主要代表有儒、墨、道、法四家。关于第一个问题，儒家主张维持贵族阶级专政，封建等级制度还要存在，其他三家都反对这种主张。墨家从小生产者立场出发，主张尚贤，打破贵族阶级的专政；法家从地主阶级立场出发，要求根本取消贵族阶级专政，代之以地主阶级的政权；道家则从没落贵族阶级的立场，憧憬着远古之世小国寡民、没有阶级剥削和压迫的生活。关于第二个问题，原则上诸子似乎都不反对统一，但对于实现统一的方法则大有分歧。儒家主张行仁政，缓和阶级矛盾；墨家主张兼爱、非攻；道家根本否认政治，对儒墨都反对；法家则强调搞改革，行法治，重农战，中央集权，用战争实现统一等。

中华民族有一个鲜明的文化特点，这就是从它产生的那一天起，身上就烙有鲜明的政治担当、政治忧患，为天下谋正途、解民于倒悬的深刻"救世"情怀和印记。中国政治文化十分丰富、内容博大精深，大多来自于早期政治家、思想家对自己政治理想的总结与概括。从西周宗法封建制度的确立到秦统一中国，中国历史的确在这一时期有许多次重要的突破，这一时期注定是中国思想文化的奠基时代，是中华民族能动的创造时代，也是中国政治、思想、文化价值与观念体系基本形成的时代，是中华文明史的"轴心时代"。

目　录

001	**第一章　宗周文明的历史摇篮**
003	一、英雄时代的兼并战争
005	二、禅让传说与文明推进
009	三、大禹治水与夏朝建立
014	四、殷商时期政体之演变
019	**第二章　积极进取的西土小邦**
021	一、周族的起源
029	二、用显西土及与大邑商的关系
032	三、周虽旧邦，其命维新
035	四、燮伐大商
043	**第三章　殷周之变的主要特点**
045	一、商亡前后的政治格局
050	二、西周初年的严峻形势
054	三、周公东征的重大意义

057　第四章　周公对统治合法性的探讨
- 059　一、周公对殷人天命观的否定
- 062　二、周公对殷人天命观的改造

067　第五章　周初统治者的忧患与史鉴意识
- 069　一、周初统治者的忧患意识
- 075　二、周初统治者的史鉴意识
- 080　三、对"旧邦新命"的反思与继承

085　第六章　西周王权与中央决策系统
- 087　一、西周的王权
- 090　二、西周王朝重大决策的制定和贯彻
- 094　三、西周王朝的中央行政体制及其运作

099　第七章　中华地域大一统的形成
- 101　一、血缘向地域转变之枢机
- 102　二、家国同构中的封邦建国
- 111　三、周封邦建国之重要意义

117　第八章　中华政治大一统的奠基
- 119　一、宗法制度
- 124　二、家国同构
- 130　三、中央与地方

141　第九章　中华文化大一统的开创
- 143　一、德治精神的推崇

| 156 | 二、礼乐制度的实施 |
| 167 | 三、天命与政治运作 |

173　第十章　周人的伦理价值观念

175	一、周人的基本伦理价值观
178	二、血缘准则与政治实践的完美结合
180	三、宗法伦理价值体系的特点与作用

187　第十一章　世袭等级社会之短长

189	一、爵禄与等级
191	二、卿大夫与政治
194	三、士人与政治
198	四、庶人与政治

203　第十二章　轴心时代的诸子救世方案

205	一、轴心时代的提出
210	二、封建政治的失序
215	三、孔子的治国思想
229	四、老子的为政理念
247	五、墨子的济世方案
256	六、商鞅的救世主张

275　结语　周文化的内核及对后世的影响

285　附录　主要参考书目

第一章　宗周文明的历史摇篮

讲中华民族的历史，有人从尧舜禹开始，有人从夏商周开始，还有人以缺乏考古发掘的实物为依据，否认夏的存在。司马迁则是以黄帝、炎帝时代作为中华民族历史的肇兴期。历史不能割断。周王朝是一个"郁郁乎文哉"的早期"大一统"王朝，是自黄帝时代从分裂走向统一的接力棒式的历史继承与发展的产物，是在黄帝时代、尧舜禹时代、夏商时代的基础上从量变到质变发展的结果。也就是说，周文化是在华夏数千年远古历史进化基础上发展而来的，是中华民族文化繁荣的第一个高峰。

一、英雄时代的兼并战争

黄帝、炎帝与蚩尤是中华民族公认的三大始祖。

他们的情况，构成了中国政治史的源头。

黄帝、炎帝与蚩尤之事，经汉代史学家司马迁"非好学深思，心知其意，固难为浅见寡闻道也"的广泛搜集资料与认真严谨审视，载入《史记·五帝本纪》中。司马迁很重视轩辕、炎帝与蚩尤之间战争的意义。他认为，正是由于轩辕黄帝的兼并战争，开启了中华民族走向统一的先河，也正是由于轩辕黄帝战胜了炎帝与蚩尤的部落，进而进一步建立与扩大氏族部落联盟，缔造"和""合"政治，才使得轩辕氏成为五帝之首，开创了华夏族政治文明的先河。

《史记·五帝本纪》说：

> 轩辕之时，神农氏世衰，诸侯相侵伐，暴虐百姓，而神农氏弗能征，于是轩辕乃习用干戈，以征不享，诸侯咸来宾从。而蚩尤最暴，莫能伐。炎帝欲侵陵诸侯。

问题很清楚，在这华夏族进入英雄时代的关键当口，中原广大地域中，存在着轩辕、炎帝和蚩尤三大氏族部落集团以及众多弱小依附部落的鼎立对峙，一时难以出现一个统一的局面，历史的步伐是向统一与整合迈进的，用兼并战争逐步实现统一是中国早期政治的特点。

> 至黄帝时，生齿日繁，民族竞争之祸，乃不能不起。遂有炎帝、黄帝、蚩尤之战事，而中国文化，藉以开焉。[1]

经过炎黄两个部族的大战，奠定了黄帝族在中原部族中的统治地位。更重要的

---

[1] 《夏曾佑集》下，上海古籍出版社2011年版，第796页。

是，从此炎黄两个部落氏族相互融合，成为华夏族正式形成的标志，亦为兼并蚩尤族群打下了基础。

司马迁说："蚩尤作乱，不用帝命。"[①] "黄帝乃征师诸侯，与蚩尤战于涿鹿之野，遂禽杀蚩尤。而诸侯咸尊轩辕为天子，代神农氏，是为黄帝。天下有不顺者，黄帝从而征之，平者去之，披山通道，未尝宁居。"[②]

按照司马迁的说法，由于蚩尤不听帝命，故黄帝才举兵讨伐他。根据先秦诸子和两汉著述家的评论，揭开那些云遮雾罩般神秘性的文字，我们就可以清楚地看到，黄帝、炎帝与蚩尤的部落氏族之间，解决政治问题的终极办法是用战争的方式，主要凭借点还是各部落实力强弱等因素。

在中国早期政治进程中，除了军事方式外，政治智慧亦是相当的重要。部族联盟在炎帝、蚩尤与黄帝大战时得到迅速发展。黄帝部族兴起之时，众部族依赖其所拥有的一方资源优势，得到充分发展，然而在激烈的竞争中，为了部族的生存与发展，他们必须选择部族联合的组织结构。在征战过程中，黄帝部族以武力同炎帝部族联合起来，蚩尤部族同"八十一兄弟"也实行结盟。蚩尤与黄帝的大战，继续沿着这一发展趋势，最终实现了三大族群的统一。通过战争，黄帝将众多部族融合成为一个相对合作与共存的部落联盟群体，为中华民族早期政治形成与发展奠定了坚实的"和""合"基础。

氏族部落联盟的出现，标志着中国上古社会的历史，实现了跨越性的进步。

部族的融合必然导致早期华夏政治文明的迅速发展，加强各部族自远古以来形成的不同文化的交流。

正是由于这种不同文化的长期并存，相互借鉴，使中华政治文化从一开始，就形成一种兼容并包的优良传统。而这种传统，正是从黄帝时代开始形成的。

黄帝、炎帝与蚩尤三大部族共同开凿了中国远古政治文化的甘泉，奠定了中华

---

① 《史记·五帝本纪》。
② 《史记·五帝本纪》。

政治文化整体发展的基础，为后来治理天下者树立了一个值得效法的榜样。周人就是以黄帝为始祖的。

二、禅让传说与文明推进

中国古代传说都是以人为载体的。

人们的认识不同，需要不同，理解不同，对同一件事情便会产生不同的说法。

长期以来，尧舜以贤传天下的"禅让"之事，经过司马迁等人的正史记载，再加上历代儒家不停地赞美与讴歌，似乎已成定论，至今人们还是深信不疑，现行中学与大学的历史教科书中仍然持着此种说法。

《论语·尧曰》说："尧曰：'咨尔舜，天之历数在尔躬，允执其中，四海困穷，天禄永终。'舜亦以命禹。"这里虽未明言禅让，但实际上讲的已是禅让之事了。

不过，严格地说，《论语·尧曰》还只是孔子传授的典籍，而非孔子本人的观点。说孔子主张"禅让说"并加以大肆渲染的，是"言必称尧舜"的孟子。他对尧舜禹之间的所谓"禅让"作了绘声绘色的描写，发挥得淋漓尽致。

尧舜禅让之事，法家从现实利益与利害角度出发，认为并不可信，"篡位夺权"更可信；墨家将之归于"选贤"；儒家将之描绘成彬彬有礼的"礼让"。到底是"让"，是"选"，还是"篡"，这需我们认真辨析，从历史演进的常态中去尽力把握事实的真相。

传说，帝尧是帝挚之弟，帝喾之子。史称他"其仁如天，其知如神。就之如日，望之如云。富而不骄，贵而不舒"，"能明驯德，以亲九族。九族既睦，便章百姓。百姓昭明，合和万国"[①]。尧在位共九十八年，在即位七十年时得舜，最后二十八年便由舜实际执掌政事。

据正史记载："尧知子丹朱之不肖，不足授天下，于是乃权授舜。授舜，则天下

---

① 《史记·五帝本纪》。

得其利而丹朱病；授丹朱，则天下病而丹朱得其利。尧曰：'终不以天下之病而利一人'，而卒授舜以天下。"①尧死之后，百姓非常悲痛，三年之内天下不举乐，以寄托对尧的哀思。尧虽然让位于舜，舜却不肯即位，让位于尧子丹朱，自己避于"南河之南"。但是，"诸侯朝觐者不之丹朱而之舜，狱讼者不之丹朱而之舜，讴歌者不讴歌丹朱而讴歌舜"。②舜说："这是天意啊！"于是即位为天子。由此看来，尧舜间领袖地位的传承似乎是十分和平、十分文明的接替方式。"后代的史家所以用'禅让'这一后代的政治概念来说明尧舜禹之间的权力转移，是因为'禅让'的意义即在于指'最高政治权力的和平交接'"。③

但是，历史文献中还有另外一种迥然不同的声音。

战国以后的文献中，关于暴力取位的记载很多，表述亦更加激烈。

据战国时魏国史书《竹书纪年》记载："昔尧德衰，为舜所囚也"；"舜囚尧，复堰塞丹朱，使不与父相见也"；"舜囚尧于平阳，取之帝位"；"舜放尧于平阳"。后《史通》所引的《竹书纪年》，内容也与此大致相似，如说"舜放尧于平阳"。

韩非说："尧欲传天下于舜，鲧谏曰：'不祥哉！孰以天下而传之匹夫乎！'尧不听，举兵而诛杀鲧于羽山之郊。共工又谏曰：'孰以天下而传之于匹夫乎？'"尧不听，又举兵而诛共工于幽州之都。于是天下莫敢言无传天下于舜。④

鲧因反对舜继承尧之位而被杀，《吕氏春秋·恃君览·行论》中也有记载："尧以天下让舜。鲧为诸侯，怒于尧曰：'得天之道者为帝，得地之道者为三公。今我得地之道，而不以我为三公。'以尧为失论，欲得三公。怒甚猛兽，欲以为乱……召之不来，仿佯于野以患帝。舜于是殛之于禹山，副之以吴刀。"

上述文献记载反映出这样一个事实：一方面，舜的继位遭到了部落联盟中的某

---

① 《史记·五帝本纪》。
② 《史记·五帝本纪》。
③ 齐涛主编，王和著：《中国政治通史——从邦国到帝国的先秦政治》，泰山出版社2003年版，第105页。
④ 《韩非子·外储说右上》。

些成员的反对（其中可能以鲧和共工为主要代表）；另一方面，为了使舜的继位得以实现，曾经动用了武力，而且舜还亲自主持了平息不满的武力行动。可见舜的继位不是一帆风顺的，他既可能同尧对抗过，也可能同部落联盟中的其他成员对抗过。[1]

根据文献的记载，尧属于陶唐氏，而继尧而立的舜则属于有虞氏。传说舜是冀州之人，出身于帝颛顼的系统，但是自五世祖穷蝉时已经寒微，接连几代都是贫贱之人。所以他曾经在历山种过地，在雷泽打过鱼，在黄河边上做过陶器，在寿丘做过手工，在负夏做过生意。总之是历经诸业，备尝甘苦，颇有"天将降大任于斯人，必先苦其心志，劳其筋骨"的意思。这显然是后代的史家（包括司马迁）根据他们生活时代的情况对三代以前的上古社会所作的一种美好的推理和想象。用我们今天的眼光来看，这种情况显然是不可能出现的。无论唐尧、虞舜、夏禹，都应该是出身于当时的氏族部落中强大的部族最有势力的家族，否则怎么可能有力量问鼎部落联合体最高首领的位置。所谓舜的祖先"自从穷蝉以至帝舜，皆微为庶人"，禹的"曾大父昌意及父鲧皆不得在帝位，为人臣"，绝非是指舜、禹出身寒微，而仅仅是说他们所从属的部族并非当时最为强大的部族，因而要想担任部落联盟的最高领袖面临的困难更大而已。[2]

舜继尧位之后，部落联合体的政治规模有了更大的发展。

据说舜特别善于团结当时势力强大的部族，把那些相对愚昧野蛮的落后部族驱逐到已经开发的富庶地区之外，让那些落后部族到洪荒野地去面对"魑魅"的生死考验。

根据文献记载，当时雄踞于中原地区、以尧舜为代表的强大氏族部落曾经频繁地发动对于落后部族的战争。

《淮南子·本经》记载："尧乃使羿诛凿齿于畴华之野，杀九婴于凶水之上，缴

---

[1] 参见谢维扬：《中国早期国家》，浙江人民出版社1995年版，第319—320页。
[2] 参见齐涛主编，王和著：《中国政治通史——从邦国到帝国的先秦政治》，泰山出版社2003年版，第106—107页。

大风于青丘之泽,上射十日而下杀猰貐,断修蛇于洞庭,擒封豨于桑林。"

《吕氏春秋·恃群览·召类》说:"尧战于丹水之浦,以服南蛮。舜却苗民,更易其俗。禹攻曹魏、屈骜、有扈,以行其教;三王以上,固皆用兵也。"

《荀子·议兵》说:"尧伐獾兜,舜伐有苗。"

正因为有上述的功绩,舜因此而获得了力量强大的先进部族的拥戴,成为继尧之后又一位部落联合体最高权威领袖。

舜年老以后,仿效尧的做法,把处理政事的权力转交给禹,自己又过了十七年才去世。舜死之后,禹也仿照舜的故事,把最高领袖的位置谦让给舜的儿子商均,自己避居于阳城。然而诸侯们却一致拥戴禹,禹于是继舜而即位。

不过,和舜的继位一样,关于禹的继位,先秦文献中也有另外一种记载。

《韩非子·说疑》中有"舜逼尧,禹逼舜"一说。

《史记·燕召公世家》中也有"禹荐益,已而以启人为吏。及老,而以启人为不足任乎天下,传之于益。已而启与交党攻益,夺之。天下谓禹名传天下于益,已而实令启自取之"一说。

《战国策·燕第一》中也有类似的记载:"禹授益而以启为吏,及老而以启为不足任天下,传之益也。启与支党攻益而夺之天下,是禹名传天下于益,其实令启自取之。"

对于这一类的记载,以往人们往往不多予以重视。

正如有的学者所指出的那样:"过去史学家由于长期受儒家思想的熏陶,大都以儒家所传的禅让说为实录,信之不疑;而对篡夺说则不予理睬,或直认为系周末人不经之谈。"其实,"禅让和篡夺正是前后两种新和旧的社会因素、犬牙交错的过渡阶段的社会现实"[1]。

---

[1] 王玉哲:《尧、舜、禹"禅让"与"篡夺"两种传说并存的新理解》,《历史教学》1986年第1期。

三、大禹治水与夏朝建立

夏商周时期是中国传统政治文化的肇始期。

大禹"尽力乎沟洫"①，躬耕稼而有天下，说明夏人已根据农业生产的需要开沟洫排水引水。大禹治水这一历史文化符号反映了中华民族对待自然灾害的态度。"许多古老民族都说远古曾有一次洪水，是不可抵抗的大天灾，独在黄帝族神话里说是洪水被大禹治得'地平天成'了。这种克服自然、人定胜天的伟大精神，是禹治洪水的真实意义。"②大禹治水的成功，不仅奠定了夏朝立国的基础，而且拉开了"天下为家"的序幕，同时也开启了农耕文明中不可或缺的治水文化的先河。禹在长时期和自然的搏斗中，治理洪水，整修川渠，垦辟田园，这对于夏商周的文化建设，无疑提供了极具正能量的素材。

大禹在我国上古历史传说中，堪称一位伟大的英雄。

据说，他曾受尧之命，继父鲧之志，治理"浩浩怀山襄陵，下民其忧"的滔天洪水，"劳身焦思，居外十三年，过家门不敢入。薄衣食，致孝于鬼神。卑宫室，致费于沟淢。陆行乘车，水行乘船，泥行乘橇，山行乘檋。左准绳，右规矩，载四时，以开九州，通九道，陂九泽，度九山"，终于制服洪水，"众民乃定，万国为治"。禹也因此而"声教讫于四海"③，在众部族中享有极高的威望。

历史与文化传说中禹的事迹，表现了这样几个重要的意义：

第一，他为后世统治者开辟了一条为民服务的路线。

在禹的时代，解决水患是全体社会共同迫切的需要，禹便将他宝贵的一生贡献出来。他"沐甚雨，栉疾风"④，穿梭于水流湍急之中，替困患中的民众解决困难；他

---

① 《论语·泰伯》。
② 范文澜：《中国通史简编》第一编，人民出版社1964年版，第94页。
③ 《史记·夏本纪》。
④ 《庄子·天下》。

来回于高山深谷之间，为民众寻辟安顿的园地；他公而忘私，在外面十三年，三过家门而不入，"劳形尽虑，为民兴利除害而不懈"[①]。他可谓名副其实的"人民公仆"了。

第二，他为后人树立了刻苦与勤奋地生活和积极奋斗的人生风格。

提到禹的为人，孔子说："禹，我找不出缺点可以批评的了，他饮食菲薄，衣服粗劣，住屋简陋，而尽力修理沟渠水道。"《淮南子·缪称》也说"禹无废功，无废财，自视犹觖如也"。禹确立了领导阶层朴质勤俭的生活样式，他的生活是这般的平民化，他始终和民众生活在一起。

第三，他为世人提供了一个人定胜天的活生生的样板。

几乎全世界的民族历史与文化中，都有大洪水的记载。《旧约圣经》将它认定为上帝对于人类的惩罚。其他民族都在这场自然大变故中默默承受，而中原民族的英雄——大禹，则敢于"与天奋斗"，率领其部族，使用简陋的工具，领导了这场与大自然的搏斗并且取得了胜利。这种人定胜天的精神，为中华文明史增添了十分灿烂的一页。

第四，他为后人树立了创造劳动者的典范。

无疑，禹是一位伟大的劳动者。他致力于原始灌溉工程的开发，使民众经济生活获得较高程度的提高。这种统治者重视劳动活动且又从事于劳动活动的行为，其意义是重大而深远的。由于时代的局限，禹的治水工作虽然做得有限，而刻苦勤奋，改造自然、为民造福的"大禹精神"，却永远铭刻在中国历史文化的基因之中[②]。

在先秦与两汉文献典籍中，关于禹活动的记载甚多。

《山海经·海内经》说："洪水滔天。鲧窃帝之息壤以堙洪水，不待帝命。帝令祝融杀鲧于羽郊，鲧后生禹。帝乃命禹卒布土以定九州。"

《墨子·非攻》说："禹亲把天之瑞令，以征有苗。""禹既已克三苗，焉磨为山川，别物上下，卿制大极，而神民不违，天下乃静。"

---

① 《淮南子·修务》。
② 参见陈鼓应著：《古代呼声》，中华书局 2017 年版，第 72—73 页。

《国语·鲁语下》说:"禹致群神于会稽之山,防风氏后至,禹杀而戮之,其骨节专车。"

《左传·哀公七年》说:"禹合诸侯于涂山,执玉帛者万国。"

《山海经·海外北经》说:"禹杀相柳……乃以为众帝之台。"

《越绝书·外传记地》说:"禹始也忧民救水,到大越,上茅山大会计,爵有德,封有功,更名茅山曰会稽。"

《荀子·成相》说:"禹有功,抑下鸿,辟除民害逐共工。"

《拾遗记·卷二》说:"禹尽力沟洫,导川夷岳,黄龙曳尾于前,玄龟负青泥于后。"

《楚辞·天问》说:"洪泉极深,何以填之?地方九则,何以坟之?应龙何画?河海何历?鲧何所营?禹何所成?"

这里所谓的"诸侯""万国",皆是指禹在治理洪水过程中加以征服或者争取过来的众多氏族部落。上述文献记载说明,除了禹所属部落联合体中的众多部落之外,还有原本并不属于禹部落联合体的众多其他部族。他们之所以前来对禹表示服从,有的是为禹的德行所感召,有的则是被禹的威势所慑服。

据《国语·鲁语下》记载,禹在会稽大会诸侯的时候,防风氏部落的首领因为迟到,就被禹杀戮。由此不难看出,禹在当时的确具有很大的、远远超过尧舜的个人权威。

禹虽然具有远高于尧、舜的个人权威,然而根据文献的记载,禹在继舜为部落联合体的最高首领之后,仅仅过了十年便"东巡狩,至于会稽而崩"[1],而不像尧、舜那样,动辄执政八九十年。

这种差异说明,关于禹在位的记载与尧、舜在位的记载已有很大不同,关于舜的文献记载尚多是神话传说,而关于禹的记载已经不再全是神化了的传说,而是有了真实可信的记录。就文献中记载的上古"帝王"代系传承的真实性而言,禹是一个

---

[1] 《史记·夏本纪》。

关键的分野。禹以前的代系传承，如黄帝传颛顼、颛顼传帝喾之类，直至尧、舜时期，每一个传说的人物其实都代表着一个部族执掌部落联合体最高权力的时代，这些时代一般来讲都不只是一代人的时间。禹以后的每一位人物则是一个真实的个人。从这个意义来讲，禹以前的史迹属于中国上古史的传说时代，其主要的人物传承和活动归属都是模糊不清的。禹以后则进入基本可靠的信史时代。

大禹作为英雄时代分野的关键人物，对此古人早有认识，今人也仍然不断加以强调。

古人的认识是以禹之前后的时代作为"大同"社会与"小康"社会的分界。这也就是国人常津津乐道并向往的一种社会境界。孔子说：

> 大道之行也，天下为公，选贤与能，讲信修睦。故人不独亲其亲，不独子其子，使老有所终，壮有所用，幼有所长，矜寡孤独废疾者皆有所养。男有分，女有归。货恶其弃于地也，不必藏于己；力恶其不出于身也，不必为己。是故谋闭而不兴，盗窃乱贼而不作，故户外而不闭，是谓大同。

> 今大道既隐，天下为家。各亲其亲，各子其子，货力为己。大人世及以为礼，城郭沟池以为固。礼义以为纪，以正君臣，以笃父子，以睦兄弟，以和夫妇，以设制度，以立田里，以贤勇知，以功为己。故谋用是作而兵由此起。禹、汤、文、武、成王、周公，由此其选也。①

可见，在古人的认识中，是将禹作为"小康"时代的第一人而传承的。

当然，根据孔子的说法，所谓大同，也包括了尧舜禹以前的时代，但其中心内容则是尧舜禹之间的禅让，故至禹传子启建立夏朝后而进入小康时代。

在人们的观念中，大禹开创夏王朝，让中国古代社会由前国家时代跨入了国家时代，由野蛮时代进入了文明时代，具有极其重大的意义。

---

① 《礼记·礼运》。

据文献记载，在禹晚年时，曾经仿照尧、舜的故事，"以天下授益"，但是"虽授益，益之佐禹日浅"，故而威望明显不足；而禹子启则在禹的长期刻意培植下，早已执掌了部落联合体的实际最高权力，"故诸侯皆去益而朝启"[①]。最后，启杀益，开创了中国历史上的第一个王朝——夏。

古人以夏朝为"家天下"之始，故而凡是夏之属民皆称夏人。这表明当时尽管早期国家区别于氏族部落社会所应具有的一切条件，诸如明显的社会分层、相对正规的管理机构和军队、明确的统治意识和领土意识等都已具有，但是部落联合体的残余机制仍然又一次起了作用。太康由于"尸位以逸豫，灭其德"，从而引起了其他部族的强烈不满。东夷有穷氏的杰出首领后羿，以自身不断发展的部落实力为后盾，在争取到其他不满太康统治的部落支持的情况下，取代了太康部落联合体最高首领的位置。有夏氏受到有穷氏的压迫，被逼迁离故土。有穷氏夺取有夏氏政权表明，尧、舜、禹时代那种旧有的部落联合体最高领导权力以相对和平方式交接的机制已经完全被破坏，残存的部落联合体政治秩序与功能已彻底失去了作用，中国上古社会开始进入以强大邦国间的武力争雄为特征的早期国家时代。

夏从太康失国到少康中兴，经历了三代人的时间，期间充满着部族间尖锐激烈的武力斗争。到了少康之子杼在位的时候，夏以众族邦之首的地位统领各族邦的局面达到了鼎盛时期。此时杼的都邑已经从原（今河南济源）迁往老丘（今河南开封县北），并向东方开拓经营。到杼的儿子槐及槐子芒即位以后，夏邦的势力更进一步扩展到大海之滨。居住在淮、泗一带的于夷、黄夷、风夷、白夷、赤夷、玄夷等九夷部族纷纷向它臣服并纳贡；到了芒的儿子泄和泄子不降在位的时候，夏邦不但在东方巩固了地位，还进一步向西面发展，一些西方的族邦方国也向夏表示服从。

至此，夏邦的国势发展到极盛。

夏王不降死后，其子孔甲即位，夏王朝开始由极盛走向衰落。相传孔甲"好方

[①] 《史记·夏本纪》。

鬼神，事淫乱"。"夏后氏德衰，诸侯畔之"[1]。

夏的国力衰弱以后，原来服从和拥戴夏邦的一些族邦纷纷叛离而去。

孔甲死，其子履癸即位。履癸名桀，这位使夏王朝归于毁灭的亡国之君，也就是中国历史上著名的暴君夏桀。

公元前16世纪，鸣条一战，成汤灭夏。至此，我国传统所说的第一个王朝——夏，被新崛起的商王朝，准确地说是大邑商所取代。

夏作为众邦之首的地位，前后持续了约五百年时间，这种情况在中国历史上还是第一次。在此之前，从未有任何一个家族在如此广阔的地域内维持它对一个庞大的十分松散的政治实体的统治达到如此长久的程度。或许诚如有人所言的那样，在我国历史上，"这标志着由中原酋邦向国家的转化作为一个历史进程已不可逆转"[2]。

四、殷商时期政体之演变

1. 商朝王位继承制的确立

夏朝开创了"家天下"的局面，建立了王位世袭继承制度。但据《史记·夏本纪》载，夏朝王位继承顺序并无严格规定，基本上是以传子为主，辅之以传弟。商朝前期，其行政体制基本上沿袭夏朝，在王位继承上缺少详细的规定，基本上是一种兄终弟及制，兄死弟继，直到同辈之弟全不在世时，再由长兄之子继承，以此类推。这一继承方式中潜伏着动乱因素，造成商朝前期"废嫡而更立诸弟，弟子或争相代立"[3]的王位争夺，即商前期历史上的"九世之乱"。盘庚迁殷后，吸取前朝有关经验和教训，变"兄终弟及"制为王位王子继承制，即由家族占有王位缩小到王的直系占有王位。有关王位继承顺序的这一演变，较好地解决了最高统治权的顺利交接

---

[1] 《史记·夏本纪》。
[2] 谢维扬著：《中国早期国家》，浙江人民出版社1995版，第329页。
[3] 《史记·殷本纪》。

问题，避免了因内部权力斗争而危害整个王朝的统治。

2. 商朝中央机构的变化

与刚刚迈入文明时代门槛的夏朝相比，商代的行政管理水平大大向前迈进了一步，主要表现为以下两点。

第一，商朝王权比较强大，并且随着时间的推移而增长。

与夏王朝王权相比，商王进一步突出了自己的独尊地位。在关键问题上的决策时，商王强调个人的最后决策权。如盘庚迁殷时，许多贵族反对，盘庚便说："听予一人作猷。无有远迩，用罪伐厥死，用德彰厥善。"①即国家大事听任商王一人谋划，无论何时，刑罚惩处与赏赐表彰权都亲操商王之手。总起来说，在祭祀、征伐、赏善罚恶等重大事务上，商王拥有最后决策权。

第二，扩大了中央政府的管理机构，按职能设官定制，其职官大体可划分为宗教、政务、事务三类。

宗教官分为巫、多卜、占、作册等。巫是神与人之间的媒介，对国家的行政、军事与司法活动具有很大的影响。多卜、占负责占卜。作册是史官，负责制作国王的策命文书，管理诰、誓、典、册等国家档案。

政务官在文献中称为卿士，其中师保为最高政务官。卿士地位很高、权力亦大，凡重大事务，商王都要"谋及卿士"②。

事务官主管王廷事务。管理宫廷的总管称"宰"，管理农事的称"小耤（藉）臣"，管理山林的称"小丘臣"，管理手工业的称"司工"（司空）。

从上面的简单叙述中可以看出，商代中央机关已拥有众多职官，不过结构松散，相互之间的关系并无明确的划分。一般来说，上述三类官员中宗教官、政务官多出身贵族，事务官多出身奴隶。但这种划分并非绝对，三类职官，只要得到商王的信任都可以被提拔到辅弼大臣的地位，商代名臣伊尹、傅说均由奴隶提拔为辅弼大臣。

---

① 《尚书·盘庚上》。

② 《尚书·洪范》。

三类职官的分工也不是绝对的，卿士可兼管祭祀，占卜、巫由于王的信任可掌管国政，小臣得到王的宠幸参与朝政的事也时常发生。

3. 商朝地方行政体制

夏王朝以强制力凝聚各部族，这种统治方式必须以王朝统治力量的强大为前提，极易出现反复。一旦中央与地方力量对比发生变化，则必然出现下级诸侯的叛乱局面，夏代的太康失国，以及早商时期的动乱都说明了这一点。盘庚迁殷以后，商王朝吸取夏朝及早商时期的历史教训，对王朝管理体系进行调整，实行内外服制以强化王权。

商朝政治制度的根本特点便是内服与外服的划分，生活在商周之际的周公曾经在《酒诰》中这样概述其情况："越在外服，侯、甸、男、卫邦伯；越在内服，百僚、庶尹、惟亚、惟服、宗工，越百姓里居。"①

内服是商王直接统治的王畿地区；外服是由王畿向四面延伸的区域。内外服制是一种二元统治体制，即将统治区分为内服和外服两大部分，分别采取不同的统治方法和组织形式。

"内服"指商王直接统治的区域，即王畿所在地。在内服地区，商王朝改变了过去那种通过贡纳来间接控制被征服部落的政治体制，直接派官员组织被征服者的种族奴隶从事生产，由商王派官员监督"众人"在井田上劳作。商王的妻、妾和子、弟常代表商王驻守某地，成为监视地方诸侯的要员。这些举措增强了中央政府的实力，也在一定程度上稳定了商王朝的统治秩序。

"外服"指诸侯国统治的区域，其范围由王畿向四面八方延伸。外服具有一定的地方行政区划的性质，与王朝直接控制的内服共同构成国家的地方政权，但在统治方式上与内服有很大的不同。

外服制下的诸侯国均有封号。这些封号表明这些诸侯承认商王为共主，他们与商王构成一种上下君臣关系。在甲骨卜辞中已发现有侯、伯、子、男等爵称，但尚

---

① 《尚书·酒诰》。

不具备后来高低等级的区分。

然而，外服诸侯虽然与商王是一种君臣关系。但这种君臣关系不具备后世王朝那样的性质，实际上是一种松散的盟主关系。商王表面上可以行使各种权力，包括可以调遣诸侯国的武装力量，并且在经济上征收贡赋。反过来说，当外服诸侯受到异族侵犯时，商王也有义务派军队进行支援，予以保护。

另一方面，外服诸侯除尊崇商王为共主外，同时具有其独立性的一面。特别是那些势力强大、威震一方、被称为"方伯"的诸侯。这些方伯因地位较高，势力强大，成为一方诸侯的首领或盟主，它们与大邑商之间的关系往往在双方势力的消长中发生变化。当大邑商力量强大足以震慑诸侯国时，商王便能够向诸侯国发号施令；反之，如大邑商力量削弱，一些力量强大的诸侯国就会起来改变这种政治格局，从而让自己成为天下共主。例如小邦周原为商王所封的西土小邦，其势力强大后便兴兵取代了商王朝的统治[1]。

4. 商朝的法律条文

商朝有了比较完备的法律条文，并对后世产生过不小的影响，所以《荀子·正名》篇有"刑名从商"的说法。《左传·昭公六年》载"商有乱政而作《汤刑》"。《吕氏春秋·孝行》篇引《商书》有"刑三百"之说，可见以汤命名的商朝刑法条文是比较多的。商朝刑法对于贵族和普通民众的处罚相当悬殊。据《墨子·非乐》篇说，按照《汤之官刑》的规定，如果淫舞成风，"其刑，君子出丝二卫"，作为贵族的"君子"被罚些丝就可了事。《汤之官刑》可能就是《汤刑》的一部分。另外，《韩非子·内储说上》载，"殷之法，刑弃灰于道者"，要斩断弃灰者之手。对于普通民众小错而重罚，这在商朝应当是常见的现象。后代所说的墨、劓、刖、宫、大辟等五刑，在甲骨卜辞中都有所反映。

---

[1] 参见虞崇胜主编：《中国行政史》，高等教育出版社1999年版，第19、20、23、24页。

第二章　积极进取的西土小邦

周族的兴起及周王朝的建立，在中华文明史上具有极其重要的影响。有了周之代殷，才有后来的周初改革，亦才有了随之而来的国家体制飞跃式的变化与发展，以及由此而导致的多民族多元一体文化格局的形成和中华文化家国同构意识与精神的确立。赫赫宗周在借鉴与吸收远古及夏商历史文化的基础上，将中华文明向前推进了一大步。

一、周族的起源

周族本为夏族的一个分支,是与夏、商同样古老的部落。周族最早很可能也是来源于山西、河南一带,后来才迁至陕西西部,即今黄土高原渭水流域一带。相传这一带有一条河名为姬水,该部落因此而得姬姓。

据《左传·昭公二十九年》记载:"有烈山氏之子曰柱为稷,自夏以上祀之。周弃亦为稷,自商以来祀之。"这好像是说周弃为商的稷官,是商时人。《国语·鲁语上》说:"夏之兴也,周弃继之,故祀以为稷。"夏兴起而说周弃继之,显然不合情理。此"夏之兴"的"兴"字,或为"衰"字之讹。考《礼记·祭法》承用《鲁语》的话,其中"夏之兴"正作"夏之衰",可以为证。所以,我们认为当以夏衰为是。因为夏衰周弃才继之以兴。由此观之,周祖弃本为商之稷官,时代大约在夏末商初。《尚书·康诰》是周公告诫康叔之辞,其言有:"惟乃丕显考文王,克明德慎罚,不敢侮鳏寡,庸庸,祇祇,威威,显民。用肇造我区夏。"

周公提出文王崇尚明德慎罚,因而才缔造了"夏国"。可见周初人称自己国家为"夏"。同样在《尚书·君奭》篇也有类似的记载:"惟文王尚克修和我有夏。"意思是说像文王这样有道德的人,才能把我们夏国治理好。《尚书·立政》篇也是周公所作,历述夏、商兴亡的历史以告诫成王,其中说:"呜呼!其在受德,暋惟羞刑暴德之人,同于厥邦,乃惟庶习逸德之人,同于厥政,帝钦罚之,乃伻我有夏,式商受命,奄甸万姓。"这段话的意思是说商王纣性情强暴,接近坏人,政治昏乱,上帝于是给他以惩罚,使我们"夏国"代替商纣接受了天命,于是奄有广土众民。这几篇收入《尚书》,都是周初文献,极为可靠。周人称自己国家为"有夏",这就更证实了《国语·鲁语》和《礼记·祭法》所说的"夏之衰也,周弃继之"。周和夏确是同族,周也可能是夏族的一个分支[①]。

[①] 参见王玉哲著:《中华远古史》,上海人民出版社 2000 年版,第 426、427 页。

先周时代的人物事迹多不可考，《史记·周本纪》有其始祖姜嫄、后稷的一些神话传说，其后十五世子孙，大都仅有人名，毫无事迹，偶尔记载一些，又未必可靠。《诗经·大雅》有《生民》篇记后稷之事，《公刘》篇记公刘之事，《绵》篇记古公亶父之事。此皆西周时作品，乃周人记其先世历史，应具有一定的可信度。

周的起源可以追溯到帝喾的儿子、尧的异母兄弟，舜的农业大臣，后世子孙祀之为"稷"或"后稷"（农神）的有名的"弃"。他是帝喾的元妃姜嫄所生。在周人的传说中，其始祖叫后稷，在夏王朝担任主管农业的官职。后稷名弃，为有邰姜嫄所生。姬、姜为两个互相通婚的相邻部落。姜姓部落盘踞在邰地，即今陕西省的武功县内。周人始祖弃的生母姜嫄是这个母系氏族部落的女酋长。

先秦史诗《诗经》记载了关于后稷出生的神话传说。

厥初生民，时维姜嫄。生民如何？克禋克祀，以弗无子。履帝武敏歆，攸介攸止，载震载夙。载生载育，时维后稷。

诞弥厥月，先生如达。不坼不副，无灾无害。以赫厥灵。上帝不宁，不康禋祀，居然生子。

诞寘之隘巷，牛羊腓字之。诞寘之平林，会伐平林。诞寘之寒冰，鸟覆翼之。鸟乃去矣，后稷呱矣。实覃实讦，厥声载路。

诞实匍匐，克岐克嶷。以就口食。蓺之荏菽，荏菽旆旆。禾役穟穟，麻麦幪幪，瓜瓞唪唪。

诞后稷之穑，有相之道。茀厥丰草，种之黄茂。实方实苞，实种实褎。实发实秀，实坚实好。实颖实栗，即有邰家室。

诞降嘉种，维秬维秠，维穈维芑。恒之秬秠，是获是亩。恒之穈芑，是任是负。以归肇祀。

诞我祀如何？或舂或揄，或簸或蹂。释之叟叟，烝之浮浮。载谋载惟。取萧祭脂，取羝以軷，载燔载烈，以兴嗣岁。

卬盛于豆，于豆于登。其香始升，上帝居歆。胡臭亶时。后稷肇祀。庶无罪悔，以迄于今。①

这段诗文的大意是：

当初先民生下来，是因姜嫄能产子。如何生下先民来？祷告神灵祭天帝，祈求生子免无嗣。踩着上帝趾印，神灵佑护总吉利。胎儿时动时静止，一朝生下勤养育，孩子就是周后稷。

怀胎十月产期满，头胎分娩很顺当。产门不破也不裂，安全无患体健康，已然显出大灵光。上帝心中告安慰，全心全意来祭享，庆幸果然生儿郎。

新生婴儿弃小巷，爱护喂养牛羊至。再将婴儿扔林中，遇上樵夫被救起。又置婴儿寒冰上，大鸟暖他覆翅翼。大鸟终于飞去了，后稷这才哇哇啼。哭声又长又洪亮，声满道路强有力。

后稷很会四处爬，又懂事来又聪明，觅食吃饱有本领。不久就能种大豆，大豆一片茁壮生。种了禾粟嫩苗青，麻麦长得多旺盛，瓜儿累累果实成。

后稷耕田又种地，辨明土质有法道。茂密杂草全除去，挑选嘉禾播种好。不久吐芽出新苗，禾苗细细往上冒，拔节抽穗又结实；谷粒饱满质量高，禾穗沉沉收成好，颐养家室是个宝。

上天关怀赐良种：秬子秠子既都见，红米白米也都全。秬子秠子遍地生，收割堆垛忙得欢。红米白米遍地生，扛着背着运仓满，忙完农活祭祖先。

祭祀先祖怎个样？有舂谷也有舀米，有簸粮也有筛糠。沙沙淘米声音闹，蒸饭喷香热气扬。筹备祭祀来谋划，香蒿牛脂燃芬芳。大肥公羊剥了皮，又烧又烤供神享，祈求来年更丰穰。

祭品装在碗盘中，木碗瓦盆派用场，香气升腾满厅堂。上帝因此来受享，饭菜滋味实在香。后稷始创祭享礼，祈神佑护祸莫降，至今仍是这个样。

历史的大致轮廓是，姜嫄向上帝求子，履其足迹感孕而生后稷。后稷出生以后，

---

① 《诗经·大雅·生民》。

显示了种种神迹。把他丢到小巷，牛羊哺乳了他；把他放在寒冰上，飞鸟又用翅膀庇护了他。他后来被尧尊为农师，被舜推为后稷。这个传说反映出周人的祖先经历过知其母而不知其父的母系氏族社会阶段，并且较早进入农耕经济的行列。不过，把后稷这个男性作为周族的始祖，这标志着周人从此进入了父系氏族社会。

对于周族的起源，司马迁在《史记·周本纪》中是这样记载的：

周后稷的名字叫弃，他的母亲是有邰氏的女儿，叫姜嫄。姜嫄是帝喾的正妃。姜嫄来到野外，看见地上有巨人的足迹，内心油然而生兴奋喜悦之情，想去踩它，踩了以后腹内蠕动，像怀了孕一样。足月后产下一个男孩。姜嫄认为这件事不吉利，就将男孩丢弃在狭窄的道路上，从路上经过的马牛都避开男孩不去踩他；姜嫄又把男孩移置在山林，恰好遇到山林里有很多人；就转移地方，将男孩丢弃在结了冰的沟渠上，飞鸟用它们的翅膀来为他覆盖、铺垫。姜嫄认为这个男孩很神奇，就收留了他，抚养他长大成人。因为起初打算丢弃他，所以给他起名叫"弃"。

弃在孩提之时，就壮健勇敢，具有像大人物一样的志向。他做游戏，喜欢种植麻、菽，麻、菽都长得很好。等到他长大成人，就喜好耕种农作物，观察土地适宜种植什么，适合种谷类的就种植耕作，百姓都效法他。帝尧听说这件事后，推举弃当掌管农业生产的农师，天下人都得到了他的工作所带来的好处。他立下了功劳，帝舜说："弃，老百姓以前为饥饿所困，你作为农师，种植了这些谷物，使百姓免于饥荒。"把弃分封在邰，称号为"后稷"，另以姬为姓。后稷的兴起是在陶唐、虞、夏时期，在尧、舜、禹三朝皆有美德。

后稷去世后，他的儿子不窋继位。不窋晚年的时候，夏后氏政治衰败，废弃农官，不注重农业生产，不窋因此失去了农师的官职，逃奔到戎狄活动的地域。不窋去世后，儿子鞠继位。鞠去世后，儿子公刘继位。公刘虽然生活在戎狄活动的地方，但能继续从事后稷的事业，致力于耕种，巡视自己的领土看它都适合于种植什么，从漆水、沮水渡过渭水，伐取木材以供使用，要出门的人都有盘缠，居守在家的人都有积蓄，百姓得享其福。百姓感念他，很多人迁徙过来，归附于他。周族政治德业的兴起从此开始，所以诗人作歌谱曲以思念其德行。公刘去世，儿子庆节继位，在豳邑建立国都。庆节去世，儿子皇仆继位。皇仆去世，儿子差弗继位。差弗去世，儿子毁隃继位。毁隃去世，儿子公非继位。公非去世，儿子高圉继位。高圉去世，儿子亚圉继位。亚圉去世，儿子公叔祖类继位。公叔祖类去世，儿子古公亶父继位。古公亶父继续从事后稷、公刘的事业，做了大量有德义的事情，国人都爱戴他。薰育这支戎狄部落来进攻他，想得到财物，古公亶父就把财物给他们。不久薰育又来进攻，想得到土地与民众。民众都很愤怒，想与他们开战。古公亶父说："民众拥立君主，是要让他造福民众。现在戎狄之所以来攻击我们，就是想得到我的土地与民众。民众归属于我，与归属他们有什么区别呢？民众将要因为我的缘故与他们交战，为了做人家的君主而让大人孩子去拼命，我不忍心这样做。"于是就带着他的私家部属离开豳邑，渡过漆水、沮水，翻越梁山，定居在岐山脚下。豳地的全体民众扶老携弱，全部来到岐山脚下重新归附古公亶父。别的地区的民众听说古公亶父很仁慈，也有很多人来归附他。于是古公亶父就废除了戎狄的习俗，营建城郭房屋，划分出不同的邑落分别居住，设置了司徒、司马、司空、司士、司寇五种官僚机构来统治民众。民众都制歌作乐，颂扬他的德行。

古公亶父有长子叫太伯，次子叫虞仲。太姜生下小儿子季历，季历娶太任为妻，她们都是贤淑的女子。太任生了昌，昌有圣人的征象。古公亶父说："我们家族应当出现一位使它兴盛的人，这个人大概就是昌吧？"长子太伯、虞仲了解古公亶父想立季历为继承人，以便传位给昌，两个人因此逃亡到荆蛮，身刺花纹，剪短头发，用这种方法让位给季历。

古公亶父去世，季历继位，这就是公季。公季继续推行古公亶父遗留的治国之道，致力于施行仁义，诸侯因此都归附他。

公季去世，儿子昌继位，这就是西伯。西伯被后人尊为文王，他遵循后稷、公刘的事业，仿效古公、公季的法则，恭行仁义，尊敬老人，慈爱晚辈。礼贤下士。为了接待贤士，每天忙到正午还抽不出时间进餐，因此有很多士人归附他。伯夷、叔齐在孤竹国，听说西伯善于赡养老人，就商议说："为什么不去归附他呢？"太颠、闳夭、散宜生、鬻子、辛甲大夫这些人也都前来投奔归附西伯[①]。

按照《史记》等文献所述，周人在其传说历史的最初阶段，便以精于务农著称于世了。周族的男性始祖稷在幼年的时候就喜欢种植菽麻一类农作物，长大后精于农业，老百姓都向他学习，他因而被帝尧任命为"农师"，即管理农业的官。这说明，早在原始社会时代，周人就是一个以农业为生的部族了。

《诗经·大雅·生民》是歌颂后稷的诗歌，其中特别谈到了后稷对于发展农业的贡献。诗中谈到的秬、秠、穈芑，都属于粟类，而作为后稷之名的"稷"则是小米。诗的大意是歌颂后稷精于农艺，善于耕作技术，还会培育良种，从而使周人种植的各种作物繁茂生长，获得丰收，并以丰收的成果祭神祈福。

到了后稷的曾孙公刘的时候，周族由于受到戎狄部落的侵扰，于是在公刘的率领下由原居地邰迁徙到豳（今陕西栒邑或邻县）。史称公刘"虽在戎狄之间，复修后稷之业，务耕种，行地宜，自漆、沮度渭，取材用，行者有资，居者有畜积，民赖其庆。百姓怀之，多徙而保归焉。周道之兴自此始，故诗人歌乐思其德"[②]。《诗经·大雅·公刘》说："笃公刘！匪居匪康。乃场乃疆，乃积乃仓。……度其隰原，彻田为粮。度其夕阳，豳居允荒。"公刘率部族迁豳之后，日夜操劳不敢安息，整治田亩疆界，修建仓库，贮藏粮食，并且依据田质的好坏分配土地，建立相应的管理制度。

公刘迁豳之后，传九世至古公亶父，史称他"复修后稷、公刘之业"[③]，即遵循后稷和公刘务农的传统，进一步发展农业技术。但这时周部族由于累世的经营，人口繁衍，财富积聚，受到了戎狄部落日益严重和频繁的侵扰抢掠。周人不堪其扰，于是在古公亶父的率领下越梁山，渡漆水，最后在岐山脚下的周原（今陕西扶风）一带定居下来。

周人到达周原之后，迅速开辟田地，建造房屋，划定疆界，整修沟渠田垄。当

---

① 参见（汉）司马迁撰，韩兆琦主译：《史记》（一），中华书局2008年版，第57—59页。
② 《史记·周本纪》。
③ 《史记·周本纪》。

时，周族的社会组织结构也较公刘时代有了明显的发展，出现了"司空""司徒"等专职性的管理人员，而且有了城邑和宫室。

根据以上我们对周族早期历史的概括梳理，可以得出如下认识：

第一，周人从很早的时期起，便是一个以农业生产为生的古代部族，而且其单纯的农耕社会特征十分明显。定居生活、彻田制度、专职的管理人员，以及城邑宫室，都体现出了农耕文化特色的浓墨重彩，而游牧文化的特征则了无痕迹。周人历史上曾经几度迁徙，然其原因皆在于受到戎狄部落的压迫与侵扰。而一旦寻找到新的适宜农业生产的环境，便立即重新定居下来，开始其井然有序的农业生产与生活。

当然，周人也不是全无畜养业，但这种畜养是纯粹的农业生产方式的，仅仅是农耕生活的一种次要的补充。周人的大牲畜主要用于农业生产。正由于大牲畜对于农业生产十分重要，所以他们非常珍惜，即使是在祭神祭祖的场合也相当节制，提倡"小事不用大牲"。这与殷人那种频繁而规模惊人的祭神之举真有天壤之别！这种爱惜畜力的农业文化传统不但在周族早期历史上是如此，直到周人代殷以后也一直被保存下来。在周王朝的记录中，用众多的牲畜大规模地祭神的活动只有过一次，即《逸周书·世俘》所说的，武王灭商以后，祭祀天与后稷及百神水土："用牛于天、于稷，五百有四；用小牲羊豕于百神水土，二千七百有一。"但其原因正如郭沫若早就指出的那样，不过是周人慷他人之慨，用的是殷人遗留下来的财富①，所以一共只有过一次。周人自己平常则十分节制，用一牛一羊一猪组成的"太牢"作为祭品，已算是隆重的祭礼。这与商人甲骨卜辞中动辄以百牛为牺牲，差别不可以道里计。

第二，周族在很长的历史时期内，始终是一个弱小的古代民族，其历史是一部艰苦图存的历史，我们从他们不止一次被迫迁徙的史实中可以清楚地看到这一点。难能可贵的是，他们始终处于出没无常的戎狄部落的包围之中，却一直顽强地保持着自己固有的文化传统和生活方式，并在与戎狄的斗争中不断壮大。

周人每定居一地，就在那里生聚发展，用自己先进的生产方式改变那里的自然

---

① 参见郭沫若著：《十批判书》，人民出版社 1954 年版，第 18 页。

环境。在这种恶劣的环境之中，为了保卫自己的家园和生命财产，他们不得不一手拿农具，一手拿武器，这也就是《诗经·大雅·公刘》篇所描述的：一方面"乃场乃疆，乃积乃仓"，一方面又要"弓矢斯张，干戈戚扬"，张弓搭箭，紧握武器，随时应对戎狄的侵犯。这种艰苦紧张、血汗交织的生活既锤炼着周人的意志和勇气，也使周人的武力随着经济的发展而壮大。从这个意义上讲，古人所谓的"虞夏以文，殷周以武"是不错的。

但是另一方面，殷周之武又有着巨大的差异。

游牧民族的武力必然带有某种侵犯性，这是由其生产方式的性质所决定的。为了游牧的需要，每一部族都必须经常迁徙，不断地"逐水草而居"，寻找水草丰美的新牧场。而这种寻找和迁徙的过程，也就是不同部族间争夺生存空间的过程。同时，战胜敌对的部落不仅意味着保存自己，还意味着子女金帛牛羊等巨大的财富。因此，游牧部族之间的武装冲突往往是频繁的、随时随地都可能发生的。

农耕民族则不然。就生产方式而言，农耕民族要求的是安定、和平。它也需要武装，但目的主要是保护自己而不是进攻他人，身处戎狄环伺之间的农耕民族尤其如此。在游牧部族眼中，那些房屋、仓廪、城邑，本身便代表着令人垂涎的财富。所以，农耕民族的"武"往往是防御性的武，即使是进攻往往也是出于防御目的的进攻（这里特指农耕对游牧的关系而言）。在周人早期的历史中，武力的这种防御性作用十分明显。史载，在古公亶父时代，戎狄为了掠夺财富而屡屡侵犯周人，于是古公亶父就送大量财富给戎狄，期望以委曲求全换得相安无事。戎狄仍不罢休，进一步索要土地和人口，古公亶父无奈，只好带着周人迁徙远方。这里，周人的武力仅仅是用于自我保护，并且为了求取安宁愿做出巨大的让步。

殷周之武的这种区别，体现着不同生产方式的不同要求。周人之所以在代殷之后"制礼作乐"，以礼、乐的规范去约束人们的行为，以求天下秩序的稳定，而不是像殷商那样单纯依赖强大的武力来维护自己的盟主地位，归根结底，是与这种生产方式所决定的文化传统以及周代国家性质息息相关的[1]。

二、用显西土及与大邑商的关系

古公亶父之后，周族首领是季历。

季历执政期间，周国通常是在"奉勤于商"的名义下对外进行领土扩张。据《后汉书·西羌传》说，商王武乙因暴虐无道，造成犬戎屡屡寇边。而据古本《竹书纪年》记载，恰在武乙迫于外患之际，季历却亲自入商朝见，故大受武乙赏赐。此后季历"伐西落鬼戎，俘二十翟（狄）王"。商王文丁时，季历又"伐燕京之戎，周师大败"。二年后，"周人伐余无之戎，克之"。为此，季历被文丁封为"殷牧师"。此后季历又先后伐始呼之戎及翳徒之戎，皆克之。此等诸戎，大致分布在太行山西侧晋中、晋南及晋豫陕之交地域，位于商之西方，均曾为患于商，对偏处西方的周国来说，则是东进道上的障碍。季历伐诸戎，早先有过挫折，其后连连得捷，显示了周国实力的明显提高。诸戎腹背受创，虽一度缓解了商王朝西部边患的压力，但随着周国势力的东进，同样也引起商王的疑忌和警觉。如果说先前因诸戎散处而使商边患此起彼伏，那么周国崛起一方，其隐患无疑更集中而可畏，商王势必有所警惕。《竹书纪年》说"文丁杀季历"。又载文王继位后，发生一次"周人伐商"。这应是商周东西对峙矛盾首次公开激化的前后史事。

季历伐诸戎，性质属于征服战争，以伐而使之归服为目的，尚未臻至能灭而吞并的国力。他的业绩只是在商的西部逐步建立起一个能号令一方的"小邦周"政治实体，在当时的政治格局中，仍须如以往一样，得到中原"大邑商"的承认，否则将受到种种掣肘，后果难料。周人一再声称："肆商先哲王，用显我西土。"[2]《诗经·大雅

---

[1] 参见齐涛主编，王和著：《中国政治通史——从邦国到帝国的先秦政治》，泰山出版社2003年版，第187—189页。
[2] 《逸周书·商誓》。

·皇矣》亦谓季历"受禄无丧，奄有四（西）方"。都道出了这一周国发展史上的事实。季历所伐诸戎，均为商的敌方，可见其对外军事方略上的明智选择和政治上的成熟。

在周人兴起的历史上，将周族部落实力发展到与商王朝全面对抗并战而胜之的关键人物是季历之子姬昌，即周文王。他经营周族部落达半个世纪之久。期间因商人已感到周人的威胁，把他抓起来长期囚禁于羑里。他逃脱商人之囚后，在生命的最后7年里进行了一系列针对商人的征战。在取得一连串军事行动的胜利之后，周人把商在西部的属国统统收归自己所有，形成了"三分天下有其二"的优势局面。这时，周文王把都城迁入丰地（今陕西沣河西户县秦渡镇一带），一个新的国家即将宣告诞生。

文丁杀季历，是西土小邦周王业发展史上的一次受挫，说明其尚无力摆脱"大邑商"的政治控制。文王继位，虽曾为报杀父之仇而出兵伐商，但他很快意识到与商为敌不可取，于是推出一套切合时势又行之有效的治国方略。在内政方面，遵后稷、公刘之训，则古公、公季之法，笃仁、敬老、慈少，礼下贤者，发展传统的以农业生产为主的社会经济生活方式，全面提高国力。同时又稳定国内政治秩序，巩固国家体制，加强宗族间团结，强化贵族等级分层的社会结构体系，为此而颁行了有关国家法律。《左传·昭公七年》载，"周文王之法曰：有亡，荒阅。所以得天下也"。这条法律佚文，意谓围捕逃亡奴隶或盗贼，使各归其主。可窥知文王之法是有效保障着阶级统治的实施。史传文王时虞、芮二国发生疆界纠纷，久不能决，入周见社会风气祥和，"耕者皆让畔，民俗皆让长"，虞、芮之人乃惭而释怨。

在用人方面，文王又实行一条打破国界、唯贤是用的开放政策。《史记·周本纪》记文王"礼下贤者，日中不暇食以待士"，使远在孤竹国（今河北卢龙县一带）的伯夷、叔齐，"盍往归之"，"太颠、闳夭、散宜生、鬻子、辛甲大夫之徒，皆往归之"。《史记·齐太公世家》说文王得吕尚太公于渭滨，"载与俱归，立为师"。《国语·晋语四》谓文王"用四方之贤良，及其即位也，询于八虞，而谘于二虢，度于闳夭，而谋于南宫，诹于蔡、原，而访于辛、尹，重之以周、邵、毕、荣，亿宁百神，而柔和万民"。所谓八虞指伯达、伯适、仲突、仲忽、叔夜、叔夏、季随、季骃等周虞官八士。二虢指文王弟虢仲、虢叔。辛甲、尹佚原为商臣。鬻子为楚之先祖鬻熊。总之，这些人物有的出自周同姓宗族或异姓部落之长，有的为远方他国归附，有的从殷商投奔而来。文王能广纳各方人才，而尊重其固有信仰观念，由此造就了一个人才济济、国运昌盛的局面。故《诗经·大雅·文王》说："济济多士，文王以宁。"

在外交方面，文王始终以商周关系作为外交轴心，在政治上卑身事商，力争取得商王朝所认可的"用显我西土"的外部政治环境，联合商的敌对势力，暗中与商抗衡。文王在帝乙二年伐商，大概只是一时情绪激愤下的虚张声势，并未真正交战。他后来处理商周关系，又变敌对为臣服，恰也符合商的意愿，因此时商正致力于东方，帝乙十年即有东征人方的大役，故亦不愿在西方再树一敌。《诗经·大雅·大明》有咏帝乙嫁其妹给文王以结姻好，大概也是双方改善关系的一种努力。可能就在这一时期，文王被商册封为"周方伯"。

文王被封为周方伯，是商试图利用周的影响和实力制约西部敌国，亦等于商承认了周"用显西土"的政治地位。史称文王为西伯，盖出于此。至殷纣时，西伯仍卑身事商。《史记·周本纪》说："崇侯虎谮西伯于殷纣曰：'西伯积善累德，诸侯皆向之，将不利于帝。'帝纣乃囚西伯于羑里。闳夭之徒患之，乃求有莘氏美女，骊戎之文马，有熊九驷，他奇怪物，因殷嬖臣费仲而献之纣。纣大悦，曰：'此一物足以释西伯，况其多乎。'乃赦西伯，赐之弓矢斧钺，使西伯得征伐。"西伯被囚于羑里，靠行贿取悦于殷纣，赢得信任，委以专主西土征伐的权力，当是信史。西伯因祸得福，幸得释返其国后，确曾小心翼翼，奉勤于商。据《淮南子·道应》说："文王归，乃为玉门，筑灵台，相女童，击钟鼓，以待纣之失也。纣闻之，曰：'周伯昌改道易行，吾无忧矣。'"西伯"经始灵台""于论鼓钟"，《诗经·大雅·灵台》专叙其事。这种佯装沉湎女色、高筑崇台、耽于享乐、无所他求的行为，只是用来麻痹商王，松弛商王对他的戒备心，与史传西伯早先被"囚羑里，盖益《易》之八卦为六十四卦"[①]，都属于韬晦之举。唯一目的在于欺骗商王耳目，争取时间，积蓄力量，以待异日再起。

---

① 《史记·周本纪》。

而囚中演易,则是以沉默而避杀身之祸之术罢了。

《尚书·无逸》说:"文王卑服,即康功田功。"或以为此是周社会尚不发达之证。然此篇下文有谓:"徽柔懿恭,怀保小民,惠鲜鳏寡,自朝至于日中昃,不遑暇食,用咸和万民,文王不敢盘于游田,以庶邦惟正之供。"由此可知西伯卑服,是言其节俭勤政;所谓康功田功,是言其重视农业生产,亲为表率,犹如《国语·周语上》所云每年春临,农祥晨正,统治者须举行耕作仪式,"王耕一坺,班三之,庶民终于千亩"。此外,《楚辞·天问》云:"伯昌号衰,秉鞭作牧。"当也同如"康功田功",是指西伯重视畜牧经济发展,出席有关象征性仪式。这些都属于西伯提高综合经济国力的举措,然其卑服荷衰,表面上亦有小心奉政、不使大邑商起疑的一面。

西伯卑身奉商,暗蓄力量,无疑取得了成功。《史记·周本纪》称:"西伯阴行善,诸侯皆来决平。"《左传·襄公四年》说:"文王帅殷之叛国以事纣,唯知时也。"《后汉书·西羌传》说:"文王为西伯,西有昆夷之患,北有猃狁之难,遂攘戎狄而戍之,莫不宾服,乃率西戎,征殷之叛国以事纣。"正是由于西伯审察天时地利,善于权衡商周政治利害关系,下得人和,修内政,纳人才,结与国,屈身事商而得擅主征伐的册封,遂大显于西土,日后终于育成周人的王业[①]。

三、周虽旧邦,其命维新

西伯在位约 50 年,因为奉勤大邑商而得到商王赐予的擅主征伐的权力,晚年羽翼日趋丰满,俨然成为西部政坛的霸主。观西伯一生政绩,断虞芮之讼,实是周国王业确立的一个里程碑。

虞国在今山西平陆一带,芮国在相邻的芮城附近,扼处黄河北岸的东西交通要道上。两国在西伯"积善累德"的感召下,捐弃前愆而归附周国,这使周国声威大振。

---

① 参见李学勤主编:《中国古代文明与国家形成研究》,云南人民出版社 1997 年版,第 513—517 页。

《史记·周本纪》说:"西伯阴行善,诸侯皆来决平。于是虞、芮之人有狱不能决,乃如周。入界,耕者皆让畔,民俗皆让长。虞、芮之人未见西伯,皆惭,相谓曰:'吾所争,周人所耻,何往为,只取辱耳。'遂还,俱让而去。诸侯闻之,曰'西伯盖受命之君'。"

《诗经·大雅·绵》说:"虞芮质厥成,文王蹶厥生。予曰有疏附,予曰有先后,予曰有奔奏,予曰有御侮。"其大意是:"虞芮交争得和平,文王行动感他们。我想附众有贤臣,我想相导有贤臣。我想奔走有贤臣,我想御敌有贤臣。"

西伯晚年加尊王号,史称"文王受命"[①],其中蕴含着两方面的历史内容,首先揭示了周国内部社会政治秩序的稳固和统治者政治地位前所未有的加强;其次表现在商周并列共存关系方面,大邑商的长期政治压力,反而成为周国自强和国家意识上升的强大动力。

《诗经·大雅·文王》说:"文王在上,於昭于天,周虽旧邦,其命维新。"由此诗可知,西伯称王,又有周人自创的意识形态即所谓受命于天作依据。

《尚书·武成》说:"我文考文王,克成厥勋,诞膺天命,以抚方夏,大邦畏其力,小邦怀其德。"显然,西伯称王,是对大邑商政治控制的否定,从此开始转入商周双方对等的政治格局阶段,由此出现了商周二王并存的局面。

西伯受命称王以后的当政年数,有七年、九年、十年诸说。七年说见《尚书大传》。九年说见《逸周书·文传》《尚书·武成》《汉书·律历志》《帝王世纪》等。十年说见《史记·周本纪》,但司马迁又叙西伯称王以后七年事迹至崩,则其又取七年说。西伯称王一事表明,小周邦奉勤大邑商的历史已经告终,周不再承认商王的盟主地位,而是准备取而代之。

西伯称王之后,开始了一系列的征伐战争,其目的在于削弱大邑商的势力而增强小邦周的政治声望。

司马迁说:"明年,伐犬戎。明年,伐密须。明年,败耆国;殷之祖伊闻之,

---

① 《尚书·无逸》。

惧，以告帝纣，纣曰：'不有天命乎，是何能为。'明年，伐邘。明年，伐崇侯虎。而作丰邑，自岐下而徙都丰。明年，西伯崩。"[1]这份大事年表，当非杜撰，从中可以看出文王的战争方略，是先安后方，再定河东，而后南逾渭河东进，迫近商域。现逐一分述。

周文王首先以伐犬戎拉开战争序幕。

犬戎居于岐周西北泾水流域一带，为先周故地，周人迁岐，此处为犬戎占据。伐犬戎之后，文王继续扫荡，讨伐密国。《诗经·大雅·皇矣》说："密人不恭，敢距大邦，侵阮徂共。王赫斯怒，爰整其旅，以按徂旅，以笃于周祜，以对于天下。"密国也在泾水流域，位于陇东（即今甘肃灵台一带）。阮、徂、共三国均在陇东泾川附近，为周属国。文王似以密国不恭，奉大邑商为名及责其侵凌周附庸小国阮、徂、共，出兵讨伐。周原甲骨文还有记文王时"伐蜀"一事。蜀在岐周西南，约在宝鸡以南迤至汉中以西一带范围内。这均可补文献缺载。总之，经过周文王的征伐战争，北陇东泾水流域及西南汉水流域广大地区成为周人势力范围，以后成为周人伐商的大后方。

在后方巩固后，周文王得以全力东顾，首先在岐周往东约二百里外（今咸阳附近）建军事指挥中心程邑，专注于打通北路，占据河东。先前河东的虞、芮二国已经归附，此则东进伐耆国，耆即黎国，在晋东长治一带，《尚书》有《西伯戡黎》述其事。《说文》云："黎，殷诸侯国。"周原甲骨文有"黎邑"，盖周人占据黎国后所作城邑。黎居晋东高地，鸟瞰商域平原，周人克黎引起商臣祖伊恐惧，可惜殷纣王仍置之不理。此后文王又命伐邘。邘即盂，位于黄河北岸河南沁阳一带，在黎国之南，已入商王田猎区，此时原居西土的小邦周已经壮大东进，可以直叩大邑商的门户了。

此时，渭南还剩下殷商最强大的一个诸侯国崇国，位于陕西户县一带，临近岐周，对周威胁最大，是周的宿敌，也是周南路东进的最大障碍，周人欲与商直接抗衡，就非将其拔除不可。文王平定了西土各个势力后，随即集中兵力展开攻崇之战。尽管文王作了足够的准备，战争仍相当酷烈。《诗经·大雅·皇矣》形容这场战争说："密

---

[1]《史记·周本纪》。

人不恭，敢距大邦。侵阮徂共，王赫斯怒……帝谓文王，询尔仇方，同尔兄弟，以尔钩援，与尔临冲，以伐崇墉。临冲闲闲，崇墉言言，执讯连连，攸馘安安……临冲茀茀，崇墉仡仡，是伐是肆，是绝是忽，四方以无拂。"由于崇城的坚固雄伟，易守难攻，周人使用了钩梯和临冲（临车、冲车）之类的攻城战具，双方伤亡都十分惨重。据《左传·僖公十九年》说："文王闻崇德乱而伐之，军三旬而不降。退修教而复伐之，因垒而降。"周人攻城月余不克，文王重新作了战术调整，筑土为垒困之，才终于克复崇国。除此之外，周原甲骨文还记有"伐巢"一事，巢亦南路东进道上的殷属国，或许这是文王于南线进行的另一征伐战。

周人以渭水流域为中心，几乎控制了黄河中游之半包括晋中晋南及江汉西部大片地区，与黄河下游的大邑商俨然对峙。正如许倬云所说："周人在北边已循晋南拊朝歌之背，由山西高地高屋建瓴，俯视商人王畿。中路一线，已克崇而入中原。南路一线，江汉已为周人疆土。"①

至此，周代商而兴已经不可避免。

四、燮伐大商

文王晚年，尽管周国取得了很大的发展，且与大邑商形成西东对峙的局面，形势发展有利于周，周人入主中原已经势所必然，但文王始终没有公开树起"燮伐大商"的旗号。高举并完成"燮伐大商"旗帜与使命的是周武王。之所以如此，是因为当时周、商力量还没有达到一个应该改变的状态。

商王朝自武丁以后，社会政治、经济江河日下，加以统治者生活奢侈腐化，更加速了这种趋势的发展。《尚书·无逸》提到商末"立王，生则逸。生则逸不知稼穑之艰难，不闻小人之劳，惟耽乐之从"。这就是说，商末诸王都是一些游手好闲的膏粱纨绔子弟。他们不事生产，只知坐享安逸。尤其是到了商末王帝辛（纣）时，骄

---

① 许倬云著：《西周史》，生活·读书·新知三联书店1994年版，第91—92页。

奢淫逸达到了令人发指的程度。

据《史记·殷本纪》记载："(纣)好酒淫乐，嬖于妇人，爱妲己，妲己之言是从。于是使师涓作新淫声，北里之舞，靡靡之乐。厚赋税以实鹿台之钱，而盈钜桥之粟。益收狗马奇物，充仞宫室。益广沙丘苑台，多取野兽蜚鸟置其中。慢于鬼神，大冣乐戏于沙丘，以酒为池，县肉为林。使男女倮相逐其间，为长夜之饮，百姓怨望而诸侯有畔者。"

这些有关商纣的荒淫描述，大概是得之于春秋战国间的传闻。如《说苑》引《墨子·墨子佚文》说："纣为鹿台糟邱，酒池肉林，宫墙文画，雕琢刻镂。锦绣被堂，金玉珍玮，妇女优倡，钟鼓管弦，流漫不禁，而天下愈竭，故卒身死国亡，为天下戮。"《说苑·反质》引《吕氏春秋·贵直论·过理》言："(纣)雕柱而桔诸侯……作为璇室，筑为顷宫。"《文选·东京赋》注引《竹书纪年》说："纣作琼室，立玉门。"《管子·七臣七主》说："昔者纣是也……驰猎无穷，鼓乐无厌，瑶台玉馆不足处，驰车千驷不足乘。列女乐三千人，钟石丝竹之音不绝。"

周人对商纣这些荒淫腐化生活的传说，不见得都是实录。原因很简单，殷纣王为亡国之君，而周人又视之为仇敌。所以周人在宣传上对其罪恶言过其实，有所夸大，如此方能显示其伐商为拯民伐罪的正义性。这一点春秋战国时已经有人察觉。例如子贡曾向老师孔子讨教道："纣之不善，不如是之甚也。是以君子恶居下流，天下之恶皆归焉。"[1] 战国末年的荀子也说："古者桀纣……身死国亡，为天下大僇，后世言恶则必稽焉。"[2] 民国史学家顾颉刚于1924年写过一篇《纣恶七十事的发生次第》，将《今文尚书》中所述纣的罪恶聚集起来，也只有酗酒、不用贵戚旧臣、登用小人、听信妇言、信有命在天、不留心祭祀等六大罪状，不像战国时人所传说的那样厉害[3]。但无论如何，殷纣王绝不是一个成功的统治者，则是可以断言的。

---

[1] 《论语·子张》。
[2] 《荀子·非相》。
[3] 参见王玉哲著：《中华远古史》，上海人民出版社2000年版，第480页。

商纣王时，商贵族们酗酒必为事实，《韩非子·喻老》有"登糟丘，临酒池，纣遂以亡"。《韩非子·说林》也有"纣为长夜之饮"之语。商纣王因为酗酒而误国不但见于先秦诸子的记载，而且在周代的《诗经·大雅·荡》等文献中也可以见到：

> 文王曰咨，咨女殷商。天不湎尔以酒，不义从式。既愆尔止，靡明靡晦。式号式呼，俾昼作夜。

周代大政治家周公也认为商族之所以亡国，与商末贵族嗜酒有重大关系。他特作《酒诰》以教谕康叔，内有谓商"惟荒腆于酒……故天降丧于殷"；训诫"群饮，汝勿佚，尽执拘以归于周，予其杀"①。周公畏酒如此，可见他认为酒为商亡国之重大原因之一。

商末统治阶级的腐败，自然会激起民众的反叛。部分贵族也看到当时阶级矛盾加剧，国家岌岌可危。如微子启就曾痛惜地说过："我祖底遂陈于上，我用沈酗于酒，用乱败厥德于下。殷罔不小大好草窃奸宄，卿士师师非度。凡有辜罪，乃罔恒获，小民方兴，相为敌仇。"②微子的意思是说，纣王由于抛弃了成汤的旧传统，沉湎酒色，法度不明，政治昏乱，因而招致百姓的反抗。当时的社会真是达到了诗人描写的所谓"如蜩如螗，如沸如羹"③的地步。事实亦确实如此，商纣王不但自己荒淫无道，在治国理政上还任用"善谀、好利"的费中和"善谗"的恶来当政，纣的亲族微子、箕子和比干强谏，纣王杀比干，囚箕子。于是，纣的一些亲信如微子及太师疵、少师疆对商王朝感到失望，乃持其祭器、乐器西奔归周。这表明这时商的最高统治者已经走到众叛亲离的境地。

纣王末年，不但大邑商国内阶级矛盾尖锐，而且其周边的诸侯对商也纷纷举起了反叛的旗帜。大邑商周围散布着的一些方国政权，如鬼方、舌方、土方、羌方、

---

① 《尚书·酒诰》。
② 《尚书·微子》。
③ 《诗经·大雅·荡》。

虎方、夷方和周族等数十个方国，它们与商的关系，有时是和平共处，有时则互相侵夺。商朝末年，帝乙与帝辛征东夷是两次较大的战争，而且也是对大邑商命运攸关的战争。

商末帝乙时就与东夷有过频繁的战争。商纣时与东夷的战争见于《左传》者有两处：一谓"商纣为黎之蒐，东夷叛之"[1]。一谓"纣克东夷而陨其身"[2]。可见，商纣的覆亡与东夷之叛，大有关系。

殷墟五期卜辞，在商王帝乙、帝辛时代有很多屡征夷方的记载。其战争时间从卜旬的日期看，往往经年，所驻跸之地遍至济、汶、淮诸水之域。这确是一场长期而艰巨的战争。并且在商末年，周人大概为了牵制纣王在西方的兵力，派遣打入商内部的间谍吕尚，入东夷鼓动其叛商。商纣不得不调用大部分人力、物力对付东夷，因而展开了长期的消耗战争，这样便注定商王朝国运日趋没落。

商对东夷的战争，倾全国的兵力，经过多年的征讨，总算把东夷攻克，但耗费了大量财富，国家元气大伤。就在这种形势下，西方以周国为首的许多方国联合起来，开始了灭亡大邑商的战争。

商朝末年，商与周两族之间的冲突已经到了无法调和的地步。这主要表现为商王武乙、周王季历之死。

司马迁在《史记·殷本纪》中只说商王武乙暴虐，猎于河、渭之间，被暴雷震死。渭水流域是周族势力范围，武乙猎于河渭，是在"周王季历伐西落鬼戎，俘二十翟王"之后。武乙看到周族逐渐强大，他的西畋不一定只是田猎，而很可能是对周的侵犯。武乙不是死于雷震，而是死于与周之战争。

至于周王季历之死，《史记》等书，止言王季历卒。《吕氏春秋·开春论》说"王季历葬于涡山之尾"。《战国策·魏策》作"楚山之尾"。《论衡·死伪》则作"滑山之尾"。唯古本《竹书纪年》有"文丁杀季历"的记载。季历被杀后，殷纣王又将季历的继

---

[1] 《左传·昭公四年》。
[2] 《左传·昭公十一年》。

承人西伯侯昌"囚羑里"多年。总之,商周已经到了势不两立的地步。商灭亡之前,商王朝所面临的两大问题——国内阶级矛盾恶化与境外众方国群起叛商,使商王纠顾此失彼,难以应付。周武王就是利用了这个"天时地利人和"的大好时机,兴师东征,一举灭商的。

周文王末年,已经"三分天下有其二"①,但因为伐商时机尚不成熟,故虽然不断地东征西讨,扩大周族的势力,但仍然用韬光养晦之计,"合六州之侯,奉勤于商"②。总之,文王晚年,出于东进中原的战略需要,已建立两都制度,旧都岐邑为周先公先王宗庙所在,此盖"宗周"一名之由来,是周人精神上及宗教上的中心,新都丰邑则为前进中原的指挥中心兼行政中心③。

周文王死后,武王发继位,仍沿用文王年数,"师修文王绪业"④。一方面"考卜维王,宅是镐京"⑤,继续加紧新都镐京的全面规划和营建。另一方面,开始高举"燮伐大商"⑥的旗帜。当年,即文王受命九年,武王上祭文王墓于毕原,"东观兵,至于盟津,为文王木主,载以车"。据说诸侯不期而会者八百,皆曰殷纣"可伐"⑦。但这次武王观兵盟津只是为了测度民心,试探大邑商的反应,并借机检阅军队,私下以为文王新丧,时机尚不成熟,故借故以"未知天命,未可也"⑧还师。

武王观兵盟津,不进反撤,麻痹了殷纣对周的防范。此后,殷纣昏乱暴虐滋甚,官场腐败,率肆于酒,佞臣当道,贤臣被杀被囚,众叛亲离,社会一片败亡之象,竟至太师、少师都携乐器投奔周。同时,东夷复叛,殷纣王将主要兵力投到了东夷的战场。伐商条件已经成熟,在这种情况下,武王三年,周国再次起兵伐商。

---

① 《论语·泰伯》。
② 《逸周书·程典》。
③ 参见李学勤主编:《中国古代文明与国家形成研究》,云南人民出版社1997年版,第523页。
④ 《史记·周本纪》。
⑤ 《诗经·大雅·文王有声》。
⑥ 《诗经·大雅·大明》。
⑦ 《史记·周本纪》。
⑧ 《史记·周本纪》。

据《尚书·牧誓》记载：

> 武王戎车三百辆，虎贲三百人，与受战于牧野，作《牧誓》。
>
> 时甲子昧爽，王朝至于商郊牧野，乃誓。王左杖黄钺，右秉白旄以麾，曰："逖矣，西土之人！"王曰："嗟！我友邦冢君御事，司徒、司马、司空、亚旅、师氏，千夫长、百夫长，及庸、蜀、羌、髳、微、卢、彭、濮人。称尔戈，比尔干，立尔矛，予其誓。"
>
> 王曰："古人有言曰：'牝鸡无晨；牝鸡之晨，惟家之索。'今商王受惟妇言是用，昏弃厥肆祀弗答，昏弃厥遗王父母弟不迪，乃惟四方之多罪逋逃，是崇是长，是信是使，是以为大夫卿士。俾暴虐于百姓，以奸宄于商邑。今予发惟恭行天之罚。今日之事，不愆于六步、七步，乃止齐焉。夫子勖哉！不愆于四伐、五伐、六伐、七伐，乃止齐焉。勖哉夫子尚桓桓，如虎如貔，如熊如罴，于商郊。弗迓克奔以役西土，勖哉夫子！尔所弗勖，其于尔躬有戮！"

武王用战车三百辆，虎贲三千人，和纣王在牧野打仗，作了《牧誓》。

在甲子日的黎明时刻，周武王率领军队来到商国都城郊外的牧野，举行誓师。武王左手拿着黄色大斧，右手拿着旄牛尾指挥军队，说："真远啊，从西方来的人们！"武王说："哦！我们友邦的国君和办事的大臣，司徒、司马、司空、亚旅、师氏，千夫长、百夫长，以及庸、蜀、羌、髳、微、卢、彭、濮的人们，举起你们的戈，排列好你们的盾，把你们的矛竖起来，我要宣布打仗的纪律了。"

武王说："古人有话说：'母鸡没有早晨打鸣的；如果母鸡在早晨打鸣，这个人家就会倾家荡产。'现在商纣王只是听信妇人的话，废弃了对祖宗的祭祀不问，舍弃了他先王后裔，同姓的长辈和兄弟不用，反而只对从四方诸侯国逃亡到商国的罪人，推崇他们，尊敬他们，信任他们，使用他们，让他们担任大夫、卿士这一类重要官职。使他们残暴地对待百姓，在商国内外作乱。现在，我姬发执行老天的惩罚。今天的战事，行军时，不超过六步、七步，就要等待队伍整齐。将士们，要努力啊！刺击时，不超过四次、五次、六次、七次，就要等待队伍整齐。努力吧，将士们！希望你们威武雄壮，像虎、貔、熊、罴一样，前往商都的郊外施展神威。不要禁止商国军队中能够前来投降、帮助我们的人。努力吧，将士们！你们如果不努力，就会对你们施行杀戮！"

武王伐商的路线，自镐京出发后，先是取道中路，沿黄河以南东进，经孟津至河南氾水，日行三四十里，后因风雨受阻，折返孟津渡河，取道北路。时北路早在周人掌握中，武王得以"疾行不辍"①，行军速度几增一倍，终于在"二月甲子昧爽"②遽然出现在商郊牧野。《诗经·大雅·大明》曾形容说："牧野洋洋，檀车煌煌，驷騵彭彭，维师尚父，时维鹰扬，凉彼武王，肆伐大商，会朝清明。"

周军兵贵神速，陈师牧野。纣王猝不及防，急发兵拒敌，《诗经·大雅·大明》说："殷商之旅，其会如林，矢于牧野。"《史记·周本纪》说："帝纣闻武王来，亦发兵七十万人距武王。"不过，商纣王动员的这七十万人，很可能都是从监牢里临时征集的犯人。从人数对比看，似乎商方略多，然商众皆无战心。周锐军出击，商众即"前徒倒戈。攻于后以北，血流漂杵"③。商众土崩瓦解，纣王败退朝歌，见大势尽去，遂登上鹿台，"蒙衣其珠玉，自燔于火而死"④。牧野大战，不及一个白天，武王就取得了克商大捷。当晚，"至纣死所，武王自射之，三发而后下车，以轻剑击之，以黄钺斩纣头，悬大白之旗。已而至纣之嬖妾二女，二女皆经自杀。武王又射三发，击以剑，斩以玄钺，悬其头小白之旗，武王已乃出复军"⑤。至此，武王终于完成了"燮伐大商"的事业，一个崭新的周王朝开始出现在中国历史舞台。

实际上，周以西土蕞尔小国而能克商，既不能由经济力量强弱作理由，也不能由军事力量的优劣来分高低，周之胜利只能从战略的运用以及对时机的正确把握等角度来寻求解释。周武王善于团结可以团结的一切力量，步步为营东进，构成对商

---

① 《吕氏春秋·贵因》。
② 《史记·周本纪》。
③ 《尚书·武成》。
④ 《史记·周本纪》。
⑤ 《史记·周本纪》。

国的大包抄，在商人疲于外战时，趁机一击得胜。反顾殷纣王灭国的教训，原因虽多，但最主要者，当如《孟子·离娄上》所说的那样，是"纣之失天下也，失其民也"所导致，而非其综合国力衰弱至极而引发。

武王一战克商，入主中原，取代了大邑商在中原的政治统治地位。以后历周公、成王、康王几世的政治转型，拓展疆域，分封诸侯，推行礼乐，遂使周王朝彻底告别殷商以前的政治文化格局而成为以姬姓周室宗族体系治天下的华夏文明昌盛国家。

第三章　殷周之变的主要特点

牧野之战后，以周为首的反殷联军旋即攻入殷都朝歌，纣王登鹿台自焚而死，以殷为"诸侯之长"的方国联合体从此逐渐被周的封邦建国体制所替代。随着殷商王朝的灭亡以及周公东征的胜利，周政权实行了一整套全新的政治制度。一个新的以周王朝政治文明为标志、具有极其重要意义的中华民族历史上的伟大文明时代真正拉开了序幕。

一、商亡前后的政治格局

在第一章里说过，夏代初期，前国家时代部落氏族联合体的政治秩序与传统，在部落联合体最高首领的更替上，仍然在顽固地发挥着作用。夏代的族邦国家均以"氏"相称，如有扈氏、有仍氏、斟寻氏、有穷氏等等，夏王朝自己也称"有夏氏"或"夏后氏"。《孟子·滕文公上》说："夏后氏五十而贡，殷人七十而助，周人百亩而彻。"以夏、商、周三代制度相比较，而独称夏为"氏"。这说明，夏代虽然已有领土意识，但血缘因素还居于国家政治上第一位的优先地位。与同属于早期国家时代、同样具有血缘与地缘相结合特征的商王朝相比，商之邦国皆称"方"，而称"氏"者则属于方国之内的宗族或家族组织。这说明由夏代发展到商代，地缘因素已超越血缘因素而居于国家政治最优先的位置。这恰恰从反面衬托出夏代国家形态的原始性。

事实上，后世称夏代为王朝，实则有夏氏不过是当时"天下万邦"中最强大的一个族邦而已，它与其他众多族邦的关系往往视彼此间实际力量对比的变化而变化。夏后氏自身强大且善待众邦时，众邦便来依附与供奉，这就是史书所说的"诸侯咸朝"；夏后氏力量衰弱且与众邦关系恶劣，或另有新的力量强大且善于笼络众邦的族邦兴起时，众邦便纷纷与之脱离关系，这就是史书所说的"夏后氏德衰，诸侯畔之"。先前依附夏后氏后来又"惧而迁去"的御龙氏，与夏邦的关系即是如此。夏后氏作为众邦之首，自然要求其他邦对它表示服从，众邦对夏也要承担诸如交纳一定的贡物等义务。但是，这种要求主要是以夏后氏自身实力的强大为后盾的，不见得有以血缘、宗法乃至政治制度等作为约束的条件。

从国家形态来看，商代应属于典型的早期国家时代。一方面，商代的国家机器已十分完备；另一方面，商代仍是以部族的血缘组织作为国家的基础，而依地域组织划分居民的地缘国家形态尚未出现或仅仅处于萌芽状态。

在商代，方国林立，所谓方国，就是这种以部族血缘组织为基础的早期国家。

不过，与夏代相比，商代国家的地域意识和领土意识无疑已有所加强与提高，不但其方国不再称"某某氏"而改称"某方",而且依据《尚书》等文献的记载,似已出现乡里之类地域组织的萌芽。同时,在考古发掘的材料中也显示,在有的地方,不是由某个单一的血亲部族的成员,而是由不同部族的成员构成同一"邑"的居民点的现象已经出现。这表明,经过夏代几百年的发展,地缘因素在社会组织中的比重逐渐加大,国家形态进一步向成熟迈进。

然而,就总体而言,殷商时代显然仍然处于以血缘部族聚居的方国为基础,远未达到纯依地域组织划分居民的国家时代,这已经被大量的先秦文献和考古发掘材料所证实。直到西周初年,"殷民七族""殷民六族"等血缘组织仍然是周王分封诸侯时分赐殷遗民的基础单位,这些殷遗民无疑是依族聚居的,否则周人就不可能以族为单位将他们分赐诸侯,说明血缘社会这种情况直到商代末年也并没有发生根本性的改变。

殷人的方国在当时是最为强大的,自称"大邑商""大邦殷",与它同时并立的还有众多的大小方国,著名的有羌方、舌方、人方、鬼方、虎方等。这些方国包括"大邑商"自己,于各自直接控制的辖土之内,均采取血缘聚居的方式。我们从甲骨卜辞材料的记载来看,"大邦殷"虽然征服过许许多多的方国,但并没有把这些异姓方国融化为自己邦族的一部分,而仅仅是迫使他们处于附属、服从的地位而已。因此,所谓的商王朝,实际上不过是以"大邑商"为领袖的、由众多方国组成的一个方国联合体,不但与秦汉以后的大一统王朝有着天壤之别,也与家国同构、"宗统与君统合一"的周代迥然有别。周代的诸侯称呼周王为"天王""天子",而绝不会称"大邦周",自己也绝不敢称"小邦齐""小邦晋""小邦鲁",这种情况恰恰体现出了殷周国家体制上的根本差异。简言之,周代的人们已经有了"天下一体"的意识,诗人所吟唱的"溥天之下,莫非王土;率土之滨,莫非王臣"[1]之所以产生于周代而非殷代,原因即在于此。在殷商时代,即使在"小邦周"与"大邦殷"之间关系最密切的时候,二者也并非是一个政治实体。殷商王朝直接控制的地方被殷人称为"四

---

[1] 《诗经·小雅·北山》。

土"，其地域并不广大。根据战国时人吴起的说法是："殷纣之国，左孟门，右太行，常山在其北，大河经其南。"① 即今天黄河中下游的冀南、豫中一带。其他的邦族方国，特别是那些重要的邦族方国，大多是基本独立、原来就有的，而不像周初的齐、鲁、卫、晋、宋、燕等诸侯国那样，是在周王分封之后才出现的。它们和"大邦殷"之间的关系，与部落联盟时代氏族部落之间的"递等"关系一脉相承，可视为一种首领邦国和从属邦国之间的关系，在政治上实际只是一个松散的联盟组织。所以，尽管"大邦殷"在整个有商一代始终是实力最为强大的一个方国，但其他方国对"大邦殷"并不是一贯俯首帖耳，奉命唯谨，而是根据殷人和他们自己实际力量对比的消长而变化，或叛或附，或敌或友。例如，商王雍己在位的时候，朝政混乱，"殷道衰，诸侯或不至"，其他的方国就不再来朝表示服从。雍己死后，其弟太戊即位，修德理政，于是其他方国又纷纷"归之"②，表示恭顺。这种时即时离的关系，一直持续到殷亡。因此，倘若用后代大一统王朝实行的那种中央集权统治的标准来衡量，商代的王权实在是十分有限的。③

由此可见，在商代，众多诸侯国对于"大邑商""大邦殷"而言，亦是一个相对松散的政治合作实体，它们拥有自己的领土，有独立的经济、军队和政权组织，具有很大的独立性。它们对商王朝的归附要视"大邦殷"的施政得失而定。商王施政不当，它们则采取独立而不向中央王朝履行职贡。所以在商朝历史上出现了几次"殷道衰"而诸侯"莫朝"或"不至"的局面。诸侯的向背，是殷商中央王朝强弱的标志。中央王朝的强弱，又是与王朝最高统治者商王的施政得失密切相关的。所以，在商代，诸侯的向背，在一定程度上，对中央王朝的施政，亦即王权的作用，有着十分重要的影响。商王若滥用王权、暴虐，不仅诸侯不从，甚至还有亡国灭邦的危险。④

---

① 《史记·孙子吴起列传》。
② 《史记·殷本纪》。
③ 参见齐涛主编，王和著：《中国政治通史——从邦国到帝国的先秦政治》，泰山出版社2003年版，第161—163页。
④ 参见白钢主编，王宇信、杨升南著：《中国政治制度通史》第二卷，先秦，人民出版社1996年版，第287页。

历史表明，从武乙死后，"大邦殷"的鼎盛时期就已经过去了，国势逐渐衰落。武乙死后，其子文丁即位。此时西方的小邦周已经开始崛起。文丁寻找借口，杀死了小邦周的首领季历，这说明这时殷人已经深深感觉到来自周族的威胁。但殷人却无法遏制周族的发展与壮大。到最后一代殷王帝辛登上王位的时候，昔日无比强大的殷王朝已经是败象渐呈、岌岌可危了。

在中国历史上，商纣王是与夏桀齐名的著名昏君的代表，俗称"桀纣"。按照《史记·殷本纪》中记载，帝乙的长子名启，由于其母地位微贱，故而不得继承王位。纣为帝乙的幼子，母亲为帝乙正妃，他因此在帝乙死后即位为王，称帝纣。据说帝纣天资聪颖但却胡作非为。司马迁对他的描述是："帝纣资辨捷疾，闻见甚敏，材力过人，手格猛兽；知足以拒谏，言足以饰非；矜人臣以能，高天下以声，以为皆出己之下。好酒淫乐，嬖于妇人。爱妲己，妲己之言是从。于是使师涓作新淫声，北里之舞，靡靡之乐。厚赋税以实鹿台之钱，而盈钜桥之粟。益收狗马奇物，充仞宫室。益广沙丘苑台，多取野兽蜚鸟实其中。慢于鬼神。大冣乐戏于沙丘，以酒为池，县肉为林，使男女倮相逐其间，为长夜之饮。"①

在司马迁看来，"帝纣资辨捷疾，闻见甚敏，材力过人，手格猛兽"，说明这位末代商王是一位文武双全、才能出众的君主。从这一角度来说，帝纣是个颇具"雄主"色彩的人物。这样一位君主，又适逢王权上升的时代，故而养成他刚愎自用、格外自信的性格，也是十分自然的事情。这也就是文献所说的商纣王"知足以拒谏，言足以饰非；矜人臣以能，高天下以声，以为皆出己之下"的种种个性缺点之由来。所以，他的胡作非为也就不可避免。但是，像这样的状况如果处于承平时代，或许还可以文过饰非，不幸的是，殷纣所处的却是"大邑商"江河日下的时代。随着土地的开发和人口的生聚，一些原本依附和服从于"大邑商"、处于荒凉僻远之地的方国经过数百年的发展壮大，已经日趋强盛，开始觊觎和试图挑战"大邑商"的众邦之首的统治地位。北方的宿敌土方、舌方、羌方等又不断对商王朝进行侵犯，东南

---

① 《史记·殷本纪》。

方的人方及后起的强邦盂方等也时常与商王朝发生冲突和战争。在这种强敌环伺的险恶情况之下，纯以武力为依托、以"大邑商"为众邦之首的邦国联合体的固有弱点便愈发暴露了出来。

前面说过，"大邑商"驾驭诸侯、统率众邦的基础仅仅是凭仗自身的强大武力与德政，除此之外并无其他更强固更坚韧更长远的维系纽带。史载，从帝甲开始，随着"大邑商"的武力逐渐衰弱，商王朝经历了"复衰""益衰""诸侯有叛""诸侯益疏"这样一个江河日下的过程。

当"大邑商"处于统治危机日益严重的时候，作为商王朝邦国联合体一员的"小邦周"却在不断地发展壮大，其首领"西伯"姬昌通过积极地"阴修德行善"，从而使"诸侯多叛纣而往归西伯"[1]。到了姬昌之子姬发继任周侯的时候，天下诸侯邦国已经有三分之二"归周"，亦即由拥戴"大邑商"转为拥戴"小邦周"了，"大邑商"作为众邦之首的地位实际上已不复存在。

据《史记·殷本纪》中记载："西伯既卒，周武王之东伐，至盟津，诸侯叛殷会周者八百。诸侯皆曰：'纣可伐矣。'武王曰：'尔未知天命。'乃复归。"这其实是一次"小邦周"对"大邑商"的武力侦察试探，所以文献称此次行动为"观兵于孟津"。"观兵"二字准确揭示出"大邦殷"与"小邦周"二者关系的实质。由此不难看出，殷周之间的关系绝非后世那种君主集权性质的君臣依附关系。

"观兵于孟津"之后二年，纣的行为更加暴虐，杀王子比干，囚箕子。"殷之大师、少师乃持其祭乐器奔周"[2]，周侯姬发认为伐商的时机已经成熟，于是遍告周之友邦诸侯："殷有重罪，不可以不毕伐。"大举起兵，"率戎车三百乘，虎贲三千人，甲士四万五千人，以东伐纣"[3]。周师东渡黄河，至于孟津，拥护周邦的友邦诸侯纷纷前来会合，一路浩浩荡荡直杀到距离殷商的都城只有七十余里的牧野（今河南省淇县南）。

---

[1] 《史记·殷本纪》。
[2] 《史记·殷本纪》。
[3] 《史记·周本纪》。

誓师于牧野的反殷联军，包括周人与西土的"友邦冢君"，以及庸、蜀、羌、髳、微、卢、彭、濮等部族邦国的军队，共有兵车四千乘，陈师于牧野。据《史记·周本纪》记载，殷纣王闻讯以后，发兵七十万迎战。双方于牧野大战，殷纣的军队很快就溃败了。"纣师虽众，皆无战之心，心欲武王亟入。纣师皆倒兵以战，以开武王。武王驰之，纣兵皆崩，叛纣。"

牧野之战以后，以周为首的反殷联军旋即攻入殷都朝歌，纣王登鹿台自焚而死，殷商政权灭亡。此后，随着周公东征的胜利，商王朝的实力最终被周军瓦解。在三年东征过程中，周公目睹了殷遗民的顽固与不好统治。因此在彻底瓦解殷人实力后，周公总结历史经验教训，认为不能再按照商王朝旧有的统治方式统治下去，必须另辟路径，打破历史悠久习惯顽固的血缘邦族关系，开辟新的统治模式。于是，政治家周公力克困难，大胆创新，全面贯彻落实分封制度，从而使得以殷为"诸侯之长"的邦国联合体最终被周的封邦建国体制所替代。从此，一个新的以周王朝政治文明为标志、具有极其重要意义的中华民族历史上的伟大文明时代真正拉开了序幕。

二、西周初年的严峻形势

公元前11世纪，武王伐纣，牧野一战，瓦解了"大邑商"的政权力量，商纣王自焚而死，周王朝取商而代之。

在这场灭商兴周的波澜壮阔的长期战争中，周公不仅是目击者，而且也是重要参与者，他目睹了商王朝覆亡的全部过程，对国家的兴衰自有一番不同于常人的深刻体会和感悟。

周王朝是通过牧野一战而定天下的。周人虽然占领了商都朝歌，但并未全部解除殷人的武装，更没有从根本上改变商王朝原有的政治格局。因此，暂时的征服并不等于永远牢固的统治，而如何取得最后的胜利，"小邦周"如何真正取代"大邑商"成为名至实归的天下统治者，如何有效地统治新征服地区的广大民众，这些复杂而尖锐的问题都摆在了周初统治者的面前，要求最高统治者拿出全新的政治智慧，富有创造性与可行性地予以解决。

第一，周初政治形势的严峻性表现为殷民及其同盟的基层政权组织并没有被彻底摧毁，反对派军事力量仍然强大，"殷顽民"蠢蠢欲动，仍在伺机反扑。

据司马迁在《史记》中记载，对于灭商后极不稳定的政治局面，周武王焦虑得睡不着觉。"武王征九牧之君，登豳之阜，以望商邑。武王至于周，自夜不寐。周公旦即王所，曰：'曷为不寐？'王曰：'告女：维天不飨殷，自发未生于今六十年，麋鹿在牧，蜚鸿满野。天不享殷，乃今有成。维天建殷，其登名民三百六十夫，不显亦不宾灭，以至今。我未定天保，何暇寐！'"① 周武王召集九州的君长，登上豳邑的土山，遥望商邑，心中郁郁不乐。到达镐京，晚上睡不着觉。周公旦来到武王的住所，问道："您为什么睡不着觉？"武王回答："我告诉你：上天不享用殷的祭祀，从我姬发没有出生到现在已经有六十年了，麋鹿在荒郊游荡，飞鸿满山遍野。正是由于上天抛弃了殷朝，我们现在才能成就王业。当初上天建立殷朝，任用了三百六十名贤人，殷王虽然没有显扬重用他们，但是也没有排斥遗弃他们，所以殷朝的统治才持续到现在。我还没有确定上天是否会保佑我们，哪有闲暇睡觉呢！"

周初的客观形势表明，商王朝虽然因周武王攻取朝歌而灭亡，但其基层政权组织仍然独立存在，反对派势力并没有得到剪除，这让周武王总感到是个心腹大患，以致到了彻夜不寐的地步。

事实上，牧野战后的相当长一段时间内，周王朝势力不达今豫东、山东、河北。东方地区与周王朝关系一直处于紧张的状态。

为了安定局面，武王封商纣王之子武庚禄父照旧统治商故都地区，派管、蔡、霍三叔监视，但适得其反，不久就发生了"管蔡以武庚叛"的乱象。

《尚书》中记录了这次叛乱的发生："武王崩，三监及淮夷叛，周公相成王，将黜殷，作《大诰》。""越兹蠢。殷小腆诞敢纪其叙。天降威，知我国有疵，民不康，

---

① 《史记·周本纪》。

曰：予复！反鄙我周邦。今蠢今翼。"① 这段史料表明，对于东方乱象的严重性，周公已经有了充分的思想准备。武庚叛乱波及面很广，东达整个山东半岛直到海边的东夷各族，东南及徐淮各族，南方荆楚也与东方叛乱者此呼彼应。管叔、蔡叔和武庚是叛乱魁首。经过三年激战，王师方才平叛。对于周王室来讲，东征平叛弄得他们焦头烂额，捉襟见肘。正如周公所感叹的："予造天役，遗大投艰于朕身，越予冲人。"② 这场旷日持久的平叛确实是"遗大投艰"，东征虽取得了胜利，但殷"顽民"并没有完全臣服。"今惟民不静，未戾厥心，迪屡未同"。③ 虽经屡次开导，他们也不与周人同心同德。为此，周公劳心费神。周公特意告诫不听命的殷民和东方诸国说："尔乃迪屡不静，尔心未爱；尔乃不大宅天命，尔乃屑播天命，尔乃自作不典，图忱于正。我惟时其教告之，我惟时其战要囚之，至于再，至于三。乃有不用我降尔命，我乃其大罚殛之！非我有周秉德不康宁，乃惟尔自速辜。"④ 周公责备殷民不听劝告，两次三番地谋反叛乱。周公严厉地向他们发出警告，如果再不服从周天子的统治，就要对不听命者予以坚决镇压。可见，西周初年，殷顽民与东方诸侯的叛乱已成为周王朝初期统治的一个最大的社会与政治问题。

第二，周贵族集团虽然是伐商胜利者，但内部矛盾也开始显露出来。

这主要表现在：

其一，灭商之后，周统治者滋生了麻痹松劲情绪。牧野大胜后，武王就把"马，散之华山之阳，而弗复乘；牛，散之桃林之野，而弗复服。车甲衅而藏之府库，而弗复用。倒载干戈，包以虎皮；将帅之士，使为诸侯；名之曰'建櫜'。然后，天下知武王之不复用兵也"⑤。这就是所谓"刀枪入库，马放南山"成语的由来。

---

① 《尚书·大诰》。
② 《尚书·大诰》。
③ 《尚书·康诰》。
④ 《尚书·多方》。
⑤ 《礼记·乐记》。

其二，周贵族生活开始腐化。周公总结商亡的重要原因是："荒腆于酒。"[1] 周公敏锐地觉察到，灭商不久，周人也染上了酗酒等不良习气。周公指出："天降威，我民用大乱丧德，亦罔非酒惟行。"[2] 周公对年幼的成王不放心，语重心长地劝告说："呜呼！继自今嗣王，则其无淫于观、于逸、于游、于田，以万民惟正之供。"[3] 从周公的告诫之辞也能看出西周贵族集团在取得天下后的腐化风气已有了苗头，迫使周公不得不敲起警钟。

其三，商王朝刚刚灭亡，西周贵族统治集团内部便开始出现了裂痕。东方叛乱固因殷民和东方部落首先发难，但也是他们串通周王室派到商故地的三监从内部瓦解策应才得以发动的。更为严重的是，周武王去世后，周王朝中央最高统治集团内部的核心人物之间出现了不和。据史籍记载，太保召公对周公摄政"不说（悦）"，甚至"疑之"[4]。高层不和，这必然削弱周王朝的统治力量。

其四，周初，周政权把军事重点放在东方防止商人复叛上面，这就必然会造成大后方的空虚。"有大艰于西土，西土人亦不静，越兹蠢。"[5] "西土人"指的是周人以及西方同盟部落。这说明当时周王畿内部即周后方也出现了民心不稳的倾向。东方叛乱就是在这种"知我国有疵，民不康"[6] 的情况下发生的。

其五，更重要的是，摆在周初统治者面前最根本的问题是，在政治体制上，是继续沿用商王朝的统治秩序，仍然采用邦国政体呢？还是克服困难，抓住时机建立新的政治统治秩序呢？这是对周初统治者政治智慧的最大考验。

---

[1] 《尚书·酒诰》。
[2] 《尚书·酒诰》。
[3] 《尚书·无逸》。
[4] 《史记·燕召公世家》。
[5] 《尚书·大诰》。
[6] 《尚书·大诰》。

三、周公东征的重大意义

灭商后第二年，周武王去世，周成王年幼，周公摄政，东方叛乱频生，新生周王朝的"天下共主"地位处于危急存亡之秋，怎样处理好创业和守业关系，这个严峻的问题摆在了周初统治者的面前，要求他们去解决。面对这种内外不稳的严重局势，周公义不容辞地肩负起了巩固新兴王朝统治的历史使命。

周武王死后，叛乱席卷整个东方大地。东夷诸小国，本来在殷商时代就没有真正统一于中央王朝，商王屡次用兵征讨，效果并不明显。西周初年，他们趁周王朝最高统治集团内部的分裂，又鼓动武庚叛周复商，同时，周王朝派往东方监督武庚的管叔、蔡叔等人因对周公摄政不满而纵容武庚发难，处于摇篮中的西周王朝的统治大有夭折的危险。国难当头之际，周公力排阻力，果敢地承担起平叛的历史重任。

东征前，周公发布《大诰》，尖锐地指出了当时形势的严重性。针对当时贵族内部有人公然反对出征，散布什么"不可征"言论，周公反复说服太公望与召公奭等在周王朝中举足轻重的人物，希望他们了解文王、武王创业的艰难，在困难面前团结一心，竭尽全力支持他去完成文王、武王的未竟事业。

东征平叛，用了三年的时间，仗打得非常激烈，无论是先秦文献，还是发掘出土的铜器铭文都有对当年的实际战况的记载。

《逸周书·作雒》记："周公立，相天子，三叔及殷、东、徐、奄及熊、盈以畔……二年，作师旅临卫攻殷，殷大震溃。降辟三叔，王子禄父北奔，管叔经而卒，乃囚蔡叔于郭凌。凡所征熊、盈族十有七国，俘维九邑，俘殷献民迁于九毕。"

《孟子·滕文公下》记："周公相武王，诛纣，伐奄，三年讨其君，驱飞廉于海隅而戮之，灭国者五十。"几乎描述了周公东征的全部过程。

《诗经·国风·破斧》云："既破我斧，又缺我戕。周公东征，四国是皇。哀我人斯，亦孔之将。"四国指殷、东、徐、奄，皇借为惶，诗中所言：周公东征，战斗进行得非常激烈，周军兵锋所指，打得东夷四国十分仓皇。平叛结果，王子禄父北奔，不知下落，杀管叔，流放蔡叔，贬职霍叔，"灭国者五十"，商王朝时即不服中央王朝管制的东夷诸邦直到这时才全部真正纳入了周王朝的版图之中。

周公东征意义甚大。

第一，周公东征，挽救了濒于颠覆的新生王朝，避免了历史再回到殷末那种"如蜩如螗，如沸如羹"的纷纷扰扰的氏族部落林立的"万邦"社会中去。由于"周公兼夷狄、驱猛兽而百姓宁"[①]，使周初社会获得了初步的安定和平发展环境。史载："成、康之际，天下安宁，刑措四十余年不用。"[②]

第二，通过周公东征，扩大了周王朝的统治疆域，东达海隅，南及徐淮，皆是王土，这为后来的大分封创造了条件。可以说，没有周公东征，很可能就不会有系统的封邦建国制度，就没有后来华夏族与东夷族的融合与发展。

第三，通过周公东征，向东方和东南方传播了先进文化，中原地区先进的文化和农业技术，在东方得到广泛传播，各地区的经济与文化得到进一步的联系与发展。东方殷盛的齐鲁文化就是在周公东征胜利的基础上开始孕育起来的。

第四，周公东征，是对殷商王朝残余势力的全面清算，周公东征的胜利，标志着殷商王朝彻底地退出了中国历史的舞台，真正改变了殷商王朝原来的统治格局与统治秩序，达到了扩大和巩固周王朝统治的目的，这为周王朝政治文明的全面开创奠定了坚实的基础。

---

① 《孟子·滕文公下》。
② 《竹书纪年·周纪》。

第四章　周公对统治合法性的探讨

一方面，在周公的政治智慧中，"祈天永命"永远是和统治者的德政联系在一起的。在形式上，天命虽然还是至高无上的，但实际上，德政却成为天命的依据和前提。如此，原来统治人的精神世界、法力无边的天命在事实上遇到了限制。另一方面，为了防止再蹈殷人丢失政权的覆辙，使周王朝的统治能够永远继续下去，周公几乎在每个场合都宣扬"以德配天""天人感应"的政治理论，并以此谆谆告诫他的侄子成王、兄弟康叔、君奭以及百官、殷后和各诸侯国的首领。"敬德"既是周公对殷人天命观的否定，也是周公对周王朝"祈天永命"的理性思考与如何治理国家的深入探讨。

一、周公对殷人天命观的否定

殷商政权的统治是建立在绝对依赖上帝与天命保佑的信仰基础之上的。

夏、商是神权巫术政治统治的时代。《礼记·祭义》说:"昔者圣人建阴阳天地之情,立以为《易》。易抱龟南面,天子卷冕北面,虽有明知之心,必进断其志焉,示不敢专,以尊天也。""殷人尊神,率民以事神。先鬼而后礼,先罚而后赏。"[1]

《国语·楚语》记载观射父对楚昭王说过的一段话:

> 古者民神不杂,民之精爽不携贰者,而又能齐肃衷正,其智能上下比义,其圣能光远宣朗,其明能光照之,其聪能听彻。如是则明神降之。在男曰觋,在女曰巫……于是乎,有天地神民类物之官,是谓五官,各司其序,不相乱也。民是以能有忠信,神是以能有明德,民神异业,敬而不渎。故神降之嘉生,民以物享,祸灾不至,求用不匮。及少皞之衰也,九黎乱德,民神杂糅,不可方物,夫人作享,家为巫史,无有要质。民匮于祀而不知其福,烝享无度,民神同位,民渎齐盟,无有严威。神狎民则,不蠲其为。嘉生不降,无物以享,祸灾存臻,莫尽其气。颛顼受之,乃命南正重司天以属神,命火正黎司地以属民。使复旧常,无相侵渎,是谓绝地天通。其后三苗复九黎之德,尧复育重黎之后,不忘旧者,使复典之。

观射父告诉楚昭王:民神相通并不是民可以登天,而是说远古时代民、神交通整齐有序,人民思想统一,宗教仪规庄严肃穆,神人各司其职,社会稳定,人民生活富足。后来由于"九黎乱德",造成了宗教制度的紊乱,人人皆可为巫师,家家都能与天神交通,从而侵犯了神的权威,破坏了社会秩序的稳定,人民生活也因此痛苦不堪。于是圣王颛顼命令一个叫南正重的大臣司天,管理宗教事务;命令一个叫

---

[1] 《礼记·表记》。

火正黎的大臣司地，管理人间事务。这项措施剥夺了凡人与神直接交通的权力，由国家任命的专职祭司主持宗教活动，"在男曰觋，在女曰巫"，使人神"无相侵渎"，这就叫"绝地天通"。

从上述这段话可以看出，我国远古时代，确实曾经存在过一个民神杂糅即民众可以随意和上天联系沟通的阶段。那个时候，"夫人作享，家为巫史"，人人可以祭祀天地，每家都有会占卜的巫，随时都可以向上天祈福——这实际上说的是原始社会宗教平等时的事情。从颛顼开始，"夫人作享，家为巫史"，即人人可以直接向鬼神祈福的局面结束了，"绝地天通"——神事和人事被分开，巫术为统治阶级专门机构所垄断，形成由巫、觋职业巫师把持宗教活动的权力。从此，原始宗教发展成为专门为统治阶级服务的国家宗教。

从古代文献看，我国夏代以后，神权和政权已经紧密结合，官僚巫史合二为一，已成为当时政治格局的基本体制。《论语·泰伯》说："禹，吾无间然矣，菲饮食而致孝乎鬼神。"《山海经·大荒西经》说：夏后开"上三嫔于天，得九辩与九歌以下"。《尚书·君奭》说："巫咸乂王家。"等等，均反映出夏代的开国君主禹、启，商代的第一代君主汤，商大戊时的大臣咸戊等都是著名的巫，集神权与政权于一身。他们把持沟通天地人神的特权来实行王权的统治，借助神权的神秘力量来实施他们的政治意志，从而成为夏、商政治稳定与社会治理的典型政治智慧。正因为他们在政治治理方面作出了突出的贡献，因而也被尊为夏商的名王和名臣，殷墟卜辞里即有不少殷人对汤和巫咸祭祀的记载。

殷商时代，人们非常迷信鬼神，宗教是统治者治理国家十分重要的工具。从政治上看，当时宗教的作用非常巨大。凡遇战争、迁徙、祭祀、婚姻、建筑、田猎等重大行动，殷王都要命令巫师占卜，为自己的行为披上一件神意的外衣。如《礼记·曲礼》云："卜筮者，先圣王所以使民信时日，敬鬼神，畏法令也；所以使民决嫌疑，定犹与也。"《尚书·盘庚》篇，生动地告诉我们统治者是怎样利用宗教强迫民众服从自己意志的。盘庚想把都城从耿地迁往殷地，不少民众表示反对，他便利用宗教来做民众的"思想工作"。他说：先王们都是依照上帝的意志办事，他们已经迁了五次都，所以国家才兴旺发达。这次迁都我也经过了占卜，"卜稽曰：其如台"。可见迁都的计划得到了上帝的许可，并非我个人的意愿。你们必须服从上帝的意志，否则我要把你们的罪行报告我阴间的祖先。你们祖先死后的灵魂仍是我祖先灵魂的奴仆，我祖先之灵便要报告上帝，惩罚你们祖先的灵魂。你们的祖灵便不再保佑你们了，"乃祖、乃父乃断弃汝"。不仅如此，他们还要到我祖灵前控告你们，"乃祖、乃父丕乃告我高后曰：'作丕刑于朕孙。'迪高后，丕乃崇降弗祥"。盘庚的威慑、恫吓起了作用，殷民们乖乖地在他的指挥下迁到了殷地。当然，维持统治最根本的手段还是政权和军队，宗教只能起辅助作用。盘庚威胁臣民们说："乃有不吉不迪，颠越不恭，暂遇奸宄，我乃劓殄灭之。"上帝并不真会派鬼神来降祸降灾的，杀戮的屠刀只能来自统治者手中，但通过宗教这层烟幕，现世的惩罚便蒙上了天国的色彩，宗教观念可以放大统治者的威慑力量。[①] 由此可见宗教作为一种官方的意识形态，在殷商政治中的重要作用。

  殷代的神权崇拜分为天帝神、自然神和祖先神。天帝神（帝、上帝）地位最高，凌驾于自然神和祖先神之上，可以干预人类一切活动和事务；自然神如山川河岳则被认为是水旱风雨的主司，是古老的"万物有灵"观念的集中体现；祖先神包括传说中年代久远的先祖和有明确世系的先王先公、先妣及有影响的旧臣如伊尹、咸戊、傅说、迟任、保衡、甘盘等。卜辞所见，殷人在神权崇拜中以对祖先神的祭祀为最多，大凡国家征伐、年成丰歉及涉及殷王的休咎福祸等，都首先要去祭告祖先，祈求祖先保佑。祈请上帝赐福，一般是请先祖转请，自己并不亲自祈求上帝。因此，先王、先公、先祖之灵便成了沟通天国与现世的唯一桥梁。风雨晦明之事则直接向山川河岳之神请求。这说明殷人的神权观念是基于氏族血缘传统的功利主义的国家宗教观，并不是超自然的宗教观。这种宗教观，主要是通过对祖先的崇拜加强氏族的血缘观念，加强有血缘联系的氏族之间的团结，同时也明确彼此之间的辈分、等级以及应该享有的权利与义务关系，实际上是在政治上借祖先的神灵巩固氏族政权

---

① 参见牟钟鉴、张践著：《中国宗教通史》（上），社会科学文献出版社2003年版，第111—112页。

的稳定和加强宗族的凝聚力,并在此基础上有效解决宗族内部的权力财产再分配问题。我们平常说"殷人尊神,率民以事神,先鬼而后礼",实际上是王权通过神权起作用,主要根据亦在于此。①

总之,周王朝的统治是建立在对殷商王朝"周武革命"的基础之上的。一方面,周王朝建立后,为了巩固其政权的需要,也必须在意识形态上清算批判殷商王朝,进而否定其政权的合法性。周初统治者通过对天命的重新解读极力要让民众相信:夏、商所以丧失政权,主要原因就是夏桀和商纣"失德","有殷受天命,惟有历年……不其延,惟不敬厥德,乃早坠厥命"。就这样,周公将有德和天命联系在一起,在形式上,天命虽然还是至高无上,但实际上,有德却成为天命的依据和前提。如此,周王朝的"天命"就与殷商王朝那种法力无边的天命在事实上有了根本的区别,殷周之变也就有了合法性的依据。另一方面,为了防止再蹈殷人丢失政权的覆辙,使周王朝的统治永远继续下去,周公几乎在每个场合都宣扬"以德配天"的理论,并以此谆谆告诫他的侄子成王、兄弟康叔、君奭以及文武百官、殷后和各诸侯国的首领。"敬德"既是周公对殷人"天命观"的否定,也是周公对周王朝"祈天永命"②的理性思考与如何治理国家的深入探讨。

二、周公对殷人天命观的改造

决定周公对殷人天命思想进行损益和改造的,是殷周之际剧烈的政治斗争和政治、社会的变革要求。

相信"我生不有命在天"的赫赫扬扬、勇武过人的殷纣王,经牧野一战而身死国灭,"小邦周"的统治者在讨殷联军将士的欢呼声中把胜利的旗帜插到了"大邑商"

---

① 参见郑师渠总主编,王冠英主编:《中国文化通史·先秦卷》,中共中央党校出版社2000年版,第148—150页。
② 《尚书·召诰》。

都城朝歌的城头。形势变化如此迅速，这让以周公为代表的周初统治者从殷亡周兴的现实变革中认识到，昊天上帝并不是将它的钟爱一次一劳永逸地倾注给某个家族或政权。"天棐忱"①"天畏棐忱"②"天不可信"③"天难忱斯，不易维王"④，这些话虽然还不能说周公已经对天的威灵产生了怀疑，但至少表明他已经意识到不能再像殷纣王那样无所作为地依赖上帝的恩赐维持统治了。为了使天帝永远将钟爱倾注于周邦，就必须以"敬德"讨它的欢心。由此，周公就在政治上进一步发挥殷人已经提出的"德"的思想，并将此用于自己的政治实践之中。"德"在周公那里虽然主要还是贵族统治者的道德规范，但内容的深度和广度却已经远远地超过了殷人所能理解的程度。

自诩上帝之子的殷纣王被朝歌一战所推翻，实际上宣告了上帝宗祖一元神论的破产。周人如果继续承认殷人的一元神论，就无法解释上帝何以眼睁睁地看着自己所庇护的人间帝王走向灭亡而不伸出援手，而周人代殷也就失去了神圣而合法的根据。为了解决这个问题，殷人的上帝和宗祖一元神理论在周公这里便被一分为二：每个家庭的宗祖神虽然能够偏私自己的子孙，但权力更大的天帝却可以根据自己的好恶将地上的统治权自由地转移。而上天究竟把地上的统治权交给谁，关键在于谁的"德行"是否"配天"。"思文后稷，克配彼天。"⑤由此导出了周礼与殷礼的不同。在殷人那里，敬神之礼和祭祖之礼是混淆在一起的，到周公时期，郊祀上帝的郊社之礼与祭祀祖先的宗庙之礼便被截然分开："昔者周公郊祀后稷以配天，宗祀文王于明堂以配上帝。"⑥"郊社之礼，所以事上帝也；宗庙之礼，所以祀乎其先也。"⑦从这一重大改变可以看到，与殷人的上帝宗祖一元神论相比，周公的上天宗祖二元神论在事实上疏远了人间和上帝的关系。周公把上天打扮成一个对任何人都一视同仁的"公

---

① 《尚书·大诰》。
② 《尚书·康诰》。
③ 《尚书·君奭》。
④ 《诗经·大雅·大明》。
⑤ 《诗经·周颂·思文》。
⑥ 《孝经·圣治》。
⑦ 《礼记·中庸》。

正""光明大德"之神,"皇天无亲,惟德是辅"。一个当权的统治者使上天满意的唯一办法,不在于祭祀的准时和祭礼的隆重,而在于能够做好"敬德保民""明赏慎罚",把国家的统治秩序建设得有条不紊,各阶层之间等级秩序俨然,贵族统治者内部融洽和睦,百姓能够安居乐业,等等。周公的上天宗祖二元神论虽然还不是无神论,但他引导人们把注意力集中到人事方面来,"尽人事知天命",把事神的虔诚与事人的兢兢业业结合起来,从而为周王朝的合法统治寻找到了令人信服的理论依据与新的治理路径。

在周公看来,所谓"尽人事知天命",就是在治国理政的实践中应该牢牢遵循"'天不可信',我道惟宁王德延"①,"民之所欲,天必从之"②,"天视自我民视,天听自我民听"③,"人,无于水监,当于民监"④,"夫民,神之主也,是以圣王先成民而后致力于神"⑤,"国将兴,听于民;将亡,听于神;神,聪明正直而壹者也,依人而行"⑥等思想,重点在"尽人事"方面下足功夫,做好工作。同时,统治者要重视修养自己的德行,要"无淫于观、于逸、于遊、于田,以万民为正之供"⑦,这样统治才会久远。

春秋时期,郑国政治家子产公开倡导"天道远,人道迩,非所及也"⑧,鲁国孔子"不语怪、力、乱、神"⑨,等等,他们虽然没有从正面直接否定鬼神神秘力量的存在,但更多地强调注重人事方面的努力:"未能事人,焉能事鬼?""未知生,焉知死?"⑩这些思想明显是受到周公思想的影响。自此以后,"立德、立功、立言"就不仅是治理国家者的人生信条,而且逐渐成为炎黄子孙共同的价值理想与人生追求。

---

① 《尚书·君奭》。
② 《尚书·太誓上》。
③ 《尚书·太誓中》。
④ 《尚书·酒诰》。
⑤ 《左传·桓公六年》。
⑥ 《左传·庄公三十二年》。
⑦ 《尚书·无逸》。
⑧ 《左传·昭公十八年》。
⑨ 《论语·述而》。
⑩ 《论语·先进》。

周公用"以德配天"说在中国历史上首创了"天人感应论"。

在周公看来,殷人虽然将政权的合法性与永久性建立在依赖天命上面,凡事问卜,以卜决疑,但仅凭借此并不能构成"天人感应",因为卜兆的吉凶与殷王的德行和作为并没有直接的关系。殷人祭祀上帝和宗祖虽然极其隆重,但这仅仅是一种义务,与上帝宗祖对他们的保佑和赐福并没有直接的关系。在殷人看来,上帝和宗祖对他们的钟爱完全是无条件的。因而在殷人那里,天人之间不存在"感"和"应"的问题。在周公发明"以德配天"说之后,"天人感应"才算正式成立。他第一次把天的好恶与统治者的治理实践联系起来,倡导"修人事以应天命"。他一方面承认天是监临下民、赏善罚恶、公正无私的人格神,"我亦不敢宁于上帝命,弗永远念天威"①,"敬之,敬之!天维显思,命不易哉!无曰高高在上,陟降厥士,日临在兹"②。另一方面又认为天不是喜怒无常地随意降下幸福或灾祸。人间帝王敬德保民,天便降下福风惠雨,保佑他国泰民安、五谷丰登;人间帝王背德虐民,天便降下水旱灾异,收回他的统治权力,更易新主。天的意志通过"祥瑞"或"谴告"下示人间,人间帝王亦可通过祭祀向上天申述己意,通过实际活动向上天表示自己的赤诚。如此天人交感,上下互应,构成人间的历史运动。在《尚书·多方》和《尚书·多士》两篇诰文中,周公正是用"天人感应"解释了夏、商、周三朝的"惟命不于常"③的王朝更替:

> 我闻曰:"上帝引逸。"有夏不适逸,则惟帝降格,向于时夏。弗克庸帝,大淫泆有辞。惟时天罔念闻,厥惟废元命,降致罚。乃命尔先祖成汤革夏,俊民甸四方。自成汤至于帝乙,罔不明德恤祀。亦惟天丕建保乂有殷。殷王亦罔敢失帝,罔不配天其泽。在今后嗣王,诞罔显于天,矧曰其有听念于先王勤

---

① 《尚书·君奭》。
② 《诗经·周颂·敬之》。
③ 《尚书·康诰》。

家？诞淫厥泆，罔顾于天显民祇。惟时上帝不保，降若兹大丧。①

有夏诞厥逸，不肯戚言于民，乃大淫昏，不克终日劝于帝之迪，乃尔攸闻，厥图帝之命，不克开于民之丽。乃大降罚，崇乱有夏……非天庸释有夏，非天庸释有殷，乃惟尔辟以尔多方，大淫图天之命，屑有辞。乃惟有夏图厥政，不集于享。天降时丧，有邦间之。乃惟尔商后王逸厥逸，图厥政，不蠲烝，天惟降时丧……惟我周王灵承于旅，克堪用德，惟典神天。天惟式教我用休，简畀殷命，尹尔多方。②

按照周公的"天人感应论"，天命对于人事的左右并不是绝对不可移易的，人的活动在天命面前也不是全然无能为力的。这实际上等于承认人可以有条件地掌握自己的命运。这样一来，周公就在殷人僵死的天命论体系上打开了一个缺口，给人的主观能动性争得了一个活动的空间。对于统治者来说，其主观能动性的发挥，就是通过"敬德保民"、勤政爱民，使上天认可和保佑他们的统治权力。周公天命思想中所包含的合理内核，从这里集中表现了出来③。

综上所述，周公对殷商天命观最大的变革，在于他为上帝之命增添了人间道德伦理方面的新内容。在周公的推动下，中国古代的政教合一走上了一条伦理化的发展道路，这为后来春秋时期儒家思想的产生以及后世传统宗教的世俗化奠定了基础。周公天命观表现出两个显著特征：其一，周公的天命观实现了"神人相分"；其二，周公的天命观融入了道德内涵。这是周公在治理国家理论上的创新。因此，完全可以这样说，周公是用"敬德""保民"的方法论成功地改造了殷人"惟天是赖"的天命论，这是周初统治者治国理政政治智慧的一个重要表现。

---

① 《尚书·多士》。
② 《尚书·多方》。
③ 参见孟祥才著：《先秦秦汉史论》，山东大学出版社 2001 年版，第 6—10 页。

第五章　周初统治者的忧患与史鉴意识

周初统治者的个人素养与政治素质都很高,他们忧国忧民,具有深刻的危机意识以及对国家具有高度的责任感与历史使命感,这是西周政权在开国过程中能够重视与保持忧患意识,并将之化作勤政爱民、积极作为的一个重要文化因素。

周初统治者史鉴思想的主要表现为敬畏、勤政、务农、无逸、效法先王、儆戒、重人、秉德明恤、用康保民、明德恤祀、不腆于酒、天不可信、惟命不于常、当于民监等诸多方面,它关注的焦点是周初的政治命运问题。

一、周初统治者的忧患意识

对于周初统治者而言，忧患意识就是一种现实的危机感、历史的使命感、对社会与国家的责任感、统治者个人对形势的敏锐感觉以及对政策调整与国家治理的把控能力。它离不开处于逆境、险境，险象环生的现实社会形势变化与风波频生的大气候的孕育，也离不开周武王、周公、召公等人丰富的政治阅历和主观上积极进取的人生价值取向。可以说，周初统治者的忧患意识是对殷周之际社会剧变的一种积极的智慧的回应，为当时社会形势刺激所使然。

周初统治者拥有这种浓重的忧患意识是正常的。

第一，"殷鉴"不远。

一个具有四百余年历史与文化积淀的泱泱大国"大邑商"，在"小邦周"和力量微弱的联军进攻下一月之内就轰然倒塌。对于周人而言，胜利似乎来得太容易了点，连他们自己都有点回不过神来。"殷鉴"不远，在这个巨大的胜利面前，周初最高统治者不是忘乎所以，而是"战战兢兢"，心生恐惧之感。这个剧变不但加强了周人原有"戒慎恐惧"的忧患意识，更因此让他们感觉到"惟命不于常"。

高耸的楼台，为什么说倒就倒？铜铸的江山，为什么不堪一击？历史的悲剧，会不会也在周人身上重演？新生的政权，能不能长治久安？殷人祖先，不也曾经光荣伟大吗？殷人的子孙，不也曾经枝叶繁茂吗？然而天命一旦改变，他们一夜之间就成了亡国屈辱之人。这个目睹的天翻地覆的变化，让周公等人联想，周人的子孙，会不会有一天也会步殷人的后尘？

周初统治者为此忧心忡忡。

显然，在突如其来的胜利面前，周人没有骄傲得像头得胜的公牛，反倒如同站在了冬日大河的薄冰之上、万丈深渊之前，小心翼翼，战战兢兢，唯恐得咎。没错，皇天上帝的心思，谁也猜不透。他钟爱过夏，眷顾过商，现在又看好周，这可真是"天命无常"。看来，没有哪个民族是"天生的上帝选民"，也没有哪个君主是"铁定的天之骄子"。一切都会变化，唯一不变的，还是变。这就万万不可粗心大意，必须以殷商的灭亡为教训，认真治理国家，谦虚谨慎，戒骄戒躁，居安思危，高瞻远瞩，这样才能"祈天永命"。

周初统治者的伟大之处，在这里表现得淋漓尽致。

第二，来自巩固新政权的压力。

文王、武王灭商兴周的宏愿虽在占领商都朝歌后得到初步实现，但百足之虫死而不僵，殷商政权虽已覆灭，然殷人的实力仍在，如何巩固和扩大新兴的周政权对天下的统治，仍是一个亟须进一步解决的迫切问题。《孟子·公孙丑》说："王不待大，汤以七十里，文王以百里。"说明直到文王时期，周的实际控制区域尚不过百里。而殷商王朝实际控制的疆域，据现代考古发现证明，北达山西南部，西抵渭河，南达江汉，东部更有徐、淮、奄等附属方国。"小邦周"如何真正取代"大邑商"，有效地建立新的统治秩序，这是新兴的周王朝统治者们面临的重大问题。

周武王克商后，所采取的对策是暂时保存殷商的原有统治机构，利用其已降服的上层人物，安抚当地民众。所以周武王和周公在灭殷之初，就制定了对殷人的分化瓦解政策，利用归附西周的殷人首领来统治广大殷民。既不打乱殷人原来的社会组织，又保留殷人的某些利益，让他们"宅尔邑，继尔居"[①]，"宅尔宅，畋尔田"，或者让他们"迪简在王庭，尚尔事，有服在大僚"[②]，即让他们继续占有原来的土地和房屋，保留一定的社会地位。同时，又封纣王的儿子武庚为殷侯，让其仍居殷之故地，统治与管理殷民。但是，他们对武庚不放心，所以又派遣了管叔、蔡叔、霍叔三个兄弟去监督、管理，称为"三监"。周人夺得天下之后，其政权并未很快在全国范围内得到巩固。周武王因当时"天下未集"而深感焦虑，以致夜不能寐，很快就积劳成疾，在君临天下之后不久就去世了。这时，武王之子成王尚未成人，难以担负统治天下的繁重任务，全国的政治、军事形势仍然令人担忧。对于长期辅弼武王的周

---

① 《尚书·多士》。
② 《尚书·多方》。

公来说，维持摇摇欲坠的新兴政权继续生存，就成为一项义不容辞的责任。

武王死后，周公摄政伊始，"三监"首先发难，在新王朝发起了一场规模巨大、历时较久的动乱活动。

周公摄政，"管叔及其群弟乃流言于国曰：'公将不利于孺子'。"①《左传·定公四年》说："管、蔡启商，惎间王室。"这就是说，管叔、蔡叔等人对周公代替成王执政不满，所以制造流言，说周公篡位。管叔、蔡叔不但恶毒地离间王室，企图在中央政府造成统治集团内部之间的分裂斗争，在地方则"启商"，引诱商纣王之子武庚借机叛周。《史记·管蔡世家》说："武王既崩，成王少，周公旦专王室。管叔、蔡叔疑周公之为不利于成王，乃挟武庚以作乱。"《史记·卫康叔世家》也说，管叔、蔡叔疑周公，"乃与武庚禄父作乱"。可见，作乱的主谋是管、蔡二叔。其中，管叔又是最重要的人物。管叔在文王正妃太姒所生之子中排行第三，而周公排行第四。管叔之所以对周公不满，是因为他是周公之兄，若按"兄终弟及"的原则，掌大权的本应是他，而不是周公。因此，他联合东方的殷遗民，向周公发难。

周王朝统治集团内部的分裂，在全国范围内引起了极大的震动。东夷诸小国，本来在殷商时代就没有真正统一于中央王朝，新兴的周王朝也未能对其进行真正有效的控制，这时他们就乘机鼓动商纣王之子武庚反周复商。奄地原是商王南庚、阳甲的都城，位于今山东曲阜。盘庚迁殷后，它仍是一个殷属的大国，因而它在策动反周的活动中格外卖力。同时，由于周王朝统治者一开始对殷遗民采取了十分宽容的措施，使得他们原有的实力保存得较好，具有复国的足够资本。在此煽动下，武庚坚定了反周的信心。

各方反周势力经过一段时期的酝酿之后，这场反周公和反周王朝相结合的战乱终于爆发了。以武庚率领的殷民为主，联合了管叔、蔡叔、霍叔以及前殷商的属国和非属国，如奄、徐、楚、淮夷、蒲姑等十几个国家，一同向西进军。其阵营可谓声势浩大，顷刻之间，整个西周王朝已塌了半边天。

---

① 《尚书·周书·金縢》。

这次反周同盟到底有几国参与，说法颇多。《吕氏春秋》说是"东夷八国"，《逸周书》则说"熊、盈族十有七国"。不同说法差异悬殊。其说虽不一，但有一点是肯定的，即叛乱的诸侯国数和参与人数是相当多的。

在这样声势巨大的叛乱来临之际，周公面前可谓困难重重，其中最大的困难是统治集团内部的团结问题。由于叛乱的首领中有管叔和蔡叔等多名王室成员，而他们又在舆论上先声夺人，这样就使得统治集团中的许多重要人物感到是非难分，无所适从。尤其使周公感到为难的是，被封于齐的周王朝第一功臣太公望（吕尚）和担任周王室"三公"之职的辅佐之臣召公奭，这时也对周公的摄政动机产生了怀疑。这就使周公一开始就处于极为被动的地位。

由于太公望和召公奭的政治地位和影响对周王朝统治的稳定具有举足轻重的作用，周公意识到要取得平乱的胜利就必须首先得到他们二人的理解和支持。于是，他对太公望和召公奭这两个关键人物做了大量的解释、说服工作。首先，周公向诸位重臣表明心迹，他之所以不避嫌疑担任辅政大责，实在是怕天下趁机叛周而辜负太王、王季、文王、武王的遗愿。现在武王早死，成王年少，此时此刻他这样做的目的完全是为了周王室。经过周公的耐心解释和争取，他终于得到了在朝中地位举足轻重的太公望和召公奭等人的理解和支持，消除了他们的疑虑，保证了最高统治集团内部的团结，从而为此后大规模的平叛以及进一步分封建制奠定了基础。无论如何，作为"小邦周"的新王朝怎样以政治军事实力来保证江山社稷的长治久安，这的确是周公当时忧虑与必须首先解决的一个迫切问题。

第三，周初统治者的文化危机感。

周族是一个在文化上起步较晚的偏居西方的方国。他们早期居于戎狄之间并与这些尚处于野蛮阶段的民族同俗，到古公亶父（即太王）时期尚过着"陶复陶穴，未有家室"的原始社会生活。也就是说，这时周人还居住在窑洞里，地面建筑尚未出现。周人虽经过自己艰苦卓绝的努力推翻了殷商政权的统治，但这并不能掩盖他们在文化上的贫乏。周人自己也意识到他们对商的胜利，实际上是较野蛮的部族对相对文明的部族的征服。因此他们在灭殷商之后仍不敢以征服者自居，对殷商文化保持着不得不尊敬这样一种微妙心态。他们继续尊称殷商为"大国殷"或"大邑商",而贬称自己为"小国"或"小邦周"。看来,周人一时还不适应自己从统一王朝的一个部落一跃而成为天下之唯一"共主"这个角色的变化。同时,周人已痛感自己原有的文化水平再也不能满足统治辽阔疆土的需要了。为此,他们首先需要向殷商文化学习。在《尚书·康诰》中,周公就对康王提出了"往敷求于殷先哲王,用保乂民"的要求,即要求新王朝不要因殷商政权的灭亡而抛弃其先进的文化,而应学习和继承殷商好的文化传统,将之应用于治国理政。同时,商王朝的覆灭,本身也暴露出殷商文化的不足。因此,即令原封不动地继承殷商文化,也难以确保新王朝基业的永固。这就注定了周人在文化上不仅要超越自己,还要超越殷商,开创出一个全新的文化局面来。这又是周人所面临的另一重大课题[1]。

第四,周初统治者较高的政治素质使然。

周王朝开国前后,西周已经聚集了一批杰出的政治家,他们在兴周灭商以及巩固周政权的斗争中起了关键的作用。这主要包括周文王、周武王、周公、姜尚、召公奭等人物。

周文王姬昌,号称西伯,为武王、周公之父。司马迁在《史记·周本纪》中说他:"笃仁,敬老,慈少。礼下贤者,日中不暇食以待士,士以此多归之。"周文王不仅具有仁慈宽厚的美德,而且长期保持艰苦朴素、勤俭节约等优点。屈原在《楚辞·天问》中就赞美他"伯昌号衰,秉鞭作牧",即文王穿着蓑衣放牧。周公也说"文王卑服,即康功田功"[2],即文王安于卑微的工作,从事过开通道路、耕种田地的劳役。周文王的治国经验与良好品德,对武王、周公等周初统治者无疑具有深刻的影响。

周武王姬发,周文王次子,周公之兄。文王在世之时,周公与姬发兄弟俩密切合作,辅佐文王从事兴周大业。姬发虽不是长子,但因其贤,使文王在选择继承人问题上优先考虑了他,姬发直接越过其长兄伯邑考而成为太子。文王去世后,姬发即位,

---

[1] 参见辜堪生、李学林著:《周公评传》,四川大学出版社 2006 年版,第 7、8 页。
[2] 《尚书·无逸》。

继续文王未竟事业，完成了灭商兴周的大业，最终因为巩固政权而忧患太甚、劳累过度积劳成疾，在灭商之后仅两年就去世了。在文王去世至武王去世的这段时间内，武王显然是周政治集团的核心人物。

周公更是中国历史上少有的一位大政治家。武王去世后，成王年幼，周公辅政，因此而成为周王朝各项制度的实际制定人。饱经沧桑的周公，认真汲取殷亡的历史教训，对于如何巩固新生的周王朝，他从政治观念到政治制度，均有比较深入的思考与大胆的开创。周公提出了系统的政治主张和理论，在中国古代政治思想史上有着特殊的地位，可以说是中国传统德政与礼乐治国的开山鼻祖。周公是中国政治与文化史上一位极为重要的人物，谈中国传统的宗法制度、封建制度、礼乐文化，谈人文化成，都离不开周公。更为重要的是，周公对于中国传统文化价值体系的形成和发展，有着独特的贡献。他一生辅佐武王和成王父子，在政治上有大作为，在文化上有大开拓。他尊重传统，同时又敢于大胆地在政治上进行创新。他所开创的以德治国的模式以及人文主义精神，对后世中华文化传统产生了深远的影响，为后世中国留下了不可磨灭的印记。

在反商兴周与巩固新政权的斗争中，还有一个不容忽视的重要人物，他就是周初的政治家、军事家吕尚。他辅佐文王、武王两代，在兴周灭商大业中发挥了重要的作用。在周初大分封中，吕尚作为头号功臣被封在齐国。当时齐地处于东夷杂居的复杂区域，需要一个足智多谋的人去镇守，吕尚可称担当此任的最佳人选。吕尚到齐以后，在政治上尊重当地风俗，简化礼节，提倡商业和手工业，又利用临海条件，发展渔业和盐业。附近小国的百姓看到齐国的兴旺景象，争相移居齐国，使齐国很快成为一个人口众多、幅员辽阔的东方大国。

召公奭，周文王之子，周公异母兄弟，为周初重要政治家之一。武王灭纣后，封召公于北燕。周公辅成王时，召公位为三公之一。当时，自陕以东地区，由周公主管；自陕以西地区，由召公主管，由此可见当时召公的地位与周公不相上下。从关于召公的史料来看，召公似乎不长于计谋，与吕尚擅兵法奇谋显然不同。但召公推行的德政，与吕尚在政治风格上正好形成了一种互补关系。这两种统治方法在当时显然各有其存在的必要性。据资料记载，召公的政治实践带有更多的平民因素，更能反映民众的呼声。他曾说："天不可信。"这种重视人事的政治认识也表明中国古代社会已开始逐渐从天命观中摆脱出来，更多地关注人自身的作为对于争取民心、影响历史发展进程的作用。这在一定程度上体现了中国文化在周初的确有了某些进步。

总之，周初统治者的个人素养与政治素质都很高，他们忧国忧民，具有深刻的危机意识以及对国家具有高度的责任感与历史使命感。这是西周政权在开国过程中能够重视与保持忧患意识，并将之化作勤政爱民、积极作为的一个重要文化因素。

二、周初统治者的史鉴意识

周武王灭商后，周初统治者并没有沉浸在盲目的欢乐之中，相反他们倒是将这种胜利的喜悦深深埋藏在内心深处，在治理国家方面却表现出了浓郁的忧患和十二分的谨慎。

周初统治者在推翻商纣王的政权以后，面临着巩固政权、重新制定新的政策和方针的历史任务。显然，从这场亲身经历的克商革命中，周公等一些比较清醒的政治家看到了民众身上所蕴藏的巨大力量。水能载舟亦能覆舟。周初统治者，从夏商周兴替的历史中吸取了重要的经验和教训，成为他们治国理政的历史依据。

周人对历史经验的总结、回顾，大概从文王时代就已经开始。《诗经·大雅·荡》引文王所说的"殷鉴不远，在夏后之世"就是明证。文王一方面为殷纣王而叹惜，而另一方面则以此作为可供周人借鉴的历史教训。殷商灭亡之后，周武王、周公以及其他一些有为的周王和辅政大臣更是常常总结夏殷两代人的经验教训。这可以分为两种：一种是对夏殷两代成功的统治经验进行总结以供学习、效法；另一种是对夏殷两代的罪过、错误和失败教训进行总结以供戒备和警惕。

周初统治者对夏、殷的历史进行了全面的总结，既有正面的经验，也有反面的教训。

第一，夏、殷亡国之鉴。

很多先秦文献都记载了夏、殷末代暴君的罪行。

周武王在《尚书·牧誓》中是这样总结商纣王亡国原因的：

> 王曰："古人有言曰：'牝鸡无晨；牝鸡之晨，惟家之索。'今商王受惟妇言是用，昏弃厥肆祀弗答，昏弃厥遗王父母弟不迪，乃惟四方之多罪逋逃，是崇是长，是信是使，是以为大夫卿士。俾暴虐于百姓，以奸宄于商邑。今予发惟恭行天之罚。"

《史记·周本纪》亦有"尹佚策祝曰：'殷之末孙季纣，殄废先王明德，侮蔑神祇不祀，昏暴商邑百姓，其章显闻于天皇上帝。'"的记载。

关于夏殷兴亡的史鉴，周公更是重视并多有总结。

（1）从用人失当角度总结前朝的灭亡教训。在《尚书·立政》中，周公对夏桀失德与夏朝亡国教训进行了总结：

> 桀德，惟乃弗作往任，是惟暴德。罔后。

周公说："夏桀即位后，他不用以往任用官员的法则，任用老成有经验的人为官，而是用些暴虐的人，终于绝后。"

（2）从违逆天命的角度总结夏王朝失败原因。在《尚书·多方》中，周公是这样看待夏王朝灭亡原因的：

> 有夏诞厥逸，不肯戚言于民，乃大淫昏。不克终日劝于帝之迪。乃尔攸闻。厥图帝之命，不克开于民之丽，乃大降罚，崇乱有夏。因甲于内乱，不克灵承于旅。罔丕惟进之恭，洪舒于民。亦惟有夏之民叨懫日钦，劓割夏邑。天惟时求民主，乃大降显休命于成汤，刑殄有夏。

周公说："夏桀偏重天命，不常重视祭祀，于是，上帝对夏国降下了严令。夏桀仍大肆逸乐，不肯慰勉人民，竟然大行淫乱，不能用一天努力遵行上帝的教导，这些是你们都知道的。夏桀夸大天命，不明白使老百姓归附的道理。大肆杀戮，大乱夏国。夏桀习于妇人治理政事，不能很好地顺从民众，无不是要老百姓进献财物，深深地毒害了民众。也由于夏民贪婪、忿戾的风气一天天盛行，残害夏国。上天于是寻求可以做人民君主的人，降天命给成汤，命令成汤消灭夏国。"

（3）从民众支持与否的角度总结了夏商亡国的历史教训。在《尚书·多方》中，周公也从施政为民的角度总结了夏商亡国的历史教训：

> 诰告尔多方，非天庸释有夏，非天庸释有殷。乃惟尔辟以尔多方大淫，图天之命屑有辞。乃惟有夏图厥政，不集于享，天降时丧，有邦间之。乃惟尔商后王逸厥逸，图厥政不蠲蒸，天惟降时丧。

周公这样说："告诉你们各位邦君，并不是上天要舍弃夏，也不是上天要舍弃殷。只是你们夏、殷的君王和你们各国诸侯大肆淫佚，图度天命，奢侈而安逸，并且还怀疑天命。因为夏桀考虑政事，不是为了保护民众，勉励民众，于是上天亡夏，成汤代替了夏桀。因为商的后王过度享乐，为政贪图享乐，不考虑民众的利益，是上天也降下这亡国大祸。"

（4）从荒淫施政角度总结夏商亡国的原因。在《尚书·酒诰》中，也有周公对殷商王朝兴亡原因的总结：

> 王曰："封，我西土棐徂，邦君御事小子尚克用文王教，不腆于酒，故我至于今，克受殷之命。"
>
> 王曰："封，我闻惟曰：'在昔殷先哲王迪畏天显小民，经德秉哲。自成汤咸至于帝乙，成王畏相惟御事，厥棐有恭，不敢自暇自逸，矧曰其敢崇饮？越在外服，侯甸男卫邦伯，越在内服，百僚庶尹，惟亚惟服宗工，越百姓里居，罔敢湎于酒。不惟不敢，亦不暇，惟助成王德显越，尹人祇辟。'
>
> 我闻亦惟曰：'在今后嗣王，酗，身厥命，罔显于民祇，保越怨不易。诞惟厥纵，淫泆于非彝，用燕丧威仪，民罔不尽伤心。惟荒腆于酒，不惟自息乃逸。

厥心疾很，不克畏死。辜在商邑，越殷国灭，无罹。弗惟德馨香祀，登闻于天；诞惟民怨，庶群自酒，腥闻在上。故天降丧于殷，罔爱于殷，惟逸。天非虐，惟民自速辜。'"

周公说："封，我周国诸侯和官员能够遵从文王的教导，不多饮酒，所以我们周国能够接受上帝赐给的大命。"

周公说："封啊，我听到有人说：'过去，殷代圣明的先王上畏天命，下畏百姓，施行德政，保持恭敬。从成汤延续到帝乙，明君贤相都只是考虑着治理国事，他们的辅佐非常恭敬，不敢使自己安闲逸乐，何况敢聚众饮酒呢？在外地的侯、甸、男、卫等诸侯们，在朝中的各级官员、宗室贵族以及退职后住在家里的官员们，没有人敢沉溺在酒中。不但不敢，他们也没有闲暇，他们只考虑辅助君王的美德显扬，帮助百官重视法令。'

我听到也有人说：'在近世的商纣王，好酒纵乐，以为有命在天，不明白臣民所重视的事，安于百姓的怨恨，不思改悔。他淫乱无度，贪图安乐，不遵守法律，由于宴饮无度，丧失了君王的威仪，臣民没有不悲痛伤心的。商纣王只考虑纵酒取乐，不考虑改正他的过失。他心地狠恶，不肯怕死。他在商都作恶，对于殷商的灭亡，不加考虑。没有清明的德政和芳香的祭祀让上帝知道，只有老百姓的怨气，只有群臣私自饮酒的腥气，被上帝知道。所以，上帝在殷邦降下了灾祸，不喜欢殷国，是因为商纣王贪图享乐。上帝并不暴虐，只是殷商的臣民自己招来罪罚。'"

第二，夏、殷施政经验之鉴。

周公不仅总结了夏殷两代失败的历史教训，而且还总结了夏殷先王成功的历史经验，并对这些经验予以高度的赞扬和汲取。

（1）明德慎罚。《尚书·多方》说：

乃惟成汤克以尔多方简，代夏作民主。慎厥丽，乃劝；厥民刑，用劝；以至于帝乙，罔不明德慎罚，亦克用劝；要囚殄戮多罪，亦克用劝；开释无辜，亦克用劝。今至于尔辟，弗克以尔多方享天之命，呜呼！

周公发布对殷遗民的号令说:"成汤由于你们各国邦君的选择拥戴,代替夏桀做了君王。他谨慎地施政,是勉励人;他惩罚罪人,也是勉励人;从成汤到帝乙,没有人不明德慎罚,也能够用来勉励人;他们监禁罪犯,杀死重大罪犯,也能够用来勉励人;他们赦免无罪的人,也能够用来勉励人。现在到了你们的君王殷纣王,因为淫佚失政而亡国,实在是可悲可叹呀!"

(2)用保乂民。周公在《尚书·康诰》中反复要求康叔"往敷求于殷先哲王,用保乂民","别求闻由古先哲王,用康保民","我时其惟殷先哲王德,用康乂民作求"。

(3)用心施政。在《尚书·酒诰》中,周公指出,从成汤到帝乙时的"殷先哲王"和帝辛纣王时"庶群自酒,腥闻在上"、"纵淫泆于非彝,用燕丧威仪"等现象完全相反:"在昔殷先哲王迪畏天显小民,经德秉哲。自成汤咸至于帝乙,成王畏相……不敢自暇自逸,矧曰其敢崇饮?越在外服,侯甸男卫邦伯,越在内服,百僚庶尹,惟亚惟服宗工,越百姓里居,罔敢湎于酒。不惟不敢,亦不暇,惟助成王德显越,尹人祗辟。"

(4)节制淫佚。在《尚书·无逸》中,周公从历史的经验教训中得出君王之子不能只图安逸,而应"先知稼穑之艰难,乃逸,则知小人之依"的观点。和祖甲之后因立储君而"生则逸,不知稼穑之艰难"的情况相反,"昔在殷王中宗,严恭寅畏,天命自度,治民祗惧,不敢荒宁……其在高宗,时旧劳于外,爰暨小人……不敢荒宁,嘉靖殷邦,至于小大,无时或怨……其在祖甲,不义惟王,旧为小人。作其即位,爰知小人之依,能保惠于庶民,不敢侮鳏寡"。可见帝辛纣王之前的殷王,既有美德又很贤明,对人恭敬,不敢酗酒,亦不敢追求闲暇安逸的生活,这是殷先王之所以能长久统治天下的原因。这些是从正面对勤劳和关心小民的殷王治政历史经验作了肯定,对君王追求安逸舒适、酗酒淫佚的生活方式作了否定。[①]

[①] 参见王晖著:《商周文化比较研究》,人民出版社 2000 年版,第 184、185 页。

总之，历史是一面最好的镜子。周人思维的特征之一就是习惯以古看今，拿历史来借鉴、说明、指导现实以至照亮未来前进的方向。周初统治者即是这种思维特征的代表人物。从《尚书》《诗经》《周礼》《礼记》《周易》等若干先秦文献中，都可以看出周人具有的这种浓郁的史鉴意识。

周初统治者十分重视从历史中汲取治国理政的经验教训。既然夏殷兴亡之鉴不远，大禹治水勤政，商汤顺天应民，这是夏殷取得成功的主要因素。相反，夏桀、殷纣不重视祭祀，用人不当，残暴淫佚等构成了亡国之祸。所有这些，都是武王、周公能够扬弃前朝得失，从而兢兢业业治理好国家的重要文化基础。历史意识的升华和对历史经验教训的批判总结，使周人逐步摆脱了殷人那种完全用神权来维护政权的思想观念。周初以武王、周公为首的统治集团能够以历史理性来认识政治、社会和人生的各种问题，否定"君权神授"提出"君权天授"并进而提出了"敬德保民"等全新而重要的政治思想主张，推动了一场华夏古国前所未有的伟大的思想解放运动。作为高瞻远瞩的大政治家，武王、周公从总结以往的历史经验中，为周王朝的长治久安找到了希望和答案。夏、殷王朝的兴亡之鉴，成了周初统治者治国方略的基本原则和立法建制的参考坐标。这充分体现了周初统治者的历史意识及其史鉴思想。

三、对"旧邦新命"的反思与继承

周初统治者不但重视从夏殷之鉴中总结历史的经验教训，同时也十分重视对周先祖治国理政经验的学习与继承。

周公经常对周人的历史和周之先王的艰难创业、美言嘉行、爱民保民举措进行深情的追忆，尤其是对文王的叙述更是详之又详，如文王之德、文王之教、文王之典等话语常常见诸许多文献记载当中。武王对周人祖先的追忆曾提到后稷，并附带提及禹及商先哲王："在昔后稷，维上帝之言，克播百谷，登禹之绩。凡在天下之庶民，罔不维后稷之元谷用蒸享。在商先哲王明祀上帝，□□□□，亦维我后稷之元谷用告和，用胥饮食。肆商先哲，王维厥故，肆用显我西土。"①

周公曾反复提到文王的业绩，例如：

在《尚书·康诰》中，周公告诉康叔："惟乃丕显考文王，克明德慎罚；不敢侮鳏寡，庸庸，祗祗，威威，显民，用肇造我区夏，越我一、二邦以修我西土。惟时怙冒，闻于上帝，帝休，天乃大命文王。殪戎殷，诞受厥命越厥邦厥民，惟时叙，乃寡兄勖。肆汝小子封在兹东土。"周公说："康叔，我的弟弟，我们伟大英明的父亲文王，能够崇尚德教，慎用刑罚；不敢欺侮无依无靠的人，善于任用那些可以任用的人，尊重那些可以尊重的人，畏惧应当畏惧的事，尊宠人民，因而在中夏开创了我们的生存区域，和我们的几个友邦共同治理我们西方。文王这样努力，被上帝知道了，上帝非常高兴，就降大命给文王。灭亡大邑商，接受上帝的大命和殷国殷民，继承文王的基业，是武王努力所致，因此，才会有你被分封到这东土的机会。"

在《尚书·无逸》中，周公回忆文王的往事，以此告诫成王不可因为安逸享乐而荒废政事，"厥亦惟我周太王、王季，克自抑畏。文王卑服，即康功田功。徽柔懿恭，怀保小民，惠鲜鳏寡。自朝至于日中昃，不遑暇食，用咸和万民。文王不敢盘于游田，以庶邦惟正之供"。在这里，周公把文王和殷先王中宗、高宗及祖甲放在一起，给我们描绘出一个宽宏大量的有道哲王形象："自殷王中宗及高宗及祖甲及我周文王，兹四人迪哲，厥或告之曰：'小人怨汝詈汝。'则皇自敬德。厥愆，曰：'朕之愆，允若时。'不啻不敢含怒。"也就是这四位哲王不仅对埋怨自己、詈骂自己的小人不生气发怒，而且时刻警戒自己的品德，也勇于承认自己的错误。正是因为他们有这样的宽宏大量，他们在人们的心目中才有极高的地位。和那种一听到说"小人怨汝詈汝"——即使这是小人的造谣，却信之不疑——且不宽大为怀并"乱罚无罪，杀无辜"的昏王形成了鲜明的对比。而人们的怨恨也就自然而然地集中到这些昏王身上了。周公语重心长地告诫后来继位的周成王要以此为鉴："呜呼，嗣王其监于兹！"

在《尚书·酒诰》中，周公也叙述了周文王时期禁止人们酗酒："文王诰教小子

---

① 《逸周书·商誓》。

有正有事：无彝酒。"周公认为，正是由于文王的教令，周人才取得了殷人的天下，"我西土棐徂，邦君御事小子尚克用文王教，不腆于酒，故我至于今，克受殷之命"。这些都是周人之所以成功的宝贵经验。

在周人历史上，太王是指古公亶父，王季是指季历。从太王言至文王，历叙了周先王谦虚敬畏、重视农业、谨慎从治的美好传统和历史事实。无疑，在周公列述的诸多先王中，他提到最多和最钦佩的还是周文王。这一方面固然因为文王是其尊敬的父亲，另一方面也因为文王实实在在对周民族发展所作出的卓越贡献和治理国家的美好德行。

周民族发展到文王时受到了上帝的眷顾，接受了天命，这一点是所有周人的共识。因此，周公在借鉴历史经验时，每每言及文王，不仅在于文王的德行确实受到民众的敬仰，更在于周公对文王事迹历历在目，能以现身说法教育周人和殷民。应该说，文王是周公打出的一面对周人内部进行有效统治和增强本族凝聚力的重要旗帜。

在对"旧邦新命"认识与总结的基础上，以周公为代表的周初统治者根据客观现实需要，积极汲取夏商二代兴亡的历史经验教训，积极继承与发展周先人的历史文化使命，在此基础上形成了为巩固与发展周王朝实际统治需要的史鉴思想与以史资治意识。

周公的史鉴思想与以史资治意识主要表现为敬畏、勤政、务农、无逸、效法先王、警戒、重人、秉德明恤、用康保民、明德恤祀、不腆于酒、天不可信、惟命不于常、当于民监等诸多方面，它关注的焦点是周初的政治命运问题。这个特点是由武王、周公等人所处的历史时代所决定的。周之代殷是"小邦周"对"大邑商"的胜利，虽然牧野一战，商纣自焚，殷商全国处于群龙无首的政治真空状态。但对于周人来说，商朝的灭亡仅是他们胜利的第一步，这时仍然"天下未集"，周人当前面临的政治局势更为复杂艰难，未来政治前途亦属未卜。而当前最重要的任务莫过于在取得胜利后，对周人以及广大殷民的精神进行安抚，以使他们逐渐接受周已代殷的事实。正好时代诞生了武王、周公这样能够重视总结历史经验的伟大人物。武王、周公等人不仅以天命理论来解释周人取得政权的合法性,而且诉诸历史上先王的事迹来寻找政权得以长治久安的依据和总结王朝兴亡的原因,以达到巩固周政权并有效地建立周王朝统治秩序的目的。这一切都是历史赋予周初统治者特殊的历史使命,离开了殷周之际社会变革的时代背景就无从说明周初统治者各种政策与治理国家方针产生的缘由。①

一句话,归根结底,周公对历史的借鉴是为更好地治理国家服务的。

一方面,周公的史鉴是对现实的注解,既往的历史变成了现实的借鉴和周初统治者施政的依据。"周虽小邦,其命维新。"对于大政治家周公来说,除了总结个人的政治实践并在以往的历史长河中寻觅成功的治国之道外,他还能有什么更好的路径可以选择呢?

另一方面,周公以史鉴今、鉴未来的思想意识,也是一种人类理性精神的展现,是大政治家周公政治智慧的标志。它主要表现在以夏、商王朝的历史兴亡为鉴,以周族先王历史上的艰难创业和美好德政为鉴,在立足现实的基础上沟通了历史与现实,利用历史为现实服务并最终实现了历史与现实、文化与政治的有机的统一。夏鉴、殷鉴、周先王之鉴,还有现实之鉴即水鉴、民鉴、人鉴,等等,这对于夏商周三代相互承接的文明延续与发展具有十分重要的意义,周公的史鉴意识与以史资政的治国理念深刻影响了此后的中国历史。②

---

① 参见吕庙军著:《周公研究》,人民出版社2012年版,第158页。
② 参见吕庙军著:《周公研究》,人民出版社2012年版,第168页。

第六章　西周王权与中央决策系统

西周中央政权机构的一个重要特点是军政合一。卿事寮以太师为长官，太师就是军队的最高统帅。西周中央政权机构的另一个特点，就是史官居于重要地位，太史寮的重要性仅次于卿事寮，太史是仅次于太师的执政大臣。西周中央机构及中央决策系统的特点是：在西周的中央政权中，周天子拥有一切军政大权，以卿事寮和太史寮为辅弼进行运作。西周初期由于沿用长老监护制度，卿事寮以太保或太师为其长官，太史寮以太史为其长官。自从东都成周建成，成周曾与宗周同样设有卿事寮，由召公以太保之职主管宗周卿事寮，周公以太师之职主管成周卿事寮，实行"分陕而治"。后来周公之子曾继承周公主管成周卿事寮。但是到成、康之际，成周的政务，已由毕公以太史之职兼管，并统率和管理东方诸侯；宗周的政务，仍由召公以太保之职主管，并统率和管理西方诸侯。西周中期以后，不见有太保担任执政大臣，但是太师仍然为卿事寮的长官，掌握着军政大权。直到西周晚期，太师和太史仍为执政大臣。

一、西周的王权

西周王朝的最高统治者称"王"。《尚书·牧誓》说"甲子昧爽,王朝至于商郊牧野"。这个"王",就是周武王。周王发布诰命,常用"王曰"或"王若曰"云云。周公摄政,奉成王命,兴师东伐管、蔡、武庚叛乱,所公布的《大诰》中,开头就说"王若曰"云云。《史记·鲁周公世家》说:"武王既崩,成王少,在强葆之中。周公恐天下闻武王崩而畔,周公乃践阼,代成王摄行政,当国。"周公既践天子之位,则称王作诰。这样代王发布诰命而称为"王若曰"云云就是自然而然的事情了。

周王又称"天子"。《尚书·召诰》说:"皇天上帝,改厥元子。"《诗经·大雅·江汉》有"明明天子,令闻不已,矢其文德,洽此四国"。《诗经·大雅·常武》有"徐方即同,天子之功"等,就是歌颂周天子的诗。一首记宣王令召伯虎伐淮夷,另一首记宣王时伐徐国叛乱之事。

周王朝在建立以前,周方国还没有确定较为明确的嫡长子继承制度。《史记·周本纪》说"古公有长子曰太伯,次曰虞仲,太姜生少子季历"。而"长子太伯、虞仲知古公欲立季历以传昌,乃二人亡如荆蛮,文身断发,以让季历"。而周文王(姬昌)长子伯邑考早死不得传,伯邑考死于文王之前,因此"西伯崩,太子发立,是为武王"[1]。自周武王以后,在周公等重臣的全力维护下,西周王朝的王位由王族嫡长子继承制才得以确立。

周武王灭商二年后死去,但"武王之母弟八人"不能继承王位,只能由"太子诵代立,是为成王"。但是,"成王少,周初定天下,周公恐诸侯畔周,公乃摄行政当国"。周公"奉成王命",处理国家大事。七年以后,"成王长,周公反政成王,北面就群臣之位"[2],这就是《荀子·儒效》说:"周公屏成王而及武王以属天下,恶天下

---

[1] 《史记·周本纪》。

[2] 《史记·周本纪》。

之倍周也……成王冠成人,周公归周反籍焉,明不灭主之义也"。召公等也是王位嫡长子继承制的卫道者,"成王将崩,惧太子钊之不任,乃命召公、毕公率诸侯以相太子而立之。成王既崩,二公率诸侯,以太子钊见于先王庙","太子钊遂立,是为康王"[1]。西周王朝武王和周公所确立的王位嫡长子世袭制,防止了由于争夺最高权力而造成的王族内部矛盾和互相残杀,保证了最高统治集团王位继承的连续性和稳定性。

西周王朝的最高统治者,继承了自夏王朝和商王朝以来神化王权的衣钵,并有所发展,即把"天命"和"敬德"结合起来。《尚书·大诰》"天休于文王,兴我小邦周"、《尚书·梓材》"皇天既付中国民越厥疆土于先王",等等,是说周人"王瑞自太王兴"[2],周人之所以能够代殷统治中国,是上天保佑太王、王季、文王等先王的缘故。而商王朝灭亡,正是因为"天毒降灾荒殷邦"[3],是上天使商王朝灭亡的。而武王伐纣的军事行动,"今予发惟恭行天之罚"[4],正是执行上天的意志对商纣进行惩罚,因而大获全胜,建立了西周王朝的。《礼记·表记》说,周人"事鬼敬神而远之"。西周统治阶级内部,不时流露出对天的怀疑。《尚书·康诰》说:"天畏棐忱,民情大可见。"《礼记·大学》引《康诰》云:"天命不于常。"《康诰》是周公告诫封于河淇之间"故商墟"的卫康叔的文诰。在《尚书·君奭》中,周公向召公表示,他担心"我后嗣子孙,大弗克恭上下,遏佚前人光在家,不知天命不易,天难谌,乃其坠命"。所谓"天难谌",即周公称人之言的"天不可信"。如此等等,天命靡常,不是固定不变的,天命也不一定可信。因此,西周统治阶级为了巩固自己的统治地位,又提倡"敬德"。《尚书·召诰》"天亦哀于四方民,其眷命用懋,王其疾敬德"。西周王朝统治阶级就是这样一面大谈"天命",把王权进一步神化,以增强对广大被征服地区人民的统治;一面又在统治阶级内部提倡"敬德",强调统治阶级个人修养的因素,从而达到"祈天永命"的统治目的。

---

[1] 《史记·周本纪》。
[2] 《史记·周本纪》。
[3] 《尚书·微子》。
[4] 《尚书·牧誓》。

在西周王朝，周王是国家军队的最高统帅，有权调动中央王畿地区和各诸侯国的军队。每有重大军事行动，往往由周王率领王畿军队并征调各诸侯国军队从征。周武王九年，"东观兵，至于盟津"之时，就曾"诸侯不期而会盟津者八百诸侯"。二年之后，周武王又"偏告诸侯曰：'殷有重罪，不可不毕伐'"，征集天下诸侯出征。"十一年十二月戊午，师毕渡盟津，诸侯咸会"。周武王作为伐纣联军最高统帅，在牧野决战前，发布了战争动员令《牧誓》，指挥全军，并令"师尚父与百夫致师"①，从而取得了胜利。此后，文献也记载有穆王征犬戎、恭王灭密等军事行动。

　　此外，周王还通过对诸侯和卿大夫的册命，确立了严格的等级制度和君臣间的隶属关系。《礼记·祭统》说："古者明君，爵有德而禄有功，必赐爵禄于大庙，示不敢专也。故祭之日，一献，君降立于阼阶之南，南向。所命北面，史由君右，执策命之。再拜稽首，受书以归，而舍奠于其庙。此爵赏之施也。"《周礼·春官·宗伯》有"以九仪之命正邦国之位。壹命受职，再命受服，三命受位，四命受器，五命赐则，六命赐官，七命赐国，八命作牧，九命作伯"的记载。《周礼·春官·宗伯》还有典命职"掌诸侯之五仪，诸臣之五等之命"的说法。所谓"五仪"，即公、侯、伯、子、男各有不同之礼仪。"上公九命为伯，其国家宫室车旗衣服礼仪，皆以九为节。侯伯七命，其国家宫室车旗衣服礼仪，皆以七为节。子男五命，其国家宫室车旗衣服礼仪，皆以五为节。王之三公八命，其卿六命，其大夫四命，及其出封，皆加一等，其国家宫室车旗衣服礼仪，亦如之。凡诸侯之嫡子誓于天子，摄其君，则下其君之礼一等。未誓，则以皮帛继子男"。所谓"五等"，即孤以下四命、三命、再命、一命、不命。"公之孤四命，以皮帛，视小国之君。其卿三命，其大夫再命，其士一命，其宫室车旗衣服礼仪，各视其命之数。侯伯之卿大夫士，亦如之。子男之卿再命，其大夫壹命，其士不命，其宫室车旗衣服礼仪，各视其命之数"。如此等等，周王通过命卿和监国，不仅使西周王朝加强了对中央和地方各级官吏的控制和监督，也使王权得到了进一步的巩固和加强。

———————
① 《史记·周本纪》。

凡此种种说明，在西周王朝，周王拥有至高无上的权力。国家的军政大事，都由国王一人最后决断。不过，西周贵族对周王的行为或决定，可以提出意见或建议，这就是"贵族谏政"。但随着王权的日渐加强，特别是到了西周后期，"贵族谏政"形同虚设，往往不起任何作用，而是唯周王本人意志为是，从而给统治带来灾难[①]。

二、西周王朝重大决策的制定和贯彻

前面说过，周王虽拥有周王朝的军政大权，惟一人为独尊，但重大军事政治决策的制定和实行，还需要听取政治经验较为丰富的贵族的意见，取得贵族阶级的支持，这就是师、保辅政。《史记·周本纪》载，"武王即位，太公望为师，周公旦为辅，召公、毕公之徒左右王，师修文王绪业"。武王伐纣的重大决策，就是与这些代表人物共同策划制定的。在武王"东观兵"二年以后，"武王将伐纣，卜龟兆不吉，风雨暴至。群公尽惧，唯太公疆之劝武王，武王于是遂行"。由于气候变化，周武王及"群公"认为出师不吉利，但在师尚父的坚持之下，周武王终于作出了二月甲子与商纣决战的决策。而西周王朝建立以后，采取的一系列争取殷民的措施，诸如"散鹿台之钱，发钜桥之粟，以振贫民。封比干墓，释箕子囚，迁九鼎，修周政，与天下更始"等，也是"师尚父谋居多"[②]；至于周公，对西周王朝不少重要决策的制定，更是起到了旁人无法取代的重要作用。在西周灭商过程中，周公"常辅翼武王，用事居多"。武王死后，"成王少，在强葆之中"，周公"卒相成王"[③]，并说服召公，解除疑虑，"于是召公乃说（悦）"[④]，得到了召公的支持。周、召二公通力合作，"召公为保，周公为师"，辅佐成王。周初平三监及武庚之乱，并"东伐淮夷、残奄，迁其君

---

① 参见白钢主编，王宇信、杨升南著：《中国政治制度通史》第二卷，先秦，人民出版社1996年版，第319—324页。
② 《史记·齐太公世家》。
③ 《史记·鲁周公世家》。
④ 《史记·燕召公世家》。

薄姑",以及"复营洛邑""迁殷遗民"①等重大军事、政治决策的制定,都与周、召二公有很大关系。直到周公返政成王以后,他还"恐成王壮,治有所淫佚,乃作《多士》,作《毋逸》"等"以诫成王"。此外,"成王在丰,天下已安,周之官政未次序,于是周公作《周官》,官别其宜",并"作《立政》"。②集解引孔安国说,"周公既致政成王,恐其怠忽,故以君臣立政为戒也";成王临终,也是命朝廷重臣召公、毕公"相太子而立之"。申告以文王、武王之所以为王业之不易,务在节俭,以笃信临之,作《顾命》。康王在召公、毕公等顾命大臣的辅佐下,政绩有成,"天下安宁,刑措四十余年不用"。

西周的历史说明,师保辅政集中了贵族阶级的统治经验和智慧,有利于周王正确决策的制定。此外,师、保本人往往又都是贵族阶级中资深和有影响的代表人物,他们的辅政也有利于高层统治集团的团结和周王朝政权的稳定。

周天子有多重信息渠道。据《史记·周本纪》记载,"故天子听政,使公卿至于列士献诗(即上诗'讽刺'),瞽献曲,史献书(即太史上书以谏),师箴(乐太师上箴戒之文),瞍赋(赋公卿列士所献诗),矇诵(即盲人以弦歌讽诵箴谏之语),百工谏,庶人传语(庶人微贱,见时得失,不得上言,乃在街巷传语),近臣尽规(王的内臣规劝),亲戚补察(补王过失,察觉是非),瞽史教诲(乐太师、太史教诫、劝诲),耆艾修之(师傅长老把瞽史的教诲上闻于王)"等。通过以上种种途径,周天子从民间获得了大量信息,成为制定决策或政策的依据,"而后王斟酌焉,是以事行而不悖"。

有时周王形成的决策或制定的政策失误,一些贵族大臣可以对周王"谏议"。平民(即国人)也可以发表意见或评论,这就是所谓的"国人诽谤"。西周王朝后期,周王愈来愈独断专行。号称"中兴"之主的周宣王,就曾拒绝了虢文公关于他"不修藉千亩"和仲山甫关于他"料民于太原"的谏议。而周厉王"暴虐侈傲,国人谤王"。

---

① 《史记·周本纪》。
② 《史记·鲁周公世家》。

既不顾舆论的反对，又拒绝了芮良夫和召公的谏议，坚持任用荣夷公"学专利"，并"得卫巫，使监谤者，以告列杀之"。"于是国莫敢出言"，三年之后国人"乃相与畔，袭厉王"①。

此外，周王还通过巡狩、监国和诸侯述职等途径掌握地方封国的情况，以作为自己决策和制定政策的依据。"天子适诸侯曰巡狩。巡狩者，巡所守也。诸侯朝于天子曰述职。述职者，述所职也。"②诸侯朝见天子，"春见曰朝，夏见曰宗，秋见曰觐，冬见曰遇。时见曰会，殷见曰同"③。如果诸侯拒绝定期向周王述职朝觐，就要受到惩罚。"一不朝，则贬其爵。再不朝，则削其地。三不朝，则六师移之"④。周王通过亲自到全国各地巡狩和诸侯定期向周王述职以及临时军事政治需要的会同，掌握了天下军事和经济的情况。而周王派往各诸侯国的"监"者，也随时把其所监之国的情况报告周王。凡此种种，也是周王作出重大决策或政策时的依据。

周王的重大政治军事决策，是通过发布"诰"命的形式贯彻下去的。诸如"武王乃作《太誓》"，宣布"今予发维恭行天之罚"，动员贯彻伐商决策。并于"二月甲子昧爽"，于商郊牧野发布《牧誓》，作决战动员。灭商以后，"初，管、蔡叛周，周公讨之，三年而毕定，故初作《大诰》"⑤，申明"肆朕诞以尔东征"⑥的决策。"次作《微子之命》"，"以微子开代殷后，国于宋"。"次《康诰》、《酒诰》、《梓材》"。⑦康叔被封于殷墟故地，周公"惧康叔齿少，乃申告康叔曰：'必求殷之贤人君子长者，问其先殷之所以兴，所以亡，而务爱民。'告以纣所以亡者以淫于酒，酒之失，妇人是用，故纣之乱自此始。为《梓材》，示君子可法则"。周公把有关治理卫国的政策在上述

---

① 《史记·周本纪》。
② 《孟子·梁惠王下》。
③ 《周礼·大宗伯》。
④ 《孟子·告子下》。
⑤ 《史记·周本纪》。
⑥ 《尚书·大诰》。
⑦ 《史记·周本纪》。

三诰中加以申明，"康叔之国，既以此命，能和集其民，民大说"①。此外，西周王朝营建成周和迁殷顽民等重大政治军事决策，也是通过发布《召诰》《洛诰》和《多士》等诰命加以贯彻实行的。

根据各封国情况的不同，西周王朝允许各国诸侯实行不同的统治政策。为了削弱商朝遗民的反周势力，对商遗民采取分化瓦解并加以分割的政策。把最顽固的殷顽民迁至王畿洛邑地区，"周公以王命告，作《多士》《无佚》"②，要求他们"比事臣我宗多逊"，只要服从周王朝，"尔乃尚有尔土，尔乃尚宁干止"；如果敢于反抗，"尔不克敬，尔不啻不有尔土，予亦致天之罚于尔躬"③。而其他的殷遗民，"使帅其宗氏，辑其分族，将其类丑"，整族地分封给有功诸侯。鲁公得到了"殷民六族"，康叔得到了"殷民七族"，唐叔得到了"怀姓九宗"④等。周初各封国的情况很不相同，因此各国诸侯所实行的统治政策也不尽一致。齐国原为商诸侯薄姑故地，夷人势力很强大，太公"修政，因其俗，简其礼，通商工之业，便鱼盐之利，而人民多归齐，齐为大国"⑤；鲁国为商奄、淮、徐故地，鲁公伯禽就国，"变其俗，革其礼"⑥，用周王朝的模式和周礼来统治当地的居民；卫康叔治理卫国，"皆启以商政，疆以周索"，实行商朝旧政不变，但以周人制度疆理土地；唐叔封于故夏墟，夏遗民仍有一定势力，再加上"怀姓九宗"是戎狄人，所以唐叔"启以夏政，疆以戎索"⑦，实行夏王朝旧政，用戎人办法疆理土地。文献表明，各诸侯方国施行的不同政策，是得到西周王朝最高决策集团首肯的。太公封于齐，"五月而报政周公"。而鲁公伯禽，"三年而后报政周公"。周公对太公和伯禽实行的不同治国政策并未加干预，对齐国实行的"简其君臣礼，从其俗为也"大为欣赏，说："呜呼，鲁后世其北面事齐矣！夫政不简不易，

---

① 《史记·卫康叔世家》。
② 《史记·周本纪》。
③ 《尚书·多士》。
④ 《左传·定公四年》。
⑤ 《史记·齐太公世家》。
⑥ 《史记·鲁周公世家》。
⑦ 《左传·定公四年》。

民不有近；平易近民，民必归之。①"而对鲁国的将来表示了担心。

总之，西周王朝的最高统治者在重大政策的制定与贯彻方面，有着一套比较成熟的举措。经过周初对殷商遗民施行分化瓦解的政策，并在各诸侯国根据国情实行不同的统治政策，周民族与广大被征服地区各民族间的矛盾逐渐缓和，西周王朝的统治终于巩固下来。周王朝的这些措施，对后世的治国理政影响很大②。

三、西周王朝的中央行政体制及其运作

西周王朝的中央行政体制及其运作，由于史料残缺，目前还有许多问题搞不清楚，我们只能依靠《尚书》《诗经》《左传》《史记》等文献，结合西周金文，把有关资料归纳分析，理出其可征信的职官和政治机构，再略加分析说明。

西周王朝的官制，反映在文献上的，有些是从克商之前原先周氏族部落内部的领袖或职官演变来的，有的则是接受了商的政治传统而继承下来的。自西周王朝建立（公元前1046年）到灭亡（公元前771年），长达数百年，政治、职官也必随着时代的发展而变化，由初期的草创到后期的完善阶段。大致表现在如下几个方面：

第一，在西周政权中，太保、太师是周天子最重要的辅臣。

西周初年武王崩，成王年幼时，就有年长亲信辅佐、监护，使之长大成才，以便治理国家。《大戴礼记·保傅》称："昔者周成王幼，在襁褓之中，召公为太保，周公为太傅，太公为太师。"又解释说："保，保其身体；傅，傅其德义；师，导之教顺，此三公之职也。"此篇成于汉代，其言未必尽为实录，但也必然保存有一些西周史料。其中太师、太傅、太保的职责，其性质均属于保护教养之类，没有太大的分别。

---

① 《史记·鲁周公世家》。
② 参见白钢主编，王宇信、杨升南著：《中国政治制度通史》第二卷先秦，人民出版社1996年版，第325—330页。

在较早的文献和西周金文中，周初的官职，最高的当然是万人之上的天子，其下似乎只有太师、太保二官，还没有太傅，所以最早召公、周公同为太保之官。金文中周公的儿子明保作太保官，可能也是继承父职。太师之官在周武王征商时是以姜尚为之。《诗经·大雅·大明》说："维师尚父，时维鹰扬。"《史记·周本纪》也称："武王即位，太公望为师，周公旦为辅。"尚父太公望，即姜尚，师即太师。"周公旦为辅"，周公可能也是太师，不过是在太公望之后。如《史记·周本纪》称成王时，"召公为保，周公为师"。这些记载可以证明：西周政治最重要的官职，最初只有师、保二官，不过每个官职可能不止一人。并且周初师、保二官的职务差不多是相混的，都执行监护天子的职责。平时在京城，同是王室的辅佐，出征时，又都可以作为军队的统帅，只是各自有所侧重，太保近于后世的文官，太师近于武官而已。西周中期以后，太保之职已不多见，而太师作为执掌军政大权的长官延续下来。

第二，卿士在西周中央政府中的地位十分重要。

西周的官职见于古文献和金文的有"卿士"（或作卿事）之职。《尚书·微子》："卿士师师非度。"《尚书·洪范》："谋及卿士""卿士惟月"。《尚书·牧誓》："是以为大夫卿士。"《尚书·顾命》："卿士邦君，麻冕蚁裳。"由此可见，卿士的地位是不低的。《诗经·大雅·常武》说："赫赫明明，王命卿士，南仲大祖，大师皇父：整我六师，以修我戎，既敬既戒，惠此南国。"这是周宣王册命南仲于其祖庙之辞。诗中之南仲即《诗经·小雅·出车》中之南仲，当时在卿士之位。诗意盖为宣王命卿士南仲为"太师"，整顿周王六师征伐淮夷，而惠此南方之国也。卿士之名，又见《诗经·小雅·十月之交》有"皇父卿士"。《诗经·大雅·假乐》："百辟卿士，媚于天子。"

周王室属于卿士的诸官吏中，必有一人总揽大权，辅弼天子以治国，这个执政大臣的官职似为太宰。《左传·定公四年》说："昔武王克商，成王定之，选建明德，以藩屏周。故周公相王室，以尹天下……武王之母弟八人，周公为太宰，康叔为司寇，聃季为司空。"据此可知，周初周公是以"太宰"之职"相王室"，以治天下。足见"太宰"是相，为群官之首。西周中央政府的诸官，其职务虽然各有分工，但基本上文武不甚分明，军政是合一的[①]。

第三，在西周中央政府中，官员主要分为政务官和文史官两大类。

西周的政务官最高者为太宰，周公曾一度居此要职，"总正百官，以尹天下"。与太宰地位相伯仲者为太师。《诗经·小雅·节南山》称："尹氏大师，维周之氐，秉国之钧，四方是维。"太师"秉国之钧"，其重要性可想而知。太师的职务是直接掌握国家的军权。周初克商的功臣姜尚为太师，是伐商的最高统帅。《左传·襄公十四年》载周王使刘定公赐齐侯命曰："昔伯舅太公，右我先王，股肱周室，师保万民，世胙大师，以表东海。"太公即姜尚，又称尚父。《诗经·大雅·大明》说："维师尚父，时维鹰扬，凉彼武王，肆伐大商。"可见姜尚是因勇敢善战，伐商有功，而世胙以太师。

除了太宰、太师为文武众官之首外，政务官中其他较低的职官见于西周彝器铭文的还有"宰"或"小宰"，大概为周王近臣，居王左右，地位低于太宰，有司徒、司马、司空、司寇等。政务官中的武职官员最高的是太师，已如前述。其下级军职官员见于青铜器铭文的，尚有师氏、虎臣、走马、虎贲、亚旅等。

西周王朝的官职除了政治、军事诸政务官外，还有一类专管文、史、星、历职务的，我们可以称之为文史官。他们实为古代文化知识的保存者与传授者，掌握着贵族的祭祀权和占卜权。文史官最高的官长是"太史"，其职务大致相当于《周礼》春官之职，掌管祭祀宾礼、舆服册命、筮卜吉凶、天时告朔等礼制，以及图籍保藏、历史记录等。在周初，太史之秩位属于卿士，地位很高。次于"太史"的是"内史""作册"二官，就金文与典籍观之，"内史""作册"皆史官，常在王左右，与太史职同，亦掌册命。《尚书·洛诰》有"王命作册逸祝册"等。可见"作册"亦为史官之异称。太史、内史和作册，其职均为王室记言记行及掌册命之官。此外，文史官中还有偏重于掌管宗族之典礼、祭祀及卜筮者，如"宗伯""祝""卜"等官，当为《周礼》春官中掌管占卜之"大卜""卜师"和掌管事鬼神、祈福祥的祭祀者，名

[①] 参见王玉哲著：《中华远古史》，上海人民出版社2000年版，第598页。

为"大祝""小祝"一类之职官[1]。

综上所述，我们可以看到，西周的中央政权机构，以卿事寮和太史寮为首领进行运作。西周初期由于沿用长老监护制度，卿事寮以太保或太师为其长官，太史寮以太史为其长官。自从东都成周建成，成周曾与宗周同样设有卿事寮，由召公以太保之职主管宗周卿事寮，周公以太师之职主管成周卿事寮，实行"分陕而治"。后来周公之子曾继承周公主管成周卿事寮。但是到成、康之际，成周的政务，已由毕公以太史之职兼管，并统率和管理东方诸侯；宗周的政务，仍由召公以太保之职主管，并统率和管理西方诸侯。西周中期以后，不见有太保担任执政大臣，但是太师仍然为卿事寮的长官，掌握军政大权。直到西周晚期，太师和太史仍为执政大臣。西周中央政权机构的一个重要特点是军政合一。卿事寮以太师为长官，太师就是军队的最高统帅。西周中央政权机构的另一个特点，就是史官居于重要地位，太史寮的重要性仅次于卿事寮，太史是仅次于太师的执政大臣。当时所有国家大事，包括军事行动，对诸侯的赏赐，都必须由史官起草和宣读文书，并作为档案保藏。每年秋冬之际，天子要向诸侯颁布历法，叫作"颁朔"；每月初一，要祭祀宗庙向祖先请示报告，叫作"告朔"或"朝庙"；每年元旦的"告朔"，叫作"朝正"。与此同时，要在宗庙决定一月的政令，以便在朝廷上颁布和执行，叫作"视朔"或"听朔"。所有这些"颁朔""告朔""视朔"之礼，都必须由太史主持。因而作为太史寮长官的太史，就掌握着朝廷行政和用人的大权，成为仅次于太师的执政大臣[2]。

---

[1] 参见王玉哲著：《中华远古史》，上海人民出版社2000年版，第602、603页。
[2] 参见杨宽著：《西周史》，上海人民出版社1999年版，第335页。

第七章　中华地域大一统的形成

周族灭商是以一个西土"小邦周"灭亡了具有高度文明的"大邑商"。虽然夺取了政权，但如何来巩固统治？这本来就是周族统治者很伤脑筋的问题。尤其是在周王朝还没有来得及建立巩固的统治基础，武王逝世而后天下大乱的时候。幸亏周公经过多年的征讨，不但平息了武庚和"三监"的叛乱，而且还征服了东方商奄、蒲姑、淮夷、徐戎及熊、盈之族十有七国。周族的军事力量，这时才真正地达到远东地区。但是，领土扩大后，怎样才能让被征服的各邦国安定下来，也就是说如何统治他们？采取什么样的政策？摆在周人面前的这个问题就变得更加迫切而重要。在这决定周王朝命运以及此后中华文明发展方向的关键时刻，周公以他大政治家的格局与眼光，大胆创新，做前人所未做，推行了一系列新的政策，大规模分封诸侯，对新征服的各族，用安抚与镇压相结合的手段，在国内制礼作乐等，从而从根本上解决了夏商遗留下来的松散方国联盟的制度问题，真正将华夏政治文明带入了一个新的历史时代。

一、血缘向地域转变之枢机

周人在古公亶父之前，还是一个弱小的族群。自古公亶父迁岐以后，励精图治，团结族众，为周人日后的崛起奠定了基础。武王克商后，回顾历史，认为周人取天下的基础肇始于古公亶父时期，因而追封他为"太王"。自古公亶父开始，接着是季历和周文王，连续三代自强不息，到文王时，弱小的周人已经开始强大起来。恰好与此同时，威震天下数百年之久的"大邦殷"由于几代殷王的昏庸无道，以及其他种种主客观因素，国势江河日下。逐渐强大起来的周人利用殷人专力对付东方反叛邦国的时机，联合"友邦冢君"，率领服从周的各方国、部落联军突然发难，一举取殷鼎而代之。这样，僻处西陲的"小邦周"便取代了"大邦殷"在早期中国的统治地位。

周人之所以能够打败殷人，除了通过自身不懈的努力外，实有种种偶然的因素。殷人虽然因朝歌一役战败，然而积威日久，力量尚存。而且殷遗民人数众多，势力依然雄厚。所以周人代殷之初，在心理上对于能否成功地统治天下并无充分的自信。只是到了周公东征胜利以后，随着周人统治的巩固，这种自信心与治理国家的雄心壮志才增强起来。

正是由于在代殷之初周人对拥有与治理天下尚无充分的自信，故殷人作为数百年盟主的威望所具有的强者启示的作用，以及对历史惯例的遵循与受传统习俗的影响，使周人在最初试图建立的国家体制，仍旧是效仿殷商政治模式、以周为领袖国的方国联盟王朝。过去的大量研究成果告诉我们，周初大规模分封诸侯是在成王时代。周武王在推翻商纣王政权以后，所做的不过是"释百姓之囚，表商容之闾，散鹿台之财，发矩桥之粟，封比干之墓"，其后不久便"罢兵西归"。对于作为亡国之余的殷人，反而"封商纣子禄父殷之余民"。这说明一开始周统治者还是按照夏商以来的惯例，在打败敌国之后令其服从即可，并没有认识到从根本上消灭殷商国家的重要性，也没有在政治体制上有创新的欲望，而仅仅是让殷人作为邦国联合体之一员服从于周，正如"小邦周"曾经长期作为邦国联合体之一员服从于"大邦殷"一样。

这种处理的方法，正是部族社会时代的典型做法。倘若失败的殷人能够从此甘心屈居于从属臣服的地位，那么周政权未必不会像殷商对待夏政权那样，全盘复制旧有的统治模式。如果真是这样的话，周王朝也仍然是一个众多方国林立、维持松散方国联合体的时代。

然而，形势总是在发生变化，企图复兴祖业的商纣王之子武庚，联合被周政权派来监视他、却因对周公摄政不满而与之勾结的管叔和蔡叔，想乘武王新死、成王年幼而周公大权在握的"主少国疑"之机起而叛周，这就使立足未稳的周王朝立即面临被颠覆的危险。大政治家周公旦于危急存亡之时坚决果断地力排众议，毅然率师东征平叛，挫败殷人的复国阴谋，从而彻底粉碎了殷人重登盟主宝座的梦想。

东征平叛后，周公总结教训，深感殷人的霸主地位积数百年之久，势力尚在，余威犹存，而周族则乍然兴起，力量有限，倘若治国方略完全依照殷代制度，那么殷人一旦于猝然打击之后的失败中复苏，由于其人口众多，旧土广大，周政权能否巩固统治将吉凶难卜。基于此种考虑，挟再胜之威而又具有雄才大略的周公旦亲自规划设计，对国家制度进行了具有极其深远意义的重大改革，彻底实行了"封建亲戚，以蕃屏周"的分封制度，将同姓诸侯与周室勋臣封派到原先周人势力不及的地区进行统治；同时，又通过"制礼作乐"，使周系诸侯与其他文化落后的部族方国截然区分开来，而周系诸侯之间则具有了共同的文化观念与制度约束的同一性基础。这就改变了周初那种不平等方国联盟的松散的政治格局，把周王朝改造成为一个宗法政治化，以共同的政治利益为基础，以礼乐制度和文化观念为纽带，以周王为宗主的宗族诸侯为主、异姓诸侯为辅的，以地缘政治为核心、以家国同构为模式的强大的新的统一王朝。

二、家国同构中的封邦建国

周克商后，周族便以镐京、洛邑等王畿地域为中心。王畿之外的东西南北，分散着服属于周王朝的半独立的无数诸侯小国。当时这些小的邦国星罗棋布，错处其间。在诸侯国与国之间还夹杂着为数不少的完全独立的戎狄少数族部落。一直到春秋时，还可见到这种痕迹。当时的邦国，面积都不大，其中最大的亦不过相当于今天的一县或数县之地，而最小者或仅一村落。所以，传说周封四百余国，服八百余国。可见殷周之际，封邦小国之为数众多了。周室所封同姓如鲁、卫、晋、燕、郑、蔡等，异姓如齐、许、申、吕等，都是周的宗室及姻戚或功臣诸侯，替周室震慑各地之土著异族居民，起到"藩屏周室"的作用。还有原自由独立的部落，在周东征时臣属于周，如楚、杞、徐、莱等国。他们实际上是时服时叛，构成了东方的不稳定因素。这些众多封邦小国，分布在相当于今天的陕西、河南、山西、山东之全部和甘肃、江苏、湖北、河北之一部分，这便是周王朝统治的大致势力范围。这个具体的地理环境，构成了西周政治的广泛性和分散性。①

不过，作为周王朝立国之本的分封制度，其大规模地分封诸侯是在周公当政和成康时期进行的。周王朝诸侯国数量很多，《吕氏春秋·观世》谓"周之所封四百余，服国八百余"；《荀子·儒效》谓"周公兼制天下，立七十一国，姬姓独居五十三人"；《左传·昭公二十八年》谓"兄弟之国者十有五人，姬姓之国者四十人"。姬姓诸侯多是文王、武王、周公的后裔。异姓诸侯许多是周人的亲戚，还有一些是归附周朝的方国部落首领。西周时期最重要的封国有武王弟康叔的封国卫、商王室贵族微子启的封国宋、协助武王灭商的吕尚的封国齐、成王弟叔虞的封国晋、周王室贵族召公的封国燕、周公子伯禽的封国鲁等。

分封诸侯时要举行隆重的册命仪式。以周天子封鲁国的情况为例："分鲁公以大路、大旂，夏后氏之璜，封父之繁弱，殷民六族：条氏、徐氏、萧氏、索氏、长勺氏、尾勺氏，使帅其宗氏，辑其分族，将其类丑，以法则周公，用即命于周。是使之职事于鲁，以昭周公之明德。分之土田陪敦，祝、宗、卜、史，备物、典册，官司、彝器，因商奄之民，命以伯禽，而封于少皞之虚。"② 封赐东西虽多，但其中最重

---

① 参见王玉哲著：《中华远古史》，上海人民出版社 2000 年版，第 560、561 页。
② 《左传·定公四年》。

要者是土地和民众两项,因此在仪式上要由专门的官员来"授土""授民"。在分封制度下,赏赐和受封都是主从关系的体现,诸侯对于周天子有捍卫王室、镇守疆土、朝觐述职、缴纳贡物、奉命征伐等义务。在诸侯国内,诸侯可以将本封国的土地和民众封赐给卿大夫,卿大夫也可以再将土地和民众分封给自己的子弟和家臣,从而形成了不同层次的分封现象,但最主要的还是周王对诸侯的分封。[①]

牧野大战以后,商王朝被周王朝代替,但殷人和殷人在东方的同盟国中反周的力量仍然很强大。虽然武王初封了太公、周公、召公在齐、鲁、燕等地,但他们的力量还远远不能控制这些地区,所以迟迟不能到达他们的受封地区去建立诸侯国家。周公第二次东征以后,才彻底消灭了东方的反周势力,逐渐实现了对徐奄、薄姑等地的控制。

为了加强周王朝对广大地区的控制,成王在周公等人的建议下,又在武王分封的基础上,进行了第二次的大规模分封诸侯,进一步"众建亲戚",把大片的土地连同民众一起赏赐给自己的亲戚和功臣。这种分封行动,一直持续到康王的时候。这一批又一批新建立的诸侯国,实际是周王朝将自己的统治力量真正延伸到全国各地的标志。

随着分封制度的彻底实施,原来夏商时代的方国联盟制度不得不退出了历史的舞台。

据传,在周公分封的七十一国之中,姬姓子弟就占了五十三个之多。这些被封的大小姬姓诸侯,都是文王、武王、周公的后人,如:文王的弟弟被封在东虢、西虢;文王的儿子们被封在管、蔡、郕、霍、鲁、卫、毛、聃、郜、雍、曹、滕、毕、原、酆、郇;武王的儿子们被封在邢、晋、应、韩;周公的儿子们被封在凡、蒋、邢、茅、胙、祭。这些在广大新征服土地上星罗棋布的大小封国,既是一个个相对独立的政治中心,又是保卫周王朝的大小据点。

周公杀掉武庚以后,首先选择了对周人比较驯顺并在殷人中有一定影响力的微

---

① 参见晁福林主编:《中国古代史》上册,北京师范大学出版社1994年版,第94页。

子,将他封于宋地,让他统治一部分殷王朝的遗民。接着就又大规模地分封自己的兄弟和亲戚到被征服的广大地区去建立诸侯国家。

据《史记·卫康叔世家》记载:

> 卫康叔名封,周武王同母少弟也。其次尚有冉季,冉季最少。武王已克殷纣,复以殷余民封纣子武庚禄父,比诸侯,以奉其先祀勿绝。为武庚未集,恐其有贼心,武王乃令其弟管叔、蔡叔傅相武庚禄父,以和其民。武王既崩,成王少。周公旦代成王治,当国。管叔、蔡叔疑周公,乃与武庚禄父作乱,欲攻成周。周公旦以成王命兴师伐殷,杀武庚禄父、管叔,放蔡叔,以武庚殷余民封康叔为卫君,居河、淇间故商墟。

康叔是武王和周公的弟弟,被封在黄河、淇水之间的殷墟,建立了卫国。康叔分得大批殷商遗民,主要有陶氏、施氏、繁氏、锜氏、樊氏、饥氏、终葵氏等"殷民七族"。卫国过去是商王朝活动的中心地带,康叔为了巩固自己的统治,因地制宜,实行的是维持殷商王朝旧有的政策,并继续使用商朝的原有法律。在经济方面,康叔则改变了原来的所有制关系,把卫国的大片土地都按照周朝的办法重新分配,从而使自己的子弟——大、小贵族都获得了很多土地并由被征服的殷商移民为之耕种。康叔实行的这一套政治和经济措施,就是《左传·定公四年》等古文献所记载的"启以商政,疆以戎索"政策。

周公很担心康叔年纪较轻,没有统治经验而治理不好殷墟故地,因而一再告诫康叔。康叔尊奉周公的指示,兢兢业业,在治理国家上取得了一定的成绩,因而得到了周成王的表彰。

《史记·卫康叔世家》说:

> 周公旦惧康叔齿少,乃申告康叔曰:"必求殷之贤人君子长者,问其先殷所以兴,所以亡,而务爱民。"告以纣所以亡者以淫于酒,酒之失,妇人是用,故纣之乱自此始。为《梓材》,示君子可法则。故谓之《康诰》《酒诰》《梓材》以

命之。康叔之国，既以此命，能和集其民，民大说。

成王长，用事，举康叔为周司寇，赐卫宝祭器，以章有德。

周公告诫康叔：治理国家应当苦身劳形，谨慎地对待每一件事情。你到了卫地以后，一定要向殷朝遗民中有威望的贤人请教，询问他们殷朝是怎样兴起的，又是怎样灭亡的原因。要经常汲取这些教训，但最根本的一条是要爱惜民力。周公还用商纣王沉湎酒色、宠幸妲己以致国破身亡的例子告诫康叔，要他治国理政时要小心谨慎，革新殷民。

在记载周公对康叔的训诫诰命如《康诰》《酒诰》《梓材》等资料中，周公对康叔谆谆教导，希望他能明德慎刑、牢固地统治卫国的殷切心情跃然于纸上。周公让康叔到卫国以后，要大力传布周王朝的德音，以便用周族的道德规范去改造那些被征服的殷民的旧俗陈习。周公还吸取了商纣王严刑峻法失去民心的教训，告诫康叔在卫地执行刑罚时一定要宽、猛结合。对那些虽然罪行不大，但明知故犯而坚持不改的人，要毫不客气地杀一儆百。而对那些虽犯大罪，但不是出于故意而又有所悔罪的人，要适当地减轻其惩罚。此外，周公还教导康叔，让他选取殷民中有才能的人当官，通过取得这些人的支持，实现对广大殷遗民的统治。如此等等。

康叔经过周公的一番耳提面命，茅塞顿开。他到了卫国以后，小心按照周公的办法行事，得到了不少殷朝旧贵族的支持。由于康叔治理卫国很有起色，成王亲政以后，康叔被提拔为周王朝的司寇，并得到了周王朝车、帛、旗、钟等许多礼、乐器和财宝的赏赐。

唐叔虞是成王的弟弟，被封在黄河、汾水以东方圆百里的唐。

《史记·晋世家》说：

晋唐叔虞者，周武王子而成王弟。初，武王与叔虞母会时，梦天谓武王曰："余命女生子，名虞，余与之唐。"及生子，文在其手曰"虞"，故遂因命之曰虞。

武王崩，成王立，唐有乱，周公诛灭唐。成王与叔虞戏，削桐叶为珪以与叔虞，曰："以此封若。"史佚因请择日立叔虞。成王曰："吾与之戏耳。"史佚曰："天子无戏言。言则史书之，礼成之，乐歌之。"于是遂封叔虞于唐。唐在河、汾之东，方百里，故曰唐叔虞。姓姬氏，字子于。

唐地一带原是夏人活动的中心，虽然夏王朝早已被商王朝灭掉，但仍有一部分世代居住在这里的夏族还保持着不少夏代的风俗。唐叔不仅占有了夏墟的民众和土地，还获得了周王朝赏赐的大量被征服的殷人——"怀姓九宗"。唐叔在这里因其旧俗，在政治方面"启以夏政"，实行夏人传统的比商王朝略为温和的做法，从而使夏民族对新征服者的敌对情绪有所缓和。在经济方面，因为"怀姓九宗"本来就是近于戎狄的商族遗民，所以唐叔把土地按照戎狄的制度在怀姓九宗中进行分配，并由他们每年向唐侯交纳一定数额的贡物，这就是《左传》里所记载的"疆以戎索"的措施。唐叔死后，他的儿子燮父迁居到晋水旁，改国号为晋。

太公望是周王朝的三朝元老，他足智多谋，能征善战，为周王朝的建立立下了汗马功劳，初封于吕（今河南南阳）。武庚发动叛乱以后，他又与周公、召公等人一起辅佐成王，进行第二次东征，为周王朝统治的巩固又作出了贡献。成王将新征服的薄姑氏土地和百姓封给了太公望，太公望建立了齐国，建都于营丘（今山东临淄以北）。

此外，太公望受成王之命与召公奭一起，可以代表周王室征服那些敢于反抗的五侯、九伯。太公望控制了山东北部的大片地区，其后又经过连年对夷人地区的征战，使齐国成为周初实力强大、面积辽阔的一个诸侯国家。

《史记·齐太公世家》说：

> 太公至国，修政，因其俗，简其礼，通商工之业，便鱼盐之利，而人民多归齐，齐为大国。及周成王少时，管蔡作乱，淮夷畔周，乃使召康公命太公曰："东至海，西至河，南至穆陵，北至无棣，五侯九伯，实得征之。"齐由此得征伐，为大国。都营丘。

太公望在齐国"简其君臣礼"，重视政治成效。对从殷商以来就以商工为业的齐地居民，太公"从其俗"，继续对他们"劝以女工之业，逋鱼盐之利"。据说由于工商业的发展，齐国统治阶级只要从工商业贵族那里收取十分之三的税收，就可以应付日常的开销了。太公望在齐国实行的这一套简单易行、"平易近民"的政策，使齐国的工商业有了很大的发展。在太公望的治理下，齐国很快就成为各诸侯国都向往的富庶地区。

前面提到，周公是武王的弟弟，曾为武王治理周国和翦灭殷商作出了重要的贡献。据记载，武王历数商纣罪恶、鼓舞士卒斗志的《牧誓》，就是出自周公的手笔。武王死后，周公又辅佐年幼的成王代行国政，对安定初建的周王朝起了很大作用。特别是他与太公望、召公奭等率兵东征，伐夷践奄，实现了周王朝对东方的实际控制。平定武庚叛乱以后，周公继续留在成王身边为相，他的儿子伯禽从河南鲁山受封到奄国故地，在今天的山东曲阜建立了鲁国，成为鲁公。鲁公伯禽由于父亲周公与成王的特殊关系和赫赫功勋，所以受到了特别优厚的赏赐。鲁公不仅得到了条氏、徐氏、萧氏、索氏、长勺氏、尾勺氏等"殷民六族"作为奴隶，还得到了大路之车、旗、夏代传下来的美玉、有名的封父宝弓等仪仗和带有城郭的土地以及大量的礼器。从鲁公不仅像卫、唐等国一样得到了大批殷商遗民的赏赐，还特别被授予使用周天子专用的礼乐和典章制度的优待中可以看出，鲁国在周初各封国中占有较为特殊的地位。鲁国之封，其分器之多、土地之广、人口之众，在周初诸封国中，除了卫、唐二国外，实非其他国可比。只要鲁国能站稳脚跟，周王朝在东方便无边防之忧了。

鲁国建立后，鲁公伯禽继续对鲁国周围的淮夷、徐戎等少数民族用兵，这在《尚书·费誓》里有所记载。伯禽在出兵以前，大誓将士说：

> 嗟！人无哗，听命。徂兹淮夷、徐戎并兴。善敹乃甲胄，敿乃干，无敢不吊！备乃弓矢，锻乃戈矛，砺乃锋刃，无敢不善！今惟淫舍牿牛马，杜乃擭，敜乃穽，无敢伤牿。牿之伤，汝则有常刑！马牛其风，臣妾逋逃，勿敢越逐，祗复之，我商赉汝。乃越逐不复，汝则有常刑！无敢寇攘，逾垣墙，窃马牛，诱臣妾，汝则有常刑！

甲戌，我惟征徐戎。峙乃糗粮，无敢不逮；汝则有大刑！鲁人三郊三遂，峙乃桢干。甲戌，我惟筑，无敢不供；汝则有无余刑，非杀。鲁人三郊三遂，峙乃刍茭，无敢不多；汝则有大刑！

在发兵淮夷、徐戎前，伯禽大誓将士说："现在这些淮夷、徐戎同时起来作乱。好好准备你们的军服头盔，系结你们的盾牌，不许不准备好！准备你们的弓箭，制造你们的戈矛，磨利你们的锋刃，不许不准备好！在战斗过程中不准伤害牛马，也不准乘机乱抓走散的牛马或者偷窃别人的牛马，你们必须把这些战利品都归还原主。战斗胜利以后，更不准私自闯入别人的家里去抢劫财物。如果有谁敢违犯我的命令，就要受到严厉的惩罚。鲁国郊外的人们，你们要准备好干粮和版筑用的木柱、木板，早日建筑与徐戎对垒用的城墙，谁要是耽误了我的大事，我就把他处以死刑！"经过征战，淮夷、徐戎被打败以后，鲁国在奄国旧地的统治就更加巩固了。

另外，北燕也为周初封国。召公奭始封于河南召陵，武王灭商以后，被改封在远离岐周的北燕，都城设在今天北京西南一带。《史记·燕召公世家》说："周武王之灭纣，封召公于北燕。"召公奭本人未就封，《史记索隐》说："召者畿内采地，奭始食于召……后武王封之北燕……以元子就封，而次子留周室，代为召公。"这是说北燕始封于武王灭纣之后。然而，这种说法是不对的。因为北燕今已证实在今河北省的北部，周武王克商时该地仍系商人的势力范围，非周人所能控制。所以，封北燕只能在周公平武庚乱之后。[①]

《逸周书·作雒解》记载周公东征，管、蔡败亡，"王子禄父北奔"。大概当时武庚禄父见大势已去，乃逃奔属于商的北方同族方国。周公擒杀武庚于北土，于是这一带才真正纳入周人的统治范围。召公的大儿子到燕地主持国政，为第一代燕侯，而召公仍留在镐京身居三公要职。周公摄政时，召公为太保，负责管理西部地区，周公负责管理东部地区。周公权力的增大，曾引起召公的怀疑。周公为召公列举商

---

① 参见王玉哲著：《中华远古史》，上海人民出版社2000年版，第534页。

朝太戊时有伊陟、臣扈和巫咸，祖乙时有巫贤，武丁时有甘盘等贤臣良佐的例子以剖明自己的心迹，恳切地为他讲解历史上的这些大臣虽然权力很大，但并没有危害这几位商王的地位，反而使商王朝大治。周公向召公表示：自己也要像这些人一样帮助成王治理好天下。这一切消除了召公对周公的疑虑。在第二次东征的过程中，召公与周公、太公一起，对平定武庚的叛乱和徐、奄等国的反抗起到了很大的作用。关于这段历史，《史记·燕召公世家》中曾有如下记载：

> 召公奭与周同姓，姓姬氏。周武王之灭纣，封召公于北燕。
>
> 其在成王时，召公为三公：自陕以西，召公主之；自陕以东，周公主之。成王既幼，周公摄政，当国践祚，召公疑之，作《君奭》。《君奭》不说（悦）周公。周公乃称"汤时有伊尹，假于皇天；在太戊时，则有若伊陟、臣扈，假于上帝，巫咸治王家；在祖乙时，则有若巫贤；在武丁时，则有若甘盘：率维兹有陈，保乂有殷"。于是召公乃说（悦）。
>
> 召公之治西方，甚得兆民和。召公巡行乡邑，有棠树，决狱政事其下，自侯伯至庶人各得其所，无失职者。召公卒，而民人思召公之政，怀棠树不敢伐，歌咏之，作《甘棠》之诗。

总之，周公第二次克商后，为了巩固周王朝的政权，在其军队到达的广大东方和北方，建立了鲁、齐、卫、唐和燕等众多诸侯国家，遥相呼应，成掎角之势。这种分封措施，一方面用以镇抚远方的异族，一方面也作为周王朝的藩屏，"为周室辅"，由此而奠定了周王朝八百年统治天下的基础。通过大规模的分封，周王朝将原来商王朝的统治地区分割为星罗棋布的大小诸侯国。原来的殷商遗民，也被成族地赏赐给各主要诸侯国的统治阶级，成为周王朝诸侯国的新居民，从而使反周力量被肢解。在难以控制的东部与北部地区，随着徐、奄、薄姑等商遗民反抗的失败，也逐渐被周公、太公望、召公这些拥有强大政治和军事力量的大臣所控制。东方的齐、鲁两国和北方的燕国，成为保卫西周王朝中心地区的一道屏障。自此，周王朝改变了在武王灭商后一段时间"天下未集"的统治不巩固局面，成为一个疆域超过商王朝的"溥天之下，莫非王土；率土之滨，莫非王臣"的泱泱大国。

三、周封邦建国之重要意义

周代政治制度是由以封建制为基础的一整套庞大的政治体系构建而成的。这套政治制度主要包括分封制、礼乐制以及在二者基础上建立起来的一整套详细而庞杂的宗法制度。封建制的意义，主要体现在"大邦维屏，大宗维翰，怀德维宁，宗子维城"[①]上面。也就是说，诸侯国是天下的屏障，宗族是天下的栋梁，德政是安定的保证，嫡子是天下的城墙。这种通过封建制度，将周政权与整个国家牢固地连接在一起，"较好地解决了中央与地方之间的关系问题，弥补了夏、商两代所暴露出来的中央对地方控制十分薄弱的缺陷。它对于维护一姓之天下在一定时期内的有效统治而言，也不失为一种较为明智的选择"[②]。

西周原是一个西方小国，推翻商王朝以后，面临着如何统治一个文化比自己高、潜力较自己大的种族的问题。一方面是西周王朝兵力的单薄，另一方面则是新征服地区地域的辽阔和人口的众多。新降服的种族大都保持了原有部落血缘集团的组织形式，随时可利用聚族而居的特点进行反抗。在这样一种形势下，西周王朝一方面汲取了殷人内服制统治的经验，即打乱商人的原有行政组织系列，派官员直接进行管理；另一方面把这种统治方式推广到外服地区。如西周初年大分封时就将殷遗民所在的方国组织形式打乱，将他们以更小的宗族或家室为单位分赐给受封诸侯。

在地方行政体制上，西周王朝实行分封制度。分封制度并不为西周王朝所独有，而是早期社会中一种为协调统治阶级利益而建立的制度，即一种君王向诸侯、诸侯向卿大夫"授民授疆土"以建立邦国的政治制度。但这一制度到西周时期发展到成熟、严密和完善的程度，还有宗法制度、礼乐制度等与之配套，并加以保证，成为

---

① 《诗经·大雅·板》。
② 辜堪生、李学林著：《周公评传》，四川大学出版社2006年版，第129页。

一种新型的中央与地方的关系。

西周王朝除留下王畿的一部分地区由王室直接管理外，将王畿以外地区实行分封，即对王族成员、功臣姻亲和传统贵族"授民授疆土"。诸侯接受土地和人口后，也将其中一部分划归自己作为家族"公族"的财产，而将其余部分分授给卿大夫。卿大夫接受土地和人口后，不一定再行分封，而是仅将一部分土地依次分给自己的子弟、亲属和家臣作为份地。经过不同层次的分封，西周王朝形成了等级结构的国家群。分封制不仅在王畿以外推行，而且也在王畿以内贯彻。西周王畿很大，周王为调动朝官的积极性，常将王畿空地作为职田，连同其人口分封给内服高级官员。

分封诸侯的目的是拱卫中央王朝，故天子和诸侯之间存在着一定的权利义务关系。诸侯尊周王为天下共主，周王则赐给诸侯一定的爵位。诸侯要承担各种义务，如镇守疆土、交纳贡赋、随王出征、定期朝觐、派人为王室服役等等。诸侯国的内部事务，如重要官员的设置、城堡的大小等方面仍受周王约束。反过来看，周王也要对诸侯提供保护，解决列国之间的争端，协调各级封君之间的关系。从以上诸方面看，诸侯兼有地方行政长官的性质，但是也保留有相当大的独立性。他们在自己的封地内可以设官分职，征收赋税，并且拥有自己的武装力量，在民政、军务、人事诸方面均有相当大的自主权。

西周时期分封制度达到成熟和完善，一方面是分封制度本身趋于成熟和完善，即对分封的范围、仪式、依据和原则等方面规定得十分详明；另一方面则是宗法制度、礼乐制度等配套制度的成熟和完善。分封制度所表现出来的是以周天子为首的等级名分制度，宗法制度从血缘关系、文化习惯、思想观念价值上去维护这种制度，礼乐制度则从行为上去维护这种制度。[1]

成康之世，才是西周王朝大规模封邦建国的时期。东方的叛乱平定了，姬姜的诸侯在东方巩固了周公东征的成果。"昔武王克殷，成王靖四方，康王息民，并建母弟以蕃屏周。亦曰吾无专享文武之功，且为后人之迷败倾覆而溺入于难，则振救

---

[1] 参见虞崇胜主编：《中国行政史》，高等教育出版社1999年版，第24、25页。

之。"① 由这段话看，成康之时实为周人"封建亲戚"的时代。在政权用国家力量实行封邦建国这一过程中，周人以长治久安为目的，以分封制为基石，创建了发达的、打破夏商以来部族方国结构的社会桎梏的政治文明新时代。

成康之世，周人的封建，大约只用在中原，亦即殷商旧地，加上在东方与北方开拓的疆土，如齐燕诸国，往南则不过及于淮汉一带，所谓汉上诸姬。周室封建事业大成于成康，则说明了所谓封建亲戚，以藩屏周室，属于周初建国工作的一部分，并不是在后世仍继续进行推广的常制。周人与姜族的封君，大部分在成康之世就已经建国了。即使后世仍有少量新封国出现，如郑国，其数量实不能与周初所封的等量齐观。这一现象特有的时间性，对于理解封邦建国的性质应有所启示。②

秦始皇统一中国以后，朝廷内就推行分封制还是郡县制展开了激烈争论。其中多数官员坚持继周制实行分封制的立场，李斯则力排众议，坚持推行郡县制。他从周代分封，最终导致"诸侯更相诛伐，周天子弗能禁止"的事实，说明分封之不可行。但推行郡县制的秦王朝却是一个历二世而亡的短命王朝。秦的速亡，导致汉高祖刘邦在消灭了异姓王之后，大量地分封自己的子侄为同姓王。汉初同时又推行郡县制，形成了郡国并行的局面。到汉武帝时，一些同姓封国强盛起来，爆发了"七国之乱"。平息叛乱以后，汉武帝削去了分封诸侯王的全部权力，规定他们不得"治国"。这种分土不治民的做法，使分封国变成了郡县。汉武帝采纳主父偃的建议，推行"推恩令"，允许国王分城邑给自己的子弟，使大国变成很多小国。这样，中央集权得到了加强。

西晋王朝建立以后，晋武帝司马炎也认为魏亡是由于帝室孤立，没有力量制约权臣的结果。加之陆机等人也强调"古之王者，必封同姓，以明亲亲，必树异姓，以明贤贤"，这就导致西晋大封同姓王，先后共有五十七人被封。结果事与愿违，晋武帝死后不久，就爆发了历时四年之久的"八王之乱"。这次大动乱造成了社会经济的

---

① 《左传·昭公二十六年》。
② 参见许倬云著：《西周史》，生活·读书·新知三联书店 2018 年版，第 160 页。

极大破坏，并由此引发了以后中国长达三百年的大分裂。因此，西晋的宗法式分封，并未带来当年周公分封那种理想的效果，相反，却带来了十分严重的恶果。

唐代初期，在推行分封制还是郡县制上也有过激烈争论。宰相萧瑀认为，"三代封建而长久，秦孤立而亡"，建议实行分封制，但遭到大多数官员反对。唐太宗本想推行分封制，但碍于群臣的反对无法立即付诸实施。不过，在公元631年2月，他还是分封了一批皇室宗亲为王，此后又陆续分封了几十人为王。武则天建立武周政权以后，也大封武氏亲戚为郡王。唐代中后期，藩镇割据势力壮大，于是分封论再度出现。柳宗元写下《封建论》，总结秦汉以来关于地方分权和中央集权的争论，批驳了分封论。

明朝初年，朱元璋出于对异姓功臣的猜忌，提出了一个分封诸子为王的冠冕堂皇的理由，即"天下之大，必建藩屏，上卫国家，下卫生民。今诸子既长，宜各有爵封，为久治长安之计"，[①]前后封皇子二十三人为亲王，叔父、侄子十五人为王，共三十八王。诸王在封地设王府，并设置官属，护卫甲士少者三千，多至一万九千人。诸王地位高于朝中大臣，公侯、大臣见了他们都要下拜。明代规定皇子都封为亲王，受封亲王共计六十二人。亲王嫡长子立为王世子，长孙立为世孙，世代承袭亲王之位，其余诸子封郡王。郡王嫡长子承袭郡王之位，其余诸子封镇国公。其下依次封为辅国公、奉国公、镇国将军、辅国将军、奉国将军、镇国中尉、辅国中尉、奉国中尉等，都按嫡长子继承、次子以低一等分封的办法延续下去。由此可见，明初朱元璋对周公的宗法式分封的仿效已达到极为神似的程度。朱元璋把自己最信任的儿子分封到边防重镇，让他们手握重兵。朱元璋死后，当继位的建文帝打算削藩时，燕王朱棣已是"尾大不掉"，终于举兵反叛中央王朝，经过三年的"靖难之役"，推翻了建文帝政权。朱棣上台以后，对藩王的权力加以限制，削除了藩王的兵权。有明一代，规定这些皇族不能参加科举考试，不能做官吏，也不许他们务农经商，他们完全变成了"寄生虫"。一些地位高的皇族，不受法律约束，几乎无恶不作，完全

---

① 《明太祖实录》卷五十一。

成了社会的祸害。虽然明代分封制在宗法统系上与周公时代几乎完全一致，但并没有全面恢复到周公时代的水平。在政治权利、地位上，受封诸侯根本无法与周代诸侯们相提并论。相反，其恶果很多。这表明，宗法式分封制在高度君主专制的中央集权的封建社会后期已经愈来愈不合乎时代的潮流，分封制由此从中国政治舞台上逐渐消失。

然而不管怎样说，周初大规模的分封不但使中国早期的国家制度向前发展了一大步，而且又因为宗法关系的政治化而导致宗法制度的完善与发达，这深刻地影响了后来中国的历史与民族的文化习性。

第八章　中华政治大一统的奠基

西周推行的宗法制度不仅解决了嫡长子王位继承的问题，为周王朝统治集团提供了权力继承和更迭规则，降低了权力转移时政治震荡的频率，而且还协调了各级封君之间的关系，起到稳定整个王朝统治秩序的作用。将嫡长子继承大宗的原则扩展到所有封君（诸侯、卿大夫）中去，以此理顺各级封君的关系，明确宗子与别子、大宗与小宗之间主干与枝叶的宗法系统，是一种君臣关系同构、家国关系同构的新型政治模式。这种制度大大增强了西周王朝统治集团政治上的认同感，有效提高了行政治理的效能，使得君臣民在对家族的认同中同时形成对国家的认同，从而达到了家国同构的治理效果。

一、宗法制度

随着生产力的发展,氏族民主制的瓦解和国家的出现成为必然,剩余产品的出现和阶级的分化为国家的产生奠定了物质和政治基础。在私有观念已经发展起来的社会,再也无法继续用氏族社会那套原始民主的方法来调节氏族、部落之间的矛盾,氏族的民主管理制度走到了尽头,需要一种超越社会之上、带强制性的公共权力机关来重新调节人们的行为,这便是国家。

夏王朝是在部落联盟的基础上将部落联盟的管理体制加以改造而建立起来的一种新型国家。这种改造的关键环节是将部落联盟领导集团通过民主推选军事首长的"禅让制"变为王位继承制,从而把原先民主制基础上的"公共权力"变为一种凌驾于社会之上的强制性"公共权力"。

不过,有夏一代,中国政治虽然已经步入了国家门槛,但因为处于草创与探索阶段,国家机器尚十分简单,中央政府并不向归属于它的氏族组织直接派遣官吏,而是利用原有氏族和部落的血缘关系,由原来的酋长治理。其余部落与夏国家的关系,由部落联盟关系转变为朝贡关系,即一种名义上的隶属关系,实际上各部落与夏国之间的纽带十分松散,并不是如今日之中央与地方这般的政治体制。因此,夏代政治具有相当浓厚的血缘关系色彩,也兼具一定的宗法政治的特点,但中央与地方的关系极为松散,地方对中央王朝的关系主要表现为纳贡。

宗法起源于商代,在殷墟卜辞中,我们可以见到"大宗""小宗"的说法,这些"大宗""小宗"是指宗庙,而且是专指合祭先王神主所设的宗庙。另外卜辞中还有"大示""小示""下示""上示"。大示、小示与大宗、小宗是不同的。大示与上示义同,是指上甲与大乙、大丁、大甲、大庚、大戊五个日名前冠以"大"字的先王神主,而小示是旁系先王的神主,下示是指中丁以后的直系先王。在这种集合神主宗庙中,对神主按位置次序进行排列分类。这些现象说明了在殷商时代已基本产生了宗法制度的雏形。

与刚刚迈入文明时代门槛的夏王朝相比，商王朝的政治管理水平明显有所提高。商王朝在政治体制上采取了"内服"和"外服"相结合的统治方式。"内服"是指王畿以内的地区，由商王直接进行统治，设有"百僚"和"百辟"等官职，具有较多的地缘关系特征。"外服"是指王畿之外的分封地区，受封者有商王诸子，也有功臣和夷族首领。分封诸侯有自己的统治机构和地方武装，他们接受商王的统治与封号，其封国可以世袭。他们有为商王戍边、随王出征、纳贡服役、朝觐祭祀等义务。同时，分封诸侯们在其领地上有高度自治权。商代政治带有一定的宗法色彩，特别是在商代后期更为明显。只是由于商王朝最高统治者们始终相信君权神授，总是动辄以上帝的意志作为镇压方国反抗的依据，因此，他们并不把血缘关系这个维系统治集团内部团结的特殊纽带作为政治生活的第一要素。这样一来，商代政治表现为只具有宗法制度的初级形式，还远未达到成熟的阶段。

　　夏朝开创了"家天下"的局面，建立了王位世袭继承制度。但据《史记·夏本纪》载，夏朝王位继承顺序并无严格规定，基本是以传子为主，辅之以传弟。商朝前期，其行政体制基本上沿袭夏朝，在王位继承上缺少详细的规定，基本上是一种兄终弟及制，兄死弟继，直到同辈之弟全不在世时，再由长兄之子继承，以此类推。这一继承方式中潜伏着动乱因素，造成商朝前期"废嫡而更立诸弟，弟子或争相代立"的王位争夺，即商前期历史上的"九世之乱"。盘庚迁殷后，吸取前朝有关经验和教训，变"兄终弟及"制为王位王子继承制，即由家族占有王位缩小到王的直系占有王位。有关王位继承顺序的这一演变，较好地解决了最高统治权的顺利交接问题，避免了因内部权力斗争而危害整个王朝的统治[①]。

　　西周初期，周人的血缘组织基本上没有解体。"小邦周"战胜"大邑商"以后，周人难以对辽阔的疆土进行牢固的统治。在这种危急的局势之下，周武王和周公选择了以维护血缘关系为目的的宗法制度。

　　周公之所以选择宗法政治，也是怀疑天命论所产生的必然结果。由于把上帝与

---

① 参见虞崇胜主编：《中国行政史》，高等教育出版社1999年版，第19页。

祖先神灵分开，神的地位和作用大大下降，于是氏族、部落间的血缘关系就成了政治生活中的最高权威。因此，维系人们原有的血缘关系，就有助于"保民"。为了达到这一目的，周公把商代后期已得到初步发展的宗法制度加以完善，使之最终定型，确立为周代政治制度的核心内容之一。

今天，我们已不可能直接找到周公对于宗法制度的论述。但在《左传·文公十八年》中，鲁人提到"先君周公制周礼"，并引了周公所制周礼中的一句话。由此可知，周礼确为周公所创。虽然我们已知流传下来的《周礼》《仪礼》《礼记》等书并非周公当年亲自编定，但它们的确源于周公，这已是不争的事实。这些典籍中关于宗法制度的记载，大体上反映了周公当初的治理思想，成为我们研究周公宗法政治思想的主要资料来源。

所谓宗法，就是以家族为中心，按血缘关系远近区别嫡庶和亲疏的法则。周公所制定的宗法政治制度主要包括嫡长子继承制、分封制和宗庙继承制等。

商代后期确立的王子王位继承制并未完全解决王位继承的顺序问题，真正解决这一问题的是西周时期确立的嫡长子继承制。商代后期已出现嫡庶分别，但仅是萌芽而已。周文王之时正式确立世子之制，即文王在位期间即指定武王作为自己的继承人。在这以后，逐渐出现了一些成文制度，即"立嫡以长不以贤，立子以贵不以长"[①]的原则。这一原则通过西周初年加以完善的宗法制度而最后确定下来。

事实上，宗法制度的核心问题就是通过血缘亲疏及长幼辈分的血族观，保证嫡长子继承王位。即在嫡庶所生诸子中，必须确定嫡正所生之子的优先继承地位，而在诸嫡子之中，又必须确定长子的优先继承地位。这一客观的标准使继承人的资格被限制在一个人身上，其他诸王子不敢冒天下之大不韪而争夺王位。这为统治集团提供了权力的继承和更迭原则，降低了权力转移时政治震荡的频率。

嫡长子继承制确立了嫡长子在继承权力、财产和主持祭祀等方面相对于其他兄弟的优先权。按今天的观点看，它所反映的是一种法律关系。但在周初，平民和奴

---

① 《春秋公羊传·隐公元年》。

隶是没有什么东西可以传给后代的，因此它主要是周代贵族在进行权力分配时的一种政治规则，尤其是处理周天子与诸侯之间的关系时所必须遵守的规则。

在周代的分封制中，就充分地体现了这一点。

在周初主要由周公所大力推行的分封制，其实际意图就在于以宗法为核心，按照血缘关系的亲疏远近"封藩建卫"。按照分封规则，周天子是天下大宗，他的嫡长子为宗子，是王位继承者。庶子是小宗，但在其封国内又是大宗。庶子的嫡长子继承封国，其余诸子被封为卿大夫。卿大夫分得土地作为采邑（同时也得到附属于土地上的民众）。卿大夫的嫡长子继承其采邑，其余诸子又被封为士。卿大夫对诸侯而言为小宗，对其所封之士而言又为大宗。这样，逐级分封，确立彼此间的隶属关系，自下对上承担一定义务。比如，诸侯向周天子担负镇守疆土、捍卫王室、交纳贡赋、朝觐述职等义务。

从表面上看，商、周分封制是相同的，其实二者是不同的。周公所推行的分封制是建立在相当完备的宗法制度基础之上的。从政治关系看，周天子成为天下共主，对诸侯直接进行控制，不同于商朝商王与封国诸侯的宗主式关系。从宗法关系看，周天子是天下的大宗，君主之位由嫡长子世代继承，永葆大宗地位，这就避免了商代在王位继承权上的混乱状况。这样一来，通过宗法式分封，周代最高统治者就实现了政权、族权和神权三者的紧密结合，这不能不说比之于商王朝又高明了许多。

另外，从西周分封的实际情况来看，周王朝也的确体现了宗法政治的基本原则。

周代分封，以周公东征胜利以后的规模为最大。周公所分封的诸侯，有同姓、异姓和黄帝等古帝王之后三种。据《荀子·儒效》记载，共封七十一国，其中姬姓独属五十三个。姬姓受封者为周文王、武王、周公之后，或为周王之兄弟，皆为同族。异姓功臣主要为姜姓。姜子牙（吕尚）不仅为功臣，也是周王室的姻亲，与周王室有深厚的血缘关系。如此看来，受封的绝大部分诸侯，均与周天子有血缘关系。

分封制度的基本原则，使周族的成员及其亲属在政治权力以及其他利益的分配中都依据其宗法血缘关系的亲疏远近而不同程度地得到了好处，他们几乎都成了整个统治集团的一员。这样，他们之间的血缘关系不但没有因为胜利后的利益分配不均而遭到削弱，反而因共同利害关系而得到了较为巩固的维系。周公通过封邦建国，达到了增强周人内部凝聚力的目的，成功地巩固了政权。周天子在较长时期内始终保持着很高的权威，成为全国土地的最终所有者和"王畿"之地的实际拥有者。周天子有极大的权力，凡政治、经济、军事、宗教、司法、礼仪诸方面的大事，都由周天子决定，即"礼乐征伐自天子出"。周王对不履行义务的诸侯，可以采取削减封地、降爵、甚至以武力消灭等措施。这种以血缘关系为基础而建立起来的天子权威，在西周建立以后的较长时间里都未受到过真正的挑战。

宗法制度不仅解决了嫡长子继承王位的问题，为周王朝统治集团提供了权力的继承和更迭规则，降低了权力转移时政治震荡的频率，而且还协调了各级封君之间的关系，起到稳定整个王朝统治秩序的作用。即将嫡长子继承王位的原则扩展到所有封君（诸侯、卿大夫）中去，以此理顺各级封君的关系，明确宗子与别子、大宗与小宗之间主干与枝叶的宗法系统。这样就增强了统治集团政治上的认同感，提高了统治的效能，在家族的认同中形成国家的认同，以便达到对国家的有效治理。

另一方面，宗法政治也存在着明显的弱点。随着时间的推移，受封诸侯们与天子之间的血缘关系越来越疏远，这就势必导致血缘纽带的松弛。自春秋以来，周王室对诸侯逐渐失去约束力，昔日威风八面的天子已不再是天下共主，而一些强大的诸侯国，却"挟天子以令诸侯"，打着"尊王攘夷"的旗号，争夺霸主的地位，迫使各国向霸主交纳贡赋，获取本应由周天子享受的政治和经济特权。自周平王东迁之后，在长达五个世纪之久的时期内，周王朝已名存实亡。其军队由六师减少到两师、一师，直到不足一师，王畿之地不足原来的一半，从实力和地位上已衰落为一个诸侯小国。公元前256年，周王朝终于彻底灭亡。这表明，仅仅依靠以血缘纽带为基础而进行的宗法式分封，是不可能使一姓之天下世世代代永远传下去的。

然而，我们必须看到，周公的宗法政治思想及其实践，对中国古代社会产生了长期的影响。祖述周公的儒家学派始终倡导对宗法制度的维护。自汉武帝"罢黜百家，独尊儒术"以后，儒家思想长期居于正统学术思想的地位。这就使宗法制度在民间得到更为广泛的推行，在中国社会中形成了始终是由血缘纽带维系着的宗法组织——

家族，家族充当着中国社会的基石。在西汉至南北朝时期，由于推行了保护门阀世族的九品中正制和占田制，一些宗法豪强势力崛起，在全国各地形成了一大批豪门世族。特别是在魏晋南北朝时间，因战乱频繁，统一的中央政权长期缺位，造成世家大族横行乡里、独霸一方，形成了一个个集宗法权力和政治权力于一体的血缘组织。隋唐以来，随着科举制与均田制的推行，门阀世族遭到毁灭性打击，并逐渐绝迹。但从北宋以后，在宋明理学的大力倡导下，宗法制度又在新形势下卷土重来。宋儒把周公所确定的宗法制度理想化，主张重建古代宗族组织，于是在中国民间自发组成了以男系血统为中心的宗族共同体。这种新的宗法组织既不同于西周时期的政治关系、血缘关系和人神关系高度统一的宗法制度，也不同于东汉以后的门阀世族及宗法豪强的那种政治形态，而是普遍在民间存在的宗法家族，它更具有大众性、普及性、文化性、长久性。这种民间宗法家族在宋以后的中国封建社会后期存在了七八百年的时间，成为传统中国社会政治生活中的一种基本社会单元[1]。

二、家国同构

礼制是维护宗法关系和政权运转的一系列等级制度。从西周开始，统治者依照血缘的亲疏远近及政治地位的高低不同而分成许多等级，反映这种等级关系的便是礼制。

礼制的本质是社会分层、分级的产物，它的产生大约是在新石器时代中国进入阶级社会之后。在新石器时代，玉器中玉钺、玉琮、玉璧处于非常突出的地位，是各地区文化遗存中常见的器物。钺是军队的象征，而琮则是神权的象征，在巫政结合并产生特权阶级的玉琮时代，琮是巫师借以通天地的法器，其意义作用十分重大[2]。从史前良渚文化出土的墓葬来看，它只出土于大墓之中，可以肯定当时只有贵

---

[1] 参见辜堪生、李学林著：《周公评传》，四川大学出版社2006年版，第126—130页。
[2] 参见张光直：《谈琮及其在中国古史上的意义》，《文物与考古论集》，文物出版社1986年版。

族才能使用玉琮。良渚文化中的琮有许多形态，但大致可分为两类：一类较粗矮，上面往往有比较精细的花纹；另一类较细高，往往被分为许多节，花纹简单，玉质也较差。这大概是等级的反映。《考工记·玉人》说："璧琮九寸，诸侯以享天子……驵琮五寸，宗后以为权。大琮十有二寸，射四寸，厚寸，是谓内镇，宗后守之。驵琮七寸，鼻寸有半寸，天子以为权……瑑琮八寸，诸侯以享夫人。"从这里可知，周代不同的等级所用琮璧大小各有不同，反映了周代礼制等级关系的繁杂和严格，而在良渚文化时期则没有这么复杂、严格。周代把夏商以来的不平等原则法律化、神圣化，普遍推广开来，用来调整人与人之间的社会关系；另外把这些仪式固定化，形成一系列的制度，显得更加森严、庄重，并行之于各种场合，这就是礼制。

在先秦文献中，"礼"和"仪"二字常常连用。《诗经·小雅·楚茨》有"礼仪卒度""礼仪既备"。因礼和仪常连用以至于有人认为"礼""仪"同义，这是不对的。周礼中礼、仪区别甚严，"仪"是形式，礼是本质内容。《左传·昭公五年》说："晋侯谓女叔齐曰：'鲁侯不亦善于礼乎？'对曰：'鲁侯焉知礼！'公曰：'何为？自郊劳至于赠贿，礼无违者，何故不知？'对曰：'是仪也，不可谓礼。'"这就是说，"郊劳"和"赠贿"只是"仪"，也就是礼的形式，而不是礼的内容。

那么，礼的内容是什么呢？《礼记·郊特牲》说："礼之所尊，尊其义也。失其义，陈其数，祝史之事也。故其数可陈也，其义难知也。知其义而敬守之，天子之所以治天下也。"由此可知，在周礼中，礼的"义"是很难了解的；而一旦了解礼的义——内容，并且牢牢地遵守它，天子便可以治理天下了。

周礼实际上包含两个方面的内容：一是亲族血缘方面的关系，前人称之为"亲亲"；二是社会政治方面的关系，前人称之为"尊尊"。在礼仪等级制度中，"亲亲"讲的是亲族宗法制度，"尊尊"讲的是贵族爵禄制度。前者是亲属关系，后者是政治关系；前者是宗统，后者是君统。亲亲与尊尊贯彻着严格的等级制原则，它是周代统治者维护统治的工具。凭此工具，统治阶级可以维护从士到天子卿大夫范围之内整个统治阶级的利益和秩序。《礼记·中庸》说"亲亲之杀，尊贤之等，礼所生也"，讲的就是这个道理。因为礼只对贵族阶级而言，庶人以下的阶层则无礼可言，故《礼记·曲礼上》说："礼不下庶人，刑不上大夫。"就是说，礼与刑都各有应用的范围，礼只在庶人以上阶层运用，庶人阶层以下则不用礼仪；刑法只用在大夫阶层以下，大夫阶层以上则不用刑法。这也与"劳心者治人，劳力者治于人"的价值原则基本一致。

总之，宗法制度反映了周代统治阶级亲族内部的等级秩序与继承制度，它是一种家国同构的政治模式。

在西周时期，以家国同构为特征的宗法制度已经十分健全。在这种宗法制度下，周天子自为大宗，世世相传，每代天子都是嫡长子继承父位而为第二代天子，奉戴始祖，这就是"大宗"。其同母弟和部分庶母弟分封为诸侯，这些诸侯对周天子则为"小宗"。每一代诸侯也是由嫡长子继承父位为第二代诸侯，奉始受封的始祖为"大宗"。而诸侯在他所受封的封疆之内册封其子弟、姻亲为卿大夫，这对诸侯来说是"小宗"。每代的卿大夫也是由嫡长子继父位为第二代卿大夫，奉始祖为"大宗"，他的诸弟受田为"士"，为"小宗"。士的嫡长子为士，其余诸子则为庶人。除周天子这一大宗之外，其余的大小宗均是相对而言。诸侯对天子是小宗，但在本国则为大宗；卿大夫对诸侯为小宗，但在他的族内却为大宗。大宗必为始祖的嫡长子孙，而小宗则或宗其高祖，或宗其曾祖，或宗其祖，或宗其父。《礼记·大传》说："有百世不迁之宗，有五世则迁之宗。"继承始祖的嫡长子孙代代相承，永远供奉始祖，所以大宗"百世不迁"，永远是大宗；而一个大宗之内的小宗不断繁衍，越来越多，到了第五代就必须分出一些子孙，另立门户。故《礼记·丧服小记》说："别子为祖，继别为宗，继祢者为小宗，有五世而迁之宗，其继高祖者也。是故祖迁于上，宗易于下，尊祖故敬宗，敬宗所以尊祖祢也。"别子是对嫡长子而言，也就是嫡长子之弟。"别子"的宗子世世代代继承下去，所以说"继别为宗"，这新立的宗对后世子孙来说是大宗。别子的地位是不变的，别子之子，除嫡长子之外，而且亦未受封的话，只能是小宗，这小宗是五世而迁。也就是说，过了五世，同族人分离，不服丧服，不再认为是同族关系。所以说，"宗其继高祖者，五世则迁也"，"有五世而迁之宗，其继高祖者也"。每个人有自己的父、祖、曾祖、高祖，因此"祖迁于上，宗易于下"。而且，宗法制规定，一旦变为庶人，则体现礼制精神的宗法关系也就被取消了。《礼记·丧服小记》说："庶子不祭殇与无后者，殇与无后者，从祖祔食。庶子不祭祢者，明其宗也。"依此可知，庶人被取消了祭祀的所有权力，大概庶子中除个别任一定职位并受封者外，实已等同于庶人，而周礼规定："礼不下庶人"，所以庶人祭祀的权利被取消得一干二净。

周礼中宗法关系与政治关系是结合在一起的，也就是说，宗统与君统是合二为一的。《诗经·大雅·板》云："大邦维屏，大宗维翰。"可见天子是以宗法关系来统率同姓诸侯的，并把这些同姓诸侯国作为周天子王畿的屏障来看待，反映了宗统与君统的高度统一。汉儒曾把君统与宗统分开，谓"诸侯不敢祖天子，大夫不敢祖诸侯"①，是不对的。《左传·文公二年》说"宋祖帝乙，郑祖厉王"。《左传·襄公十二年》又说："是故鲁为诸姬，临于周庙；为邢、凡、蒋、茅、胙、祭，临于周公之庙"，正是诸侯以天子为祖的例子。在周人眼中，周天子是天下共主，也就是同姓诸侯与王朝卿士的大宗；而诸侯在其封国之中，也是同姓各宗族枝叶的大宗主干。周人之所以称镐京为宗周，大概是认为姬姓诸侯的大宗是在这里命名的。陕西出土的盠驹尊铭文中说"万年保我万宗"，而盠作的另一盠方彝铭文中则说："万年保我万邦。""万宗"是对宗统而言，"万邦"是对君统而言，由此亦可见周代宗法关系与君臣关系之统一②。

周代以宗法与礼制为典型特征的家国同构的政治模式，在实行了三百多年后也遇到了不可克服的危机。这就是随着亲戚血缘关系的疏远与变化，这种"亲亲""尊尊"的统治方式已经无法再像从前那样维持下去了。公元前770年周平王以后，周天子至高无上的统治地位开始下降，诸侯一天天强大起来。"礼乐征伐自天子出"的时代已经一去不复返了。

---

① 《礼记·郊特牲》。
② 参见郑师渠总主编，王冠英主编：《中国文化通史》（先秦卷），中共中央党校出版社2000年版，第257—260页。

在西周，依宗法关系，天子为"大宗"，诸侯为"小宗"，卿大夫为"小宗"的"小宗"，形成了宝塔式的权力结构，天子则在这个权力结构的最上层。天子统治诸侯，诸侯统治卿大夫，卿大夫统治士，一系列的礼乐制度以及日常生活的用具用品也形成不同的等级。而到春秋时代，随着社会经济的发展，卿大夫世族的力量日益扩大，由于公室衰败，而卿大夫这些"小宗"由于宗族枝叶越来越多，越来越大，便逐渐变成了势力强大的"大宗"。

春秋战国时期宗法制度和礼制的崩坏原因是典型的"尾大不掉"。由于诸侯在经济军事方面的力量越来越强，可以吞并小国，征伐其他诸侯国家，天子无力干涉，天子统治天下的时代成为过去。随着卿大夫在经济、军事方面的力量越来越强大，依附卿大夫的民众越来越多，于是诸侯大权旁落，卿大夫专政的局面便形成了。

卿大夫阶层经济和政治实力的不断增强，反映了宗法分封制自身存在着致命的痼疾。按照宗法关系所实行的分封，君主对臣下"胙之土而命之氏"，他们实际上也成了有土地、有宗族的封君。他们一旦建立了自己的宗族，尽管他们对大宗君主的诸侯是小宗，但在自己的小宗族中却成了本族的大宗宗子，在封地之中是有经济、政治甚至军事实权的君主。在卿大夫这块封地之中，诸侯对经济、政治方面都没有力量直接去支配。卿大夫可以在他得到的封地中筑城并建立宗庙，对这块封地上的私臣、私徒属有至高无上的权威，诸侯君主无权干预卿大夫对自己封地上私臣和民众的处理和统治权。例如《左传·昭公二十八年》说："晋祁胜与邬臧通室，祁盈将执之，访于司马叔游。叔游曰：'《郑书》有之：恶直丑正，实蕃有徒。无道立矣，子惧不免……姑已，若何？'盈曰：'祁氏私有讨，国何有焉？'遂执之。"祁盈是晋国卿大夫，他代表自己祁氏家族要逮捕祁胜与邬臧，去向司马叔游征求意见，叔游建议他放了这二人。祁盈说"祁氏私有讨，国何有焉"，杜预注云"言讨家臣，无与国事"。依祁盈看来，祁胜和邬臧是他自己的家臣，与诸侯国君没有什么直接关系。他自己可以处理他的家臣。而卿大夫的族人家臣如果背叛自己的宗族宗子，而直接效忠于诸侯国君，这是不合礼制的。《左传·昭公十二年》记述鲁大夫季平子执政后，对家臣南蒯不好，南氏打算"出季氏而归其室于公""以费为公臣"。但这种做法在当时被认为是有罪的，因为"家臣而欲张公室，罪莫大焉"！即使南氏表明自己是为了加强公室的实力，但他这么做却背叛了自己直接的主子。而在当时人们的观念中，他与公室国君是没有什么关系的。

正是由于这种宗法封建制的特点，随着卿大夫自己宗族势力的日益膨胀及经济实力的日益增强，便和公室争夺民心，扩大依附民众，于是便出现了"陪臣执国命"的现象。如齐国的陈氏专齐国之政，晋国六家专政，后相互吞并，仅剩下韩赵魏三家。

到春秋末期，诸侯公室与卿大夫私室之间的斗争已明朗化，不是公室战胜私室，便是私室取代公室。齐晋便是私室取代公室的最明显实例，在此姑且不论。而其他诸国，以公室战胜私室，无不是彻底放弃"宗法分封制"，而用中央集权制的方式巩固其政权。如鲁、郑二国就是这样。以鲁国为例，可知公室与掌权派斗争的激烈性。鲁国从鲁庄公死后，他的三个弟弟互相争权，后来季氏胜利，便立鲁僖公，因拥立之功受费及汶阳封地并为鲁国正卿，三家并立而以季氏为首。鲁文公死后，东门氏杀嫡立庶，政权在一段时间内为东门氏所掌。鲁宣公死后，季文子便驱逐东门氏，从此政权便转到季孙氏、叔孙氏、孟孙氏三家手中，数世"政在季氏"。后三家通过"作三军"及"舍中军"，三家尽分公室的军赋而"贡于公"，于是鲁侯从此只有"公徒"，即"卒列无长"，势力和三家相比衰弱多了。鲁昭公末年，图谋废季氏，三家联合起来进攻鲁昭公，鲁昭公出奔死于齐国。到战国时，鲁公室借季氏内乱和三家内部不团结，借越国军队消灭季氏，去掉了季氏的势力，孟氏、叔氏两家也衰微了。这样鲁国从鲁穆公时代开始，国君的力量加强，中央集权制的政治形式也就巩固了。

由此可见，西周时期宗法封建制度的崩溃是势所难免的。不管是卿大夫还是诸侯国都已觉得宗法分封制难以再继续实施下去了。在当时，各国对官爵，多数不再用封土方式赐命，而是用供谷禄的方式。据《史记·孔子世家》记载："卫灵公问孔子：'居鲁得禄几何？'对曰：'奉粟六万。'卫人亦致粟六万"；《论语·雍也》记载："子华使于齐，冉子为其母请粟……原思为之宰，与之粟九百"；《论语·宪问》说："邦有道，谷。邦无道，谷，耻也。"孔子及其弟子仅受谷禄却没有封土，已由宗法分封制下的卿大夫变为官僚性质的国家官吏。而任用官吏也由原宗法制下只能任用同姓同族的贵族子弟，即所谓的世卿世禄制，变为用贤用能。这些现象表明宗法制及礼乐等级制的崩溃。礼崩乐坏，君不君，臣不臣，父不父，子不子，卿大夫僭礼现象亦屡见不鲜。宗法分封制崩坏了，为其服务的意识形态——礼制等级观念当然也失去其存在的理由，它必将为新的意识形态、维护中央集权制的思想观念所代替[①]。这样，以宗法制度及礼乐制度为特征的家国同构的政治模式实际上已经走到了尽头。

三、中央与地方

西周王朝的建立，不仅仅是一姓一家之兴亡与都邑之转移，而且还是一场旧制度废而新制度兴、旧文化废而新文化兴的政治与社会制度大变革。尤其是西周王朝建立后，持续对四土进行大规模的政治、军事经营，不仅开拓出了辽阔的疆域，而且还在四土之境创造性地推行了宗法分封制，从而在一个辽阔的国土范围内建立起我国历史上第一个封建领主制统一国家。这一变革对我国古代历史的发展曾产生了久远而深刻的影响。在分封制的总体框架之下，四土封国已萌发了颇具鲜明时代特色的中央与地方关系的若干因素。周代产生的五服之制，在调整中央和地方关系、加强西周中央政权的统治方面发挥了积极的作用。

一方面，西周王朝统治者在政治制度等诸多方面"不可不监于有夏，亦不可不监于有殷"[②]，对夏、商以来的诸多旧制略加斟酌损益。尤其对于夏、商故地遗民，分别采取"启以夏政，疆以戎索""启以商政，疆以周索"[③]等灵活多变的统治策略。另一方面，又在夏、商旧制的基础上对辽阔的四土之境创造性地推行了大规模的宗法分封制。同时，又将殷商旧有的外服旧制加以改造和完善，将四服制发展为五服制，

---

① 参见郑师渠总主编，王冠英主编：《中国文化通史》（先秦卷），中共中央党校出版社 2000 年版，第 264—267 页。
② 《尚书·召诰》。
③ 《左传·定公四年》。

并在新的历史背景下赋予其崭新的政治内涵和鲜明的时代特点。宗法分封制以及作为其有效补充的诸监制和畿服之制相结合，使西周王朝的典章制度进一步达到"郁郁乎文哉"[1]。这也标志着中国早期的封建国家及其政治制度正日渐脱离原始性而逐步走向成熟与完备。在此特定背景下，商、周之际的国土结构开始发生巨大的变化。由于商、周之际一系列重大制度的变化，西周王朝同四土诸侯国的政治隶属关系进一步加强。西周天子已不再是昔日的"诸侯之长"，而成为西周王朝天下"诸侯之君"。由此可知，西周王朝的千里邦畿及辽阔的四土之地均已成为严格意义上的政治地理的重要组成部分[2]，所谓"溥天之下，莫非王土。率土之滨，莫非王臣"的历史局面当为西周王朝天下格局的真实写照。

西周王朝之所以强大，不仅仅是由于王朝拥有西六师、成周八师等强大的军队，而且由于天子能够控制和使用诸侯，从而控制四边的夷戎部族。

西周王朝建立后，陆续在辽阔的四土之境进行大规模的分封诸侯，在军事要害地区设置军监，以加强对四土封国的行政管辖。同时按照畿服之制的原则和精神，规定四土诸侯朝觐天子、贡纳方物及勤王远征等义务。在此基础上，周王朝初步建立起"天有十日，人有十等"[3]的颇为严格的封建等级秩序和宗法分封制政体国家的模式。

随着西周王朝持续对四土进行大规模的政治、军事经营，四土之境，无数互不相同的古邦遂被制度较为划一的各国所代。与此同时，西周王朝也在其对四土大规模政治、军事经营过程中，在王畿、地方以及外族三者之间的关系中，在内部与外部的种种紧张关系中，得到了发展。在这场史无前例的社会变革过程中，西周王朝四土封国已初步萌发了早期地方行政区的若干原始因素，因而西周王室与四方诸侯之间已在政治、军事、经济、文化等方面，初步具备了宗法分封制政体下中央与地

---

[1] 《论语·八佾》。
[2] 参见李治安主编：《中国五千年中央与地方关系》（上卷），人民出版社2010年版，第54页。
[3] 《左传·昭公七年》。

方政权之间关系的某些特征。具体说来就是：

第一，"天子经略，诸侯正封"。

夏、商两代虽已进入了早期国家阶段，但在夏、商早期国家结构的诸方面仍保留有大量部落联盟制元素的残余。夏后氏及商王在当时方国林立的环境中，也仅仅是天下共主。由于未经过夏、商王朝的分封，夏、商王朝以外的诸方国长期以来皆按照自己固有的方式组织管理。诸邦只是以经济上的贡纳和政治上的朝觐，来表示对有限王权的承认和服从罢了。

西周王朝建立后，统治者创造性地推行了封藩建国之制，使西周王朝的天下格局与国家结构形式发生了全新的变化，同时也使西周王朝同四土封国之间的政治关系大为加强。

西周王朝推行分封制的重要目的，显然在于使各诸侯国据守要害之地，屏藩王室，并为周室开拓一方疆土。据记载，成王封建鲁国，很重要的目的即在于使其"保彼东方""为周室辅"[1]。齐国受封时，召公也一再对太公讲："五侯九伯，女实征之，以夹辅周室。"[2] 西周王朝末年，宣王徙封王舅于申，亦在于使其"维周之翰"，以更好地起到"式是南邦""南土是保"[3] 的作用。据《史记·鲁周公世家》记载，伯禽"初受封之鲁，三年而后报政周公"。除此之外，周初"楚子熊绎与鲁公伯禽、卫康叔子牟、晋侯燮、齐太公子吕伋俱事成王"[4]，此后"熊绎与吕伋、王孙牟、燮父、禽父并事康王"[5]。《国语·鲁语上》说："是故先王制诸侯，使五年四王、一相朝。终则讲于会，以正班爵之义，帅长幼之序，训上下之则，制财用之节，其间无由荒怠。"这与《国语·周语》所述五服之制的原则和精神是大体吻合的。由此可知，在"天子经略，

---

[1] 《诗经·鲁颂·閟宫》。
[2] 《左传·僖公四年》。
[3] 《诗经·大雅·崧高》。
[4] 《史记·楚世家》。
[5] 《左传·昭公十二年》。

诸侯正封"①的制度下，确有促使西周王朝形成以王室为中心的封建等级臣属关系和政治秩序的作用。在此总体框架下，封国已萌发了一些政区因素，产生了向地方政区转化的趋势。就西周时期的情况而言，虽然西周封国在世袭、独立性以及井田制作为基础等方面为后世的地方政区制度所不容，但这些正是它的时代特色②。

西周王朝的分封制贯穿了宗法制的原则。《左传·僖公二十四年》说："其怀柔天下也，犹惧有外侮，捍御侮者，莫如亲亲，故以亲屏周。"西周王朝分封的诸侯国中，数量最多的即为姬姓之国。《左传·昭公二十年》说："昔武王克商，光有天下，其兄弟之国者十五人，姬姓之国者四十人，皆举亲也。"《左传·僖公二十四年》说："昔周公吊二叔之不咸，故封建亲戚，以蕃屏周。管、蔡、郕、霍、鲁、卫、毛、聃、郜、雍、曹、滕、毕、原、酆、郇，文之昭也；邘、晋、应、韩，武之穆也；凡、蒋、邢、茅、胙、祭，周公之胤也。"《左传·昭公二十六年》说："昔武王克殷，武王靖四方，康王息民，并建母弟，以藩屏周。"《史记·汉兴以来诸侯王年表》说："武王、成、康所封数百，而同姓五十五。"

除分封同姓国外，周人还分封了大量异姓亲戚之国。《国语·周语中》："昔挚、畴之国由大任，杞、缯由大姒，齐、许、申、吕由大姜，陈由大姬，是皆能内利亲亲者也。"以上一些国家皆因与周王室有姻亲关系而得封建。此类国家的分封，实际上同姬姓国的分封并无实质性的差异。其内容皆为授民授疆土，其目的皆为以藩屏周，其与殷商外服旧制不啻是天壤之别。

周室封建姻亲之国，周天子和异姓诸侯间的甥舅关系，是对宗法关系的补充，也是宗法制度的一个组成部分。西周王朝正是通过自上而下的分封制和层层相属的宗法关系，借助于血缘关系使族权和政权合一。分封制与宗法制互为表里，造成了比夏、商两代更为统一的国家和更为集中的王权。

除了分封诸侯外，周初统治者同时还设立了诸监。前面我们讲周武王克商，封

---

① 《左传·昭公七年》。
② 参见李治安主编：《中国五千年中央与地方关系》（上卷），人民出版社 2010 年版，第 62 页。

商纣之子武庚于殷，使其继承商的祭祀，也使商遗民臣服于周。不过对武庚是否死心塌地地服从很不放心，所以又派自己的弟弟管叔、蔡叔、霍叔三人去监督管理，称为三监。后来三监叛乱，周公杀管叔、放蔡叔以后，并没有废除这种监国制，而是根据社会矛盾的变化，由设监监视商遗民改变为监视地方诸侯。1958年8月在江西省余干县黄金埠出土一件"应监甗"，铭文共六字，为"应监乍宝障彝"。"应"即《左传·僖公二十四年》所说的"邘、晋、应、韩，武之穆也"之"应"，是武王之子，被封在应地为诸侯，而"应监"可能是周王派往应国的监国者，"应监甗"就是这监国使臣所作的铜器。穆王时《善鼎》记载周王册命善，则善可能也是一个监国者。西周青铜器"仲幾父簋"："仲幾父史（使）于诸侯、诸监。"这是西周时代诸侯、诸监并存的记载。过去我们只知道周初为监视朝歌殷王武庚才设置三监，而不知诸监的设置乃西周普遍存在的定制。"① 由此可知西周设置监国制度不仅有周初的三监，而且以后成为与分封诸侯并存的政治制度，因而才有诸侯、诸监并称的现象。这些监国者由周王派到各诸侯国去，既要对诸侯国君的活动加以监视，又要佐助诸侯国君加强对封国的管理和统治。只要诸侯国君按照周王朝的统治意图办事，按时朝觐，缴纳贡物，履行义务，维护西周王朝的统一，监国者对诸侯国并不会有所损害，甚至还能够加强地方同周王朝的联系。当时的诸监和诸侯，就是处在既矛盾又统一、相辅相成的关系中。

总之，监国制与分封制是密切联系着的。分封诸侯是为了"以藩屏周"，监国制则是为防止分封制本身所含有的分裂割据的弊病而采取的相应措施，同样是为巩固周王朝的政治制度服务的。

在宗法分封制政体下，一些诸侯国国君还出任王室官吏。《左传·僖公五年》说："虢仲、虢叔，王季之穆也，为文王卿士，勋在王室，藏于盟府。"其他如康叔曾为

---

① 徐中舒：《西周史论述》（上），《四川大学学报》1979年第3期。

周室司寇[1]，滕侯为周之卜正[2]，陈之始祖虞阏父为周武王陶正[3]，郑桓公于郑东迁前任王室司徒[4]。凡此表明，西周王朝同四土封国在政治上已紧密地结为一体。那种认为周王朝的诸侯国同商朝地方小国一样，仍然是有较大自主权的地方势力的看法，似缺乏较为可靠的历史依据。

实际上，在宗法分封制政体下，西周王权逐步得到加强和巩固，"封略之内，何非君土？食土之毛，谁非君臣？"[5] 实为西周时期君臣关系的真实写照。在这种颇为严格的君臣关系下，周天子对一方诸侯可废可封，史载："（卫）顷侯厚赂周夷王，夷王命卫为侯。"[6]"（齐）哀公时，纪侯谮之周，周烹哀公而立其弟静"[7]。由此可见，直到西周王朝晚期，周天子至高至尊的王权仍得到社会的认可。此外，与分封制关系颇为密切的畿服制、爵位制及朝聘会盟制，也使周天子同诸侯的关系进一步加强。它们对捍卫西周天子至高无上的王权与至尊的共主地位，加强西周王朝同四土封国之间在政治上的联系，巩固和完善西周王朝的国家结构与等级秩序起到了重要作用[8]。

第二，"天子班贡，轻重以列"。

《左传·召公十三年》说："昔天子班贡，轻重以列，列尊贡重，周之制也。"《国语·鲁语下》说："昔武王克商，通道于九夷、百蛮，使各以其方贿来贡，使无忘职业。"直到春秋末年，这种制度仍有一些历史的影子。据载，越王勾践战败，曾向吴请盟，"春秋贡献，不解于王府……亦征诸侯之礼也"[9]。由此可知，西周王朝同四土

---

[1]《左传·定公四年》。
[2]《左传·隐公十一年》。
[3]《左传·襄公二十五年》。
[4]《国语·郑语》。
[5]《左传·昭公七年》。
[6]《史记·卫康叔世家》。
[7]《史记·齐太公世家》。
[8] 参见李治安主编：《中国五千年中央与地方关系》（上卷），人民出版社 2010 年版，第 62—64 页。
[9]《国语·吴语》。

封国之间存在有颇为原始的贡纳关系。此类例子，史籍及金文中屡有记载。楚为西周王朝南土大国，《史记·楚世家》称其一度得到周室的封建，故其有向天子贡纳方物之义务。春秋时期楚人追述周初史事时讲："昔我先王熊绎，辟在荆山，筚路蓝缕，以处草莽，跋涉山林，以事天子，惟是桃弧棘矢以共御王事。"① 直至春秋时期，齐桓公兴兵伐楚，管仲问罪楚人的一条理由即所谓"尔贡苞茅不入，王祭不共，无以缩酒"②，这说明楚国对周王室贡纳方物之义务迄春秋时期虽弛犹存。

不仅楚国如此，其他一度臣服于西周王朝的周边各族，也往往依距周室远近而有不等的义务。《国语·鲁语下》提及"肃慎氏贡楛矢石砮"。《国语·周语上》还提到："犬戎氏以其职来王。"凡此种种足以表明，西周时期，贡纳方物当为四土内外邦国向周天子所尽的重要义务。尽管其同夏、商王朝的情况有诸多类似之处，甚至诸多方物献纳仅仅为象征性的，且不完全带有强制性，但此种献纳义务却是将周边方国纳入周王室统治范围的最好的手段，这正是西周王朝同四土内外诸邦国关系进一步加强的一个重要标志。

第三，"元侯作师，以承天子"。

为了维护周天子的统治，西周王朝建立了强大的军事武装，以防范外部叛乱、异族入侵及镇压民众的反抗斗争。前面说过，周王室拥有自己强大的军事力量以随时准备征服产生不臣之心的诸侯国。《诗经·大雅·常武》说"赫赫明明，王命卿士，南仲大祖，大师皇父。整我六师，以修我戎"，可为佐证。

与此同时，西周各诸侯国也都各有自己的军队。例如周初封建齐国时，召康公代表周天子命太公"五侯九伯，汝实征之，以夹辅周室"。可见齐国有自己的军事武装。在封建鲁国时，"成王以周公为有勋劳于天下，是以封周公于曲阜，地方七百里，革车千乘"③。伯禽就封后，即率师对反叛的徐、淮等东方各族大举进行武力征讨。

---

① 《左传·昭公十二年》。
② 《左传·僖公四年》。
③ 《礼记·明堂位》。

应该注意的是，西周时期，周天子也同时掌握诸侯国军队的组建权和指挥权。《国语·鲁语下》说："天子作师，公帅之，以征不德。元侯作师，卿帅之，以承天子。诸侯有卿无军，帅教卫以赞元侯。自伯、子、男有大夫无卿，帅赋以从诸侯，是以上能征下，下无奸慝。"尽管以上材料所出时代较晚，但其所举"元侯作师""以承天子"，则颇为符合西周时期的历史实际。从这个意义上讲，诸侯的军队也是西周王朝军事武装力量的重要组成部分。

总之，西周时期，周王室与四方诸侯在政治、军事及经济诸方面的联系都较以前大大加强了。这种政治格局是前所未有的。虽然西周王朝政权结构的诸多方面仍基本承袭夏、商二代，即使在宗法分封制政体下，诸侯国仍然享有一定的自治权，如诸侯及封国世袭、各国有天子所授予的人口和疆土、诸侯国有自己的军队，但在新的历史条件下，通过宗法分封制、畿服制的原则和精神，西周王朝已经和四土封国结为比较紧密的政治、经济共同体。各个封国诸侯代表天子对其封地进行治理，同时向天子履行朝贡、从征等政治、经济、军事方面的若干义务。西周王朝统治者正是依靠这种正在逐步确立但仍具有一定原始性的中央和地方关系，加强西周王朝与四土诸侯之间在政治、经济、军事乃至文化等诸多方面的联系，从而不断巩固和完善着以周天子为天下共主的等级秩序和仍在发展中的西周王朝国家结构[①]。

自夏王朝建立以来，中国古代社会由原始社会末期的氏族联盟制度逐渐演化出国家权力机构。由于夏代没有文字留存，对其政治制度的情况难知其详。可见，周代政权机构并不是在没有先例可循的情况下凭空产生的，而是在前代的基础上建立起来的。但是，由于夏、商时期政权机构规模较小、结构较简单，因此，周代政权机构的设置又不是对前代的简单重复。据《通典》记载，夏、商、周三代职官数为"夏百二十员，殷二百四十员，周六万三千六百七十五员"。[②] 这一数据的真实性虽可怀疑，但也反映了夏商周三代国家政权机构不断扩大和完善的变化与发展的趋势。

---

① 参见李治安主编：《中国五千年中央与地方关系》（上卷），人民出版社2010年版，第64—66页。
② ［唐］杜佑：《通典·职官一》。

西周政权机构的特点是"内外服"的设立。所谓"内服",即在中央任职的各级官吏;所谓"外服",即被分封于王畿范围以外和边远地区的贵族、侯伯。"内外服"的提法源于《尚书·酒诰》中周公对康叔的训诫:"越在外服,侯甸男卫邦伯;越在内服,百僚庶尹、惟亚惟服、宗工越百姓里居。"郭沫若说"《酒诰》之外服、内服即外官、内官"[1],即"内外服"本于商制。这一看法不能说没有道理,但没有指出周公的"内外服"与商代"内外服"的区别。

根据《国语·周语》记载:"夫先王之制,邦内甸服,邦外侯服,侯卫宾服,夷蛮要服,戎狄荒服。"同一文献中还有"昔我先王之有天下也,规方千里以为甸服"的记载。这说明,周人在服制上确有创新,并非完全因袭殷商王朝旧制。

改革服制,建立"内外服"新体制的这个"先王"就是周公。因为在西周历史上,能够大量进行制度创新工作的人惟有周公,并且根据学界考证,周公也的确有称王的历史,因此,周王朝"内外服"改革,正是周公"制礼作乐"的一项重要内容。

商代中央政府就已具有较大规模和较严密的分工体系。在《尚书》中就记载有不少辅政大臣所司职的"尹""保衡""臣""巫"等官名,在殷商甲骨文中还有"夷"这个官名。商代主要辅政大臣也称为"相"。《史记·殷本纪》说,武丁时傅说被"举以为相,殷国大治"。据文献记载,伊尹、傅说、文王等商代重臣都曾为"三公"。商代的政务官员,主要有"宰""卿事""多尹""御事""事"等,已经具有相当大的规模和明确的分工,但尚不完善。

西周初期,成王年幼时,周公曾为太傅,召公曾为太保,他们作为重要辅政大臣总宰一切政务。根据周公所制定的礼制,周朝的政务是由六官执掌的。六官的情况,根据《周礼》的记载,大致是这样的:六官按天、地和春、夏、秋、冬排列。其中,天官称冢宰,掌邦治,统百官,总揽内政;地官称司徒,掌管全国的教育;春官称宗伯,掌邦礼,主管全国宗教、文化事务;夏官称司马,掌军事;秋官称司寇,掌邦禁,主管司法事务;冬官称司空,掌百工之事,主管经济事务。

---

[1] 郭沫若著:《金文丛考》,人民文学出版社1954年版,第29页。

官府属员爵位分别为公、卿、大夫（中大夫、下大夫）、士（上士、中士、下士）。设具体办事的府、史、胥、徒等吏员。官府中绝大多数职位，都有固定人数。六官中的每一官，其所属官职都较多，其中地官司徒属官最多，达七十八种。如果加上后补入的冬官即《考工记》所载的属官数目，六官分职总计为三百七十八职。《周礼》所载六官官员数目，由于有一小部分未载明官员人数，以及划分官与非官的标准上的差异，后人的统计数目有很大差距。但不管采取什么方法对《周礼》中官员人数进行统计，其数字都不会少于五万人，由此可见周中央政权机构的庞大。

在地方诸侯的管理上，商代称诸侯为"外臣"，即在外之官，摆脱了夏代地方诸侯与中央政权的联盟关系。据考证，在殷商甲骨文中有侯三十五个、伯三十九个，还有子、男等，都是爵称，同时也是商王之臣。

周代在地方官体制上既继承商制，又有较大发展。这就是关于"爵""谥"和"服"的明确规定。所谓爵，就是对统治集团成员尊卑等级的法律规定。所谓谥，就是对官员死后所加的美称。《周礼·大宰》郑玄注说："爵为公侯伯子男卿大夫士也。"即诸侯有公、侯、伯、子、男五等爵禄，诸侯以下还有卿、大夫、士三等爵禄。诸侯们的爵位不同，其受封土地亦不相同。《礼记·王制》说："天子之田方千里，公侯方百里，伯七十里，子男五十里。不能五十里者，不合于天子，附属于诸侯，曰附庸。"据《周礼·大司徒》说法，公方五百里，侯方四百里，伯方三百里，子方二百里，男方百里。从周代有关文献来看，"爵""谥"与周公的大分封实际上是一个整体。它是周公"制礼作乐"这个宏伟工程的重要内容之一。

商代的"外服"（亦称"外臣"）体制的详情，并无权威的规定流传下来，这极有可能是由商代服制的简单性所造成的。周代对王畿外围地方以五百里为一个单位，按距离远近分秩列等，这就是"服"。不同"服"的国家所服贡赋的轻重是不同的。关于周代服制的具体分等，有两种说法：一为"五服"，即前面引述过的祭公谋父所言的甸服、侯服、宾服、要服和荒服等；二为"九服"，即《周礼·夏官司马·职方氏》所说"职方氏……乃辨九服之邦国，方千里曰王畿，其外方五百里曰侯服，又其外方五百里曰甸服，又其外方五百里曰男服，又其外方五百里曰采服，……又其外方五百里曰镇服,又其外方五百里曰藩服"。这两种说法是否相互矛盾?谁真谁假?其实它们并不矛盾,也无所谓谁真谁假。原因在于外服制是在周王朝疆域不断扩大的过程中持续推行的。祭公谋父所述之"先王之制"即"五服制"当为周初周公制礼时的疆土,而"九服"则应为西周鼎盛时期之疆土。

周代服制,确有新的创造。从"五服"到"九服"的变化来看,其具体执行情况在不同时期有所变化,但其基本原则仍是坚持周公制礼的传统。

不管怎样说,周公所制定的中央政权体制及中央与地方的管理体制,对中国后来的政治体制的形成和发展产生了深远的影响,其所开创的中央与地方关系模式对后世政治的影响是深远的[①]。

---

① 参见辜堪生、李学林著:《周公评传》,四川大学出版社 2006 年版,第 171—176 页。

第九章 中华文化大一统的开创

中华民族素有"礼仪之邦"的美称,但很多人尚不知道,"礼仪之邦"是由周王朝奠基并开创的。夏曾佑说:"有周一代之事,其关系于中国者至深,中国若无周人,恐今日尚居草昧。盖中国一切宗教、典礼、政治、文艺,皆周人所创也。中国之有周人,犹泰西之有希腊。泰西文化,开自希腊,至基督教统一时,希腊之学中绝。洎贝根以后,希腊之学始复兴。中国亦有若此之象,文化虽沿自周人,然至两汉之后,去周渐远,大约学界之范围,愈趋于隘,而事物之实验,愈即于虚,所以仅食周人之弊,而不能受周人之福也。"

一、德治精神的推崇

德政之始，始于周朝。

周公的政治文化改革，开启了中国社会政治和文化思想的崭新发展历程。以周公为代表的西周初年的统治者，在创建巩固新兴政权的政治活动中，基于对历史与现实、政治与文化的理性反思，创立了封建宗法制度的政治、社会与文化结构，确立了礼乐文化的秩序规范，推动了中国文化道德精神特征的兴起与发展。特别是周公提出的"以德配天""敬德保民""明德慎罚"的德治主张，使得作为西周初年中国政治文化的道德精神，不仅内化为政治策略和文化意识巩固了周政权的统治，而且展示了当时中国文化对于人的存在的自觉认识和人文主义主动构建的时代轨迹。周公的"德政"，对于中国传统社会文化的更新递进，以及民族生存方式的抉择完善，无疑具有影响深远的政治意义以及重要的文化价值。

周初统治者的德治思想与实践，是在创建巩固西周政权的特定历史条件下，通过周公等人对于社会文化的反思认识和总结阐发而形成的。它不仅概括了夏商以来中国政治思想的精华，而且开启了中国政治文化对于人的存在的自觉认识的新历程。

从周人历史来看，周族长期作为臣服于夏、商两代的一个地方政权，为了谋求自身的生存与发展，从公刘开始，历经古公亶父、季历、文王等首领，在其创业过程中，皆能积德行义，笃仁行孝，敬老慈少，礼贤下士，注重倡导道德，管理教化民众。特别是文王，尤能遵后稷、公刘之业，守古公亶父、季历之法，积善累德，诸侯皆向之。周公也是"自文王在时，旦为子孝，笃仁，异于群子"[①]。应该说，周代德政，是周人重德文化长期熏陶与发展的必然结果。

不过，周王朝以德治国思想的升华与贯彻落实则是经周公之手完成的。探讨政治策略与政权兴亡的内在关系，是充分了解周公德治思想的一个重要途径。

---

① 《史记·鲁周公世家》。

西周以前，殷商文化基本上是一种神本文化。"殷人尊神，率民以事神。先鬼而后礼，先罚而后赏。"殷墟卜辞所见，商王无论大事小事皆决于占卜，各种祭祀活动无日不有，包括对上帝、为数众多的祖先神、各种天神地祇的迷信笼罩着商代社会。然而，对于民众，商朝执政者却不加爱惜。在处理现实人事与鬼神的关系时，他们首先考虑的是鬼神的意旨。为此，他们不惜花费大量的人力物力去从事敬奉鬼神的活动，甚至残民以事神。商王朝的灭亡，宣告了神权政治的失败。周人眼见受殷人顶礼膜拜的上帝及各色神祇并未能保住商政权的统治，相反，倒是因为统治者对各种人事关系的处理不善，尤其是对民情的漠视，导致了商王朝的覆灭。严酷的现实让周初统治者明白了这样一个道理：绝对相信上帝的庇护是不行的，仅仅依靠对鬼神的祭祀和匍匐跪拜也是不能保住自己的统治的，要想巩固自己的统治，必须注重民众对自己的支持。周公对其弟康叔封教诲说："天畏棐忱，民情大可见，小人难保。"① 他说，天的威势并非一定可靠，民情才是大可让人重视的，民众的利益应该得到有效的保障。如果不注意这些，那就会"早坠厥命"，失去统治地位的。正是在这种情况下，以周公为代表的周初统治者提出了"德""礼"并行的主张，注意在政治实践中贯彻以德礼治国的政治理念。

在周初统治者的眼中，"德"是为了"保民"而对执政者提出的一种硬性政治要求。周人认为："皇天无亲，惟德是辅。民心无常，惟惠之怀。"② 上帝只将天命交给有德、爱民之人。

总之，在以周公为代表的周初执政者的认识中，统治者只有"从民欲""迪民康"，与民"胥保惠"，才能达知天命，进而保有自己的统治。为此，周公不惮艰辛，以身作则，并致力于将敬德保民思想一步步制度化与实践化。

前人称颂周公制礼作乐，说礼乐全部出自周公一人之手，那自然是一种理想夸大之语，但西周以周公为首的政治家确实曾以很大精力致力于对夏、商旧礼的改

---

① 《尚书·康诰》。
② 《尚书·蔡仲之命》。

造，使之适应于周朝的德治和宗法统治，则是无可置疑的。孟子说："禹恶旨酒而好善言。汤执中，立贤无方。文王视民如伤，望道而未之见。武王不泄迩，不忘远。周公思兼三王，以施四事，其有不合者，仰而思之，夜以继日，幸而得之，坐以待旦。"①"思兼三王"，就是对三代礼制进行综合损益；"施四事"，即施行禹汤文武所行道德之事。周公谥称为"文"，周朝以"尚文"即崇尚礼节著称，其后孔子称赞"周监于二代，郁郁乎文哉，吾从周"②。所有这些，都表明了以周公为首的周初统治者对于礼乐的倾注。周朝统治者从专注于鬼神世界转向专注于现实社会和体察民情，从神权政治转向德治与礼制，这不能不说是商周之际中国思想观念的一大变化，是中国政治思想史上一次大的飞跃。可以认为，西周的制度与文化奠定了后世中国传统政治与文化的基础。

历史表明，周人对天帝的崇拜，并非是消极地供奉一个消灾祈福的神灵，而是赋予它主宰人间万物的神性。在周初统治者看来，他们宣扬的天命思想就是天帝神性的表现。这样，周人的宗教思维经过天神的中介便出现了一道神秘的幽光，反过来照射着自己探索治国理政奥秘的心路历程。在这个探索过程中，周人丰富了自己的宗教理论，这就是以天命无常与有常相统一为其基本内涵的天命思想。

天命思想从来都是统治阶级解释历史演进和现实治道的理论工具。在周初统治者看来，历史的发展、王朝的更替，都是由天命即天帝的意志所决定的。历史上夏王朝的建立是由于接受了天命，后来天命转移，殷革夏命，于是夏王朝灭亡，商王朝兴起。迄至殷末，"天惟式教我用休，简畀殷命，尹尔多方"③。有周代殷作"民主"，也是因为天命转移到了周人身上，是上帝所作的公正的裁定。《诗经·大雅·文王》说："穆穆文王，于缉熙敬止。假哉天命，有商孙子。商之孙子，其丽不亿，上帝既命，侯于周服。侯服于周，天命靡常。殷士肤敏，祼将于京。厥作祼将，常服黼冔。

---

① 《孟子·离娄下》。
② 《论语·八佾》。
③ 《尚书·多方》。

王之荩臣，无念尔祖。"此处的"天命靡常"与《尚书·康诰》中的"惟命不于常"，都是说天命并非一成不变，永远归付一姓一王。殷人"侯服于周"乃是"上帝既命"即天命变化转移的结果，故"殷士肤敏"，只得恭承天意"祼将于京"。可见"天命靡常"并不表明周人根本怀疑天的意志，也不表明周人对殷遗民忌讳这个说法，它实际上不过是周人天命转移论的别义语而已。

"天命靡常"固然强化了周人对"汤武革命"的合理性解释，然而这个命题本身却隐含着一个新的疑问："天命靡常"是否对周人也适用？亦即代殷做"民主"的周人是否同样会面临天命转移的危机？"侯服于周"的殷士不曾问及这个问题，或因"此辈殷多士中似鲜忠烈之人，方救死之不暇，不特不敢作此问，恐亦无心作此想"[1]。但在这个问题上，周公却表现出一种难能可贵的自觉的忧患意识，进而提出了"天命不易""天不可信"的思想。这在《尚书·君奭》篇中有比较集中的反映。周公认为，"皇天无亲，唯德是辅"。天命的转移依据一个"德"字来进行，"敬德"者得天下，"丧德"者失天下。天命既以德为依归，周人要确保自己膺受的天命，自然就不能不高扬"敬德"的旗帜。

值得注意的是：西周文献中反复强调的"德"主要指的是周王的政行。如《周书》中强调天子要敬德、用德，否则天命难保。《尚书·召诰》说："肆惟王其疾敬德，王其德之用，祈天永命。"而有夏与有殷皆因"惟不敬厥德，乃早坠厥命"[2]。周人在这个意义上应用的"德"主要涵盖王的行为，把周王的德视为导致政治得失的根源，在逻辑上使德与王融为一体，因此《召诰》有"其惟王位在德元"，意为居王位必须首先有德。

周初统治者在对夏、商、周三代政权变革的反思中，认识到了统治者自身行为之得失才是政权转移的关键因素。夏亡商兴，是由于夏朝统治者为政不行善德所致。

---

[1] 傅斯年著：《性命古训辨证》（下），商务印书馆1947年版，第12页。
[2] 《尚书·召诰》。

夏朝"自孔甲以来而诸侯多畔夏,桀不务德而武伤百姓,百姓弗堪"①。商汤从夏代灭亡的教训中,认识到了为政要勤于民事,有功于民,才能持有天命,巩固政权,故他说:"毋不有功于民,勤力乃事","古禹、皋陶久劳于外,其有功乎民,民乃有安","后稷降播,农殖百谷。三公咸有功于民,故后有立。昔蚩尤与其大夫作乱百姓,帝乃弗予,有状。先王言不可不勉。"②由此可见,统治者能否实行有德于民的政治策略,才是一个政权兴亡的根本因素。周公在总结商亡周兴的原因时认识到,商朝的灭亡是由于其统治者为政残暴和腐败淫虐所致。商朝先王盘庚和武丁,由于为政不敢"自荒兹德""不敢动用非德",注重"用德彰厥善"③,"式敷民德,永肩一心"④,所以商代政权得以稳固兴盛。但是,自商王祖甲以后,"不知稼穑之艰难,不闻小人之劳,惟耽乐之从"⑤,政权因此衰落。特别是商纣王,重用奸佞,残害贤人,滥施酷刑,不闻民苦,横征暴敛,荒淫无度,最终导致政权的覆灭。而周王朝的兴立,在于周人实施了重视德治的政治策略。特别是周朝的奠基者周文王,在其政治活动中,提倡惠和,选贤任能,注重民生,减轻税赋,奠定了灭商的基础。故周公说:"文王卑服,即康功田功,徽柔懿恭,怀保小民,惠鲜鳏寡。自朝至于日中昃,不遑暇食,用咸和万民。文王不敢盘于游田,以庶邦惟正之供。"⑥由于文王为政"礼下贤者,日中不暇食以待士","积善累德,诸侯皆向之"⑦,最终武王得以推翻商朝政权。"纣作淫虐,文王惠和。殷是以陨,周是以兴。"⑧

周初统治者的"敬德"为政观念,主要可以概括为以下几个方面:

第一,"知小民之依"。《尚书·无逸》篇载周公说祖甲"爰知小人之依,能保惠

---

① 《史记·夏本纪》。
② 《史记·殷本纪》。
③ 《尚书·盘庚上》。
④ 《尚书·盘庚下》。
⑤ 《尚书·无逸》。
⑥ 《尚书·无逸》。
⑦ 《史记·周本纪》。
⑧ 《左传·昭公四年》。

于庶民，不敢侮鳏寡"。此"依"同衣，隐也，意为隐痛。周公是说人君要能够体察民生隐痛，爱护民众，并惠及那些穷苦无依的人。要"迪民康"[①]，即引导民众走上安康的生活道路。《尚书·泰誓》说："天视自我民视，天听自我民听。"又说："民之所欲，天必从之。"此以民意为天意的主张正是周人德治观念的精髓。

第二，"明德慎罚"。《尚书·多方》说："乃惟成汤……以至于帝乙，罔不明德慎罚。"《尚书·康诰》说："惟乃丕显考文王，克明德慎罚，不敢侮鳏寡，庸庸，祗祗，威威，显民。"《尚书·吕刑》说："惟敬五刑，以成三德。"由此可知慎罚乃是明德最重要的体现。周人主张依法办事，不把统治者的个人意志强加于法律之上。同时统治者本身的行为也不能脱离法律的轨道，此即所谓"罔不克敬典"。谨守法律还要求"勿用非谋非彝蔽时忱"[②]。"非谋"指不善之谋，"非彝"谓不法之事。是说在执行法律的问题上人君一定要谨慎，不得采用不善之谋，不得做非法之事，以致蔽塞了国家贯彻法制精神的真实情形。周人坚持"慎罚"的原则，不仅有利于形成政治上的宽松环境，保障民众的生命安全，而且要求统治者不得恣意枉法，加强了对人君行为的规范化约束，有利于社会沿着健康的方向发展。

第三，"君子所其无逸"。这句话出自《尚书·无逸》篇。时成王年壮，周公恐其安于逸乐，荒废政事，所以告诫成王，劝其不可逸豫。史官记其言，命曰《无逸》。在周公看来，逸则国祚难保，如商王自祖甲之后，"立王生则逸，生则逸，不知稼穑之艰难，不闻小人之劳，惟耽乐之从。自时厥后，亦罔或克寿。或十年，或七八年，或五六年，或四三年"。相反，"昔在殷王中宗，严恭寅畏，天命自度，治民祗惧，不敢荒宁，肆中宗之享国七十有五年"。所以，周公要求"继自今嗣王，则其无淫于观、于逸、于游、于田，以万民惟正之供"，宵旰勤政，以民事为务。

第四，"立政其惟克用常人"。此语见于《尚书·立政》篇，为周公告成王官人之道的主旨。在周公看来，用人是否得当，实为关系国家兴亡的大事。夏桀"弗作往

---

① 《尚书·大诰》。
② 《尚书·康诰》。

任,是惟暴德,罔后";商纣"惟妇言是用,昏弃厥肆祀弗答,昏弃厥遗王父母弟不迪,乃惟四方之多罪逋逃,是崇是长,是信是使,是以为大夫卿士。俾暴虐于百姓,以奸宄于商邑"[1]。结果人神共怨,天命归周。故当政者应注重自己的道德修养。"继自今立政,其勿以憸(佞)人,其惟吉士,用劢(勉力)相(治)我国家。"这是"祈天永命"的正确路径[2]。

以周公为代表的周初统治者,在对历史的认识总结中,在亲身经历了殷周变革的社会变迁中,深刻认识到了德治政策与政权兴亡的直接关系,这就决定了他们为了巩固新兴的周朝政权,必然汲取历史与现实的经验教训,实施以德治国的大政方针。

周公以德治国的实践主要表现在以下几个方面:

第一,规范君德。

在周人看来,王之德具有多方面的要求,刘泽华将其归纳为十项内容:(1)敬天。(2)敬祖。(3)尊王命。(4)虚心地接受先哲的遗教。(5)怜小民。(6)慎行政,尽心治民。(7)无逸。(8)行教化。(9)做新民,即改造殷民,使其改邪归正。(10)慎刑罚。[3]这十项内容全面概括了周人之君"德"的内涵,从中可知,周人的王德主要在于处理好与天的关系、与民的关系、与祖先的关系以及解决好君主自身的修养问题。

第二,运用尊卑有序的政治道德原则,维护人们的社会等级关系地位。

宗法制度和礼乐文化的创建形成,确立了西周社会的政治道德原则,它将人们纳入了上下一统的尊卑有分、贵贱有等、长幼有序、轻重有别的社会存在关系之中。为了维护这一社会结构的稳固和运行,周政权依据人们的尊卑有分的地位关系,进行了制礼作乐的文化建构,确定了人们的社会职能和行为规范。

---

[1] 《尚书·牧誓》。
[2] 参见杜勇著:《〈尚书〉周初八诰研究》,中国社会科学出版社2017年版,第206—208页。
[3] 参见刘泽华著:《中国古代政治思想史》,南开大学出版社1995年版,第9页。

周代制礼作乐的文化建构，其内容主要有：畿服之制，规定了周朝中央与地方政权的等级关系；爵位之制，规定了贵族之间的等级关系；田赋之制，确定了西周的经济制度；礼仪之制，规范了人们的日常行为准则。礼乐制度的形成，不仅对人们的社会职能进行了严格的等级规定，而且对人们的行为准则进行了严格的规范。无论是在为国尽职的社会政治职能上，还是在祭祀、婚丧、服饰、宫室等生活行为上，不同的社会地位关系，皆有不同的等级规范准则，都贯穿体现了尊卑有分、贵贱有等的政治道德原则。礼乐文化制度的确立，是对人的存在的行为方式的主动设制，周代统治者智慧地运用了宗法制度和礼乐文化尊卑有分的政治道德原则，明贵贱，辨等列，顺少长，维护了西周政权的稳固，推进了中国早期社会和谐有序的发展。

第三，推行慈孝友恭的伦理道德规范，规正人们的社会行为准则。

推行慈孝友恭的伦理道德规范，是周统治者德治思想的重要内容，它的目的在于维护宗法社会的和谐运行。由于西周初年天命神学的观念意识影响着人们对于社会的认识和行为，周政权的德治思想并没能完全摆脱天命神学的束缚制约，依旧运用天命神学的观念意识来论证并规正由现实社会体制所决定的人的伦理道德规范的至上合理性和神圣权威性。在周初执政者看来，父慈、子孝、兄友、弟恭等伦理道德规范，是上天对人们行为准则的合理规范，具有不可违背的天赋神圣性和至上公正性。亦即人道来源于天道，天道决定了人道。周政权推行慈孝友恭的伦理道德规范，在于将人们的行为纳入统一的准则之内，人们只有绝对地遵循这些天赋的道德规范，规正自身的社会行为，才是合乎上天的意旨。不遵守慈孝友恭的天赋道德规范，就要受到代天行道的统治者"刑兹无赦"的严厉惩罚。

第四，实施敬德保民的政治统治策略，保证政权的稳固与发展。

敬德保民的统治策略，是周代统治者德治思想的集中体现。作为社会政治和文化思想更新递进的时代精华，它的形成和实施，具体展示了周政权对于人的存在意义的积极追求。

周代以德治国思想与主张以周公为代表。他主张执政者治理百姓，应该恭敬谨慎，具有"徽柔懿恭，怀保小民，惠鲜鳏寡"①的仁德意识，在为政中要以慈仁宽厚、惠和恭义的道德来规范自身的行为。统治者要能够了解民众的困苦，保证民众的基本生存所需。周公指出："我有周既受。我不敢知曰：厥基永孚于休。若天棐忱，我亦不敢知曰：其终出于不祥。"②周公明智地意识到，天命的转移并不以统治者的意志为根据，而以是否合于民心为尺度。他说："弗永远念天威越我民；罔尤违，惟人。"③如想稳固政权，执政者就要"克敬德，明我俊民"④，"王其德之用，祈天永命"⑤。由于民心向背决定政权的兴亡，所以执政者只有不贪图享乐，"往尽乃心，无康好逸豫，乃其乂民"。⑥故周公称赞商王祖甲"爰知小人之依，能保惠于庶民，不敢侮鳏寡"，告诫成王要"先知稼穑之艰难，乃逸，则知小民之依"，要求为政要"无淫于观、于逸、于游、于田"，不要过分贪图安逸享乐，而要学"殷王中宗，严恭寅畏，天命自度，治民祗惧，不敢荒宁"；要学"文王卑服，即康功田功"，与民众打成一片；对于臣民不可横征暴敛，而要减轻贡赋负担，"以庶邦惟正之供"⑦；只有勤于政事，体恤民情，才能拥有天命政权。更重要的是，官吏的选用，也要以是否有德为标准。尽管西周的宗法制度有着世禄世职的规定，但周公仍然指出要选用有德之人。周公在总结历史经验与教训中认识到，桀、纣政权的覆灭，在于他们的统治集团多无德之吏，不能为政以德，"不克明保享于民，乃胥惟虐于民，至于百为，大不克开"⑧，因而"是惟暴德，罔后"⑨。而文王之所以能够创立灭殷根基，就在于"文王惟克厥宅心，乃克立兹常事司牧人，以克俊有德"⑩，所以散宜生、姜太公等一大批

---

① 《尚书·无逸》。
② 《尚书·君奭》。
③ 《尚书·君奭》。
④ 《尚书·君奭》。
⑤ 《尚书·召诰》。
⑥ 《尚书·康诰》。
⑦ 《尚书·无逸》。
⑧ 《尚书·多方》。
⑨ 《尚书·立政》。
⑩ 《尚书·立政》。

贤臣能够以德辅助周王朝的创建。因此，周公指出，从今以后，继位君王设立官员，必须任用贤能善良的人，"继自今后王立政，其惟克用常人"，凡是"克俊有德"的贵族贤明之人，都要"用劢相我国家"①。以德治国，统治者还要实施明德慎罚的策略。周公多次指出，文王之所以能够拥有天命，就在于他实行了"明德慎罚"的统治策略。周公强调，执政者要加强自身的道德修养，"王敬作，所不可不敬德"②；要多学习多思考，"惟圣罔念作狂，惟狂克念作圣"③，只有修养道德，有德于民，才能巩固政权。只有推行德教，民众才能认识到自身的行为规范，遵守伦理道德准则，社会才能和谐有序地运行发展。惟有采取明德慎罚、恩威并施、宽严并济的重德策略，民众才能服从管理，自觉规范自身的行为，国家才会得以稳固发展。

周公德治思想及其实践，开启了中国政治以德治国的先河，开启了中国文化对于人的存在的自觉认识历程，表明了周初统治者在对天、人、德、政的关系认识上，发现与运用了人的存在的道德特征，认识到了人的道德存在在国家政权兴衰存亡中的重要作用。

周政中的德治思想，在中国政治和文化的发展史上具有十分重要的价值。它推进了中国传统社会和文化的道德精神特征的形成，促成了中国政治体制与道德规范的融汇合一，构筑了中国社会政治与伦理相结合的治理范式，形成了天下一家、社会一统的结构特征，这对于中华民族的融合和发展，无疑产生了深远的凝聚向心作用。④

继周公四百年后，受鲁国浓厚周文化的熏陶，一代大思想家孔子应运而生。他在全面系统学习周政治制度及文化的基础上，对周公学说及西周政治思想进行了批判性的继承与发展，从而奠定了后世各朝用儒家思想治国的基础。

历史发展到春秋战国时期，礼乐制度所存在的问题集中爆发，礼崩乐坏的局面

---

① 《尚书·立政》。
② 《尚书·召诰》。
③ 《尚书·多方》。
④ 参见孙聚友：《论周公的德治思想及其文化价值》，《天津社会科学》1997年第6期。

不可避免地出现。孔子正是在这样的局面中脱颖而出。他力图克己复礼，劝说诸侯们从仁德上恢复西周初期那种以德治国的礼乐秩序。

"孔子一身，直为中国政教之原，中国之历史，即孔子一人之历史而已。故谈历史者，不可不知孔子。"[1] 孔子所处的春秋时代，与周公旦所处的社会环境相比，已经发生了翻天覆地的变化，出现了所谓"礼崩乐坏"的社会状况，在这种情况下，孔子所提倡的先代文明尤其是周公旦时代的社会文明许多已不为统治者所重视，但孔子绝非提倡时时处处遵从周礼而行，而是想要在周代政治制度的基础上探索如何增进自我修养、改善人际关系以及保持社会和谐的本质，"仁""德"即是他在学习周文化基础上长期探索的最终结果。所以，孔子"仁德"观念的形成并非建立在复周礼的前提下，而是有着与时俱进的丰富内涵，符合历史发展规律。

在西周之后，礼乐制度主要保存在周公的封国——鲁国。作为儒家创始人的孔子生在鲁国，使他最有条件继承周公的"德""礼"思想。先秦大量文献记载了孔子对周礼执着的追求。自儿时起，孔子在和别的孩子游戏时就"常陈俎豆，设礼容"[2]。有志于学以后，更以钻研礼乐为乐事。为了了解有关祭祀的礼仪，他"入太庙，每事问"[3]；为研习音乐，他曾学琴于鲁乐官师襄子；为了解殷礼的底细，他甚至跑到自己祖宗的老家宋国去观察"殷道"；他还到过周都洛邑，"观先王之遗制，考礼乐之所极"[4]，并向周大夫苌弘学习古代的乐舞。这一切，使他很早就成了鲁国懂礼的"闻人"，以致当时鲁国著名贵族孟僖子临终立下遗嘱一定要送自己的两个儿子到孔子门下去学习礼仪。后来鲁定公前往齐国赴夹谷之会，也任命孔子担任自己的相仪。孔子在他多年的教学生涯中，更是不遗余力地宣传礼乐文化，要求学生"兴于诗，立于

---

[1] 杨琥编：《夏曾佑集》下，上海古籍出版社2011年版，第824页。
[2] 《史记·孔子世家》。
[3] 《论语·八佾》。
[4] 《孔子家语·观周》。

礼，成于乐"①，"非礼勿视，非礼勿听，非礼勿言，非礼勿动"②。然而孔子对于"礼"的把握更在于其精神实质上。像周公及其所代表的周初进步思想家一样，他强调的是"礼"的人文精神，并不在乎"礼"的外在仪节。如他提出的"祭如在，祭神如神在"③；"礼，与其奢也，宁俭；丧，与其易也，宁戚"④；"麻冕，礼也；今也纯，俭，吾从众"⑤。对于天道，他亦主张"天何言哉？四时行焉，百物生焉，天何言哉"⑥；"务民之义，敬鬼神而远之，可谓知矣"⑦；"未能事人，焉能事鬼"等。孔子的主张实际上是对周公"敬天保民"和"以德配天"思想的继承和发展。孔子同样把握住了周公将礼制作为道德之手段这一精神，要求对人们"道之以德，齐之以礼"⑧。在记录孔子言论的一万三千余字的《论语》中，就有三十余处提到"德"字，如"君子怀德""为政以德"等，可见孔子对道德的重视程度。

"德"在西周统治者那里主要与维护自身的统治有关。它在很大程度上是为了治理民众、维护统治的目的而提出来的。但在孔子那里，"德"已变成了纯粹个人道德修养的范畴，成了"君子"所应遵守的各种伦理道德的准则。这些伦理道德表现在处理各种人际关系上，包括对父母的孝，对兄弟的友，对朋友的信，对上司及一切与己交往之人的忠，对民众的宽、惠，个人独处时的恭，执事时的敬，等等。而其要旨，或所有道德行为围绕的一个中心，则是所谓"仁"。"仁"是君子所追求的价值观和人生观的综合体现，是"至德"，即君子最高的道德境界。按照孔子的解释，"仁"要求具有多种优秀的德性，如樊迟问仁，子曰："居处恭，执事敬，与人忠。"⑨子张

---

① 《论语·泰伯》。
② 《论语·颜渊》。
③ 《论语·八佾》。
④ 《论语·八佾》。
⑤ 《论语·子罕》。
⑥ 《论语·阳货》。
⑦ 《论语·雍也》。
⑧ 《论语·为政》。
⑨ 《论语·子路》。

问仁，孔子曰："能行五者于天下为仁矣"，"恭、宽、信、敏、惠。"[①]但所有这些德性，必须有一个根本出发点，这就是"爱人"，同时对自己还必须有所克制。故樊迟问仁，孔子答之以"爱人"[②]。颜渊问仁，孔子又答以"克己复礼为仁"[③]。"爱人"与"克己"都是"仁"的基本要求。对于此，必须在任何场合、做所有事情时都坚持："君子无终食之间违仁，造次必于是，颠沛必于是。"[④]"仁"是志士仁人一生追求的目标："士不可以不弘毅，任重而道远。仁以为己任，不亦重乎？死而后已，不亦远乎？"[⑤]这样，孔子就为中华民族凡有道德追求之人树立了一个明确的道德终极目标。这是周初以周公为首的统治者未能企及的。

孔子也强调"礼"。孔子语录中，提到"礼"的地方很多。这是因为，孔子仍把"守礼"当作对个人道德行为的约束，即当作"克己"的一种手段。但是综观孔子的"礼"，可以明显感到，它是从属于"仁德"这个崇高的道德目标之下的。"仁"是"礼"所追求的人生最高境界，是"礼"的价值观的集中体现，礼不过是"仁"得以实现的一种具体途径。

如上所述，孔子对"礼"已经进行了自我改造。经过孔子改造过的"礼"，已不纯在乎其繁缛的外在仪节，而在于强调其内涵的精神。这个精神就是对仁德的要求。对于传统的礼义，只要不关乎人的大节行为，孔子似乎也容许人们不去严格遵守。如管仲在自己家中"树塞门"，用"反坫"，两项行为都违反了卿大夫所应遵守的礼仪，孔子因而批评管仲"不知礼"[⑥]，但这并未妨碍孔子在总体上仍给予管仲高度评价。他在另一场合称："桓公九合诸侯，不以兵车，管仲之力也，如其仁！如其仁！"[⑦]一

---

① 《论语·阳货》。
② 《论语·颜渊》。
③ 《论语·颜渊》。
④ 《论语·里仁》。
⑤ 《论语·泰伯》。
⑥ 《论语·八佾》。
⑦ 《论语·宪问》。

再称许管仲的"仁",甚至说"民到于今受其赐,微管仲,吾其被发左衽矣"[1]。联系到孔子很少以"仁"许人,连自己欣赏的学生子路、冉求、公西赤等,孔子也都未承认其达到了"仁"的标准,可见孔子对管仲的评价不是斤斤计较于其个别失礼的行为的。[2] 由此可见,周朝的礼乐文明,尤其是周公的思想,深深地影响了孔子。但是作为一位伟大的思想家,孔子并没有单纯继承先哲们的思想,而是汲取了其中最有营养的成分,并以之为立足点,从自己所处的现实社会的多方面、多角度出发,以"仁"为本,以"中庸"为德,以"修己安人"为人生目标,建立了一整套完整的儒家学说体系,为春秋战国时期"百家争鸣"的学术园地增添了一朵耀眼的奇葩,并影响了此后中国社会几千年的发展。

从周公到孔子,是中国早期儒家的初始发展阶段。在这一时期,早期儒家按照自身的政治理想设定,结合现实政治局势的风云变幻,树立了伦理政治特质与民本政治理念两大政治哲学主题。围绕着这两大主题,早期儒家进行了不遗余力的论证与实践,为后来王朝执政者资治提供了养料。

二、礼乐制度的实施

在周文化的兴起过程中,作为周初实际最高统治者,周公十分重视礼乐制度的建设。

第一,"以礼为法""以礼治国"。

"礼"字在殷商甲骨文中就已出现,它的字形象征以豆(盘)盛玉祭祀祖先、上帝,以示敬意。许慎《说文解字》说:"礼,履也,所以事神致福也。"殷人的"礼",实际上就是"尊神"的仪式。因此,殷人的"礼",就是与神权和宗法密切联系的行

---

[1]《论语·宪问》。
[2] 参见沈长云:《论孔子对周公"德"、"礼"思想的继承和发展》,《河北师范大学学报》(社会科学版),2000年第1期。

为规范。在天命论盛行的殷商时期，"礼"的宗旨是为神权服务的，殷人之"礼"虽也含有宗法成分，但其宗法色彩并不浓厚。商人奉行的是神权法思想，因此，"礼"的法律功能是相当薄弱的。

周取代商的统治地位以后，周公在总结商的失败教训中，也对商代法律的得失进行了认真的反思和总结。有商一代，由于统治阶级崇尚神权法，以致把现实中的刑罚也称为天之罚。因此，商代的刑法极为残酷。商纣王时，"重刑辟，有炮烙之法"①。据说周文王曾请求商纣王废除炮烙之刑，孔子曾赞美说："仁哉文王，轻千里之国，而请解炮烙之刑。智哉文王，出千里之地而得天下之心。"②这说明，周初统治集团是不赞成施行商代残酷的刑罚的。

在西周政权建立的过程中，周公等周初统治者已经认识到"天命靡常"，对殷商的天命论产生了怀疑，因此，他们提出了"皇天无亲，惟德是辅"的政治观点。与此相适应，在法律思想上，周公提出了以礼治国的观点。

关于周公在礼治上的实践，在先秦典籍中，除了《左传·文公十八年》季文子使太史克对鲁宣公说"先君周公制周礼"以外，《国语·鲁语下》也有"若子季欲其法也，则有周公之籍矣"。这里的"籍"，是间接地指载有"周礼"的典籍。《论语·为政》也说："周因于殷礼，所损益可知也。"根据这些文献的记载，周公制礼应确有其事。历史上关于"周公制礼"的传说，实际上就是指由周公主持，对以往的宗法传统习惯进行补充、整理，从而厘定成一整套以维护宗法制度为中心的行为规范以及相应的典章制度、礼乐仪式的过程。周公按照这套体现了"亲亲""尊尊"的宗法原则来治理国家，这就是"以礼治国"的礼治。

周公所制定的"礼"，是宗法等级制度的依据和标准。荀子说："礼者，贵贱有等，长幼有差，贫富轻重皆有称者也。"③可见，周公之礼是调整政治、经济、军事、

---

① 《史记·殷本纪》。
② 《韩非子·难二》。
③ 《荀子·富国》。

司法、教育、婚姻、家庭、伦理道德等方面行为规范的总和。所谓："道德仁义，非礼不成；教训正俗，非礼不备；分争辩讼，非礼不决；君臣上下，父子兄弟，非礼不定；宦学事师，非礼不亲；班朝治军，莅官行法，非礼威严不行。"① 因此，周公之礼，关乎国家政治社会的各个方面，直到个人的一切言行。礼的基本原则即："亲亲也，尊尊也，长长也，男女有别，此其不可得与民变革者也。"② 其中，"亲亲"是宗法原则，旨在维护家长制；"尊尊"也是宗法原则，旨在维护君主制。

作为"定亲疏，决嫌疑，别同异，明是非"③的"礼"，在西周时期起到了"经国家，定社稷，序民人，利后嗣"④的重大作用。因此，周公所制之礼，带有根本大法的性质。同时，它的许多规定，是用国家强制力来保证执行的，违犯了"礼"就会受到严厉惩罚，即所谓"出礼则入刑"。这样，礼就不仅仅是一般的伦理准则，还是规范人们行为的强制性规范，是西周法律体系中不可分割的有机组成部分。《周礼·地官·大司徒》说"以五礼防万民之伪而教之中"，直接指明了"礼"的法律性质。先秦典籍中所提到的"夫礼，所以正民也"⑤，"以礼防民"⑥ 等，也都表明了"礼"具有法律的强制性规范特征。

按照"礼"的要求，人们必须做到父慈、子孝、兄友、弟恭。因此，周公要求对不遵守这些规范的人实行严惩。他把"不孝不友"的行为视为"元恶大憝"，即罪大恶极，提出要对此"刑兹无赦"，即严惩而不宽恕。他特别提醒康叔，一定要充分认识到违反礼法而不受到严惩所带来的危害。他说："惟吊兹，不于我政人得罪，天惟与我民彝大泯乱。"⑦ 就是说，百姓有了不孝不恭不友不爱的现象而不到我们执政者这里来认罪，上帝赐给我们的统治民众的大法，便要遭到严重破坏。由此可见，周

---

① 《礼记·曲礼上》。
② 《礼记·大传》。
③ 《礼记·曲礼上》。
④ 《左传·隐公十一年》。
⑤ 《国语·鲁语》。
⑥ 《左传·哀公十五年》。
⑦ 《尚书·康诰》。

公实际上是把遵守礼法看成是维护西周统治的首要任务。

周公把礼治放到国家政治建设的首要地位，其根本目的在于维护周王室在王权和族权上的绝对优势地位，达成"天无二日，土无二王，国无二君，家无二尊，以一治之也"①的社会政治局面。这就决定了礼是为维护宗法等级秩序而服务的。因此，礼治的基本特征就是"礼不下庶人，刑不上大夫"②。

在周公所建立的法律制度中，礼与刑是配合实施的。它们在适用对象上各有所侧重。"礼不下庶人"，是指"礼"主要是用来调整统治阶级内部关系的。各级贵族依据礼所享有的各种特权，奴隶和平民一律不得享受。"刑不上大夫"，指的是刑罚的主要适用对象是普通民众。礼治和刑治各司其职，表明周公所制定的法律规范是公开的、不平等的特权法。但是，"礼不下庶人，刑不上大夫"也是相对的。礼所规定的各种义务，不仅贵族们要遵守，庶民百姓也必须无条件地遵守。同时，对于犯上作乱，"放弑其君""贼杀其亲"的个别贵族，由于其行为已严重危害周政权的稳定，也必定受到严惩。在礼法中，"大夫强，而君杀之，义也"③。周公平"三监"之乱后，杀其兄管叔，放逐其弟蔡叔，就是严惩周王室重要成员的一个明显例证。周公之子伯禽在征伐淮夷、徐夷之前对包括卿大夫在内的部众发布的誓师词中，便谈到了适用于卿大夫的"常刑"。他说："乃越逐，不复，汝则有常刑。无敢寇攘。逾垣墙，窃马牛，诱臣妾，汝则有常刑。"④意思是说，如果你们敢于离开队伍去追赶走失的牛马和逃跑的奴隶，或得到了却不归还，那就要被处以刑罚。不许你们抢夺掠取。假如你们敢翻墙越壁，盗窃牛马，拐骗别人的男女奴仆，也要被处以刑罚。他还威胁说，如果这些卿大夫不搞好备战和后勤工作，"汝则有大刑"，即要被处以死刑。自此以后，"周有常刑"或"国有常刑"就成了一些诸侯责问其他诸侯违反礼法行为所经常使用的理由。

---

① 《礼记·丧服四制》。
② 《礼记·曲礼上》。
③ 《礼记·郊特牲》。
④ 《尚书·费誓》。

总之，周公的礼治思想及其实践，作为维护宗法和政治秩序的强有力的法律武器，对于在较长时期内维护周王朝政治安定与社会秩序的稳定起到了重要的作用，对后世也产生了十分重要的影响[1]。

第二，创作雅乐，以导伦理。

雅乐是指中国历代统治者用于宗教、政治、风俗的各种仪式、典礼中的音乐舞蹈。雅乐的源头可以上溯到传说中黄帝时的《云门》、帝尧时的《咸池》、帝舜时的《韶》及夏代的《大夏》、商代的《护》等乐舞。它们在产生的时代虽尚未正式地称作雅乐，但已具有较明显的为统治者服务的功能，因此，它们已具有后来被正式定为官方正统音乐舞蹈的雅乐的萌芽。由于周代这些乐舞仍在流传，周公在制作雅乐时，就有意识地利用了这种音乐舞蹈形式，并且加以改造，使之更适于为政治服务，从而形成了一种新的乐舞形式——雅乐。

周公制作的雅乐与前代乐舞的主要区别在于：前代并没有建立起较为严密的宗法制度，因而其乐舞不是为宗法制度服务的，周公制作的雅乐则是宗法制度的重要组成部分。

殷商时代，由于天命论的盛行，"殷人尊神，率民以事神，先鬼而后礼"。统治者频繁地举行祭祀和占卜活动，被认为能沟通人神关系的巫师则在这种活动中表演歌舞。这种乐舞的目的是娱乐鬼神。它主要是为神而歌而舞，至于如何使人产生愉悦的情感反倒变得无关紧要了。

周朝则不同。雅乐在周公的治国手段中，地位仅次于礼。所谓"礼乐刑政，四达而不悖，则王道备矣"[2]，就说明了这一点。雅乐是作为礼乐制度的一个不可或缺的内容而存在的。"礼"和"乐"是宗法制度中互为补充的两个方面，"大乐与天地同和，大礼与天地同节"，"乐者，天地之和也；礼者，天地之序也。和，故百物皆化；序，故群物皆别"，"王者功成作乐，治定制礼"，"乐者为同，礼者为异。同则相亲，

---

[1] 参见辜堪生、李学林著：《周公评传》，四川大学出版社2006年版，第134—140页。
[2] 《礼记·乐记》。

异则相敬"①。这表明,"乐"是"礼"的重要补充,都是为维护宗法等级制度而作的。另一方面,礼乐还具有增强宗族内部的凝聚力和向心力的作用。周公有意识地利用了雅乐平和、柔缓的旋律,使人沉浸于愉悦、祥和的氛围之中,以消解亢奋、对立等不和谐情绪。因此,调和宗族内部与国家的人际关系是周公制作雅乐的真实意图。雅乐的利用,正好弥补了礼制的不足。

周公不仅仅是西周礼乐制度的设计者和制定者,也是雅乐的创作者。周公除了创作大型乐舞《大武》外,还是多首雅乐歌词的采集者和几首歌词的作者。在《诗经》中,留下了几首周公所作的雅乐歌词。

据《吕氏春秋·古乐》的说法,《诗经·大雅·文王》一诗是周公写成的:"周文王处岐,诸侯去殷三淫而翼文王。散宜生曰'殷可伐也',文王弗许。周公旦乃作诗曰:'文王在上,於昭于天。周虽旧邦,其命维新',以绳文王之德。"② 这首诗共七章,每章八句,以歌颂文王"受命"建周为主题。有周一代,它被广泛地使用于祭祀、朝会或两君相见等重大活动之中,起到了类似周朝国歌的作用。因此《文王》一诗,在雅乐中扮演了极其重要的角色。诗中写道:

  文王在上,
  於昭于天。
  周虽旧邦,
  其命维新。
  有周不显,
  帝命不时。
  文王陟降,
  在帝左右。
  ……

---

① 《礼记·乐记》。
② 《吕氏春秋·仲夏纪》。

命之不易,

无遏尔躬。

宣昭义问,

有虞殷自天。

上天之载,

无声无臭。

仪刑文王,

万邦作孚。

作为雅乐的歌词,《文王》不只是对周文王进行赞美,还表达了作者的许多基本观点。作者对天命论的怀疑、对殷商失败教训的总结、对德治的提倡和对后世统治者的期望,都鲜明地表达出来了。通过对雅乐的反复演唱,周公的治国之道就世世代代流传下来,并被后世君主和诸侯们铭记。

据说,《诗经·周颂·清庙》一诗也是周公在洛邑五年时所作。该诗是祭祀文王于清庙时所演唱的歌词。全诗共一章八句,诗中写道:

於穆清庙,

肃雝显相。

济济多士,

秉文之德。

对越在天,

骏奔走在庙。

不显不承,

无射于人斯。

据《尚书·金縢》记载,"周公居东二年……公乃为诗以贻王,名之曰《鸱鸮》"。《鸱鸮》是周公为表明自己心迹而为成王所作,对于其内容,此处不再赘述。

《诗经·豳风·七月》一诗，是一首共八章、每章十一句的长篇诗歌。《毛诗序》说《七月》是"陈王业也。周公遭变故，陈后稷先公风化之所由，致王业之艰难也"。诗中写道：

> 七月流火，
> 九月授衣。
> 一之日觱发，
> 二之日栗烈。
> 无衣无褐，
> 何以卒岁。
> 三之日于耜，
> 四之日举趾。
> 同我妇子，
> 馌彼南亩，
> 田畯至喜。
> ……
> 二之日凿冰冲冲，
> 三之日纳于凌阴。
> 四之日其蚤，
> 献羔祭韭。
> 九月肃霜，
> 十月涤场。
> 朋酒斯飨，
> 曰杀羔羊。
> 跻彼公堂，
> 称彼兕觥，

万寿无疆。

　　从全诗的内容来看，它不仅描绘了稼穑的艰辛，也抒发了爱情的甜蜜；它不仅写人们的劳动过程，也写人们的娱乐和消费。因此，它是一部描写周初社会生活的史诗。

　　据《吕氏春秋·音初》记载："周公召公取风焉，以为《周南》、《召南》。"周公旦和召公奭分陕而治，自陕县以东（今河南陕县）为周公所管理的周南，具体包括今河南西南部及今湖北西北部一带。采自这些地方的诗，统名为《周南》。周代诸侯有从其封地"采风"以献天子的义务。因此，《周南》的部分诗歌当是周公在"分陕而治"之后对当地民间歌谣进行收集、整理的最能体现周公的德治教化的歌谣[①]。

　　第三，规范礼乐，以系宗法。

　　周族代商，是中国古代政治制度、思想文化领域的巨大变革。在灭商过程中，周初统治集团逐渐认识到，国家兴衰很大程度上并不取决于对上帝是否崇敬，而是取决于统治万民的手段。在对"德"与"民"深刻认知的基础上，宗周时代"礼"的观念发生重大变化。周人以宗法制为核心的"尊礼文化"，将所有人都纳入宗族礼法的制度之中，目的在于利用以血缘等级为核心的礼制统治民众，实现社会的长久稳定。夏商时代作为通天工具的"乐"，此时也随之转向人间宗法领域，成为维护现实王权统治的有力手段。

　　周人在"礼乐治国"思想支配下，赋予"礼"诸多繁缛复杂的规定，使之渗透到社会生活的方方面面，"乐"同时被附载于各种礼仪制度，成为国家制度化、程式化、等级化的重要组成部分。宗周时代的礼乐形态，以"礼—王权—乐"模式呈现出来。

　　在周公制定的礼乐制度中，乐与礼是对应的。在严格规范的各种礼仪中，同时也包含了有关乐舞使用的具体规定。事实上，所谓"礼仪"也就是礼乐的综合体。由

[①] 参见辜堪生、李学林著：《周公评传》，四川大学出版社2006年版，第200—206页。

于乐舞已成为周代社会生活的一部分，因而音乐舞蹈的教育成为贵族子弟们的必修课，"乐"与"诗""书""礼"并称"四术"。

西周乐制中最为重要的一环就是建立了集音乐教化、音乐教育和音乐演出于一体的中央音乐机构——大司乐。它是一个职能复杂、部门众多、规模庞大的实体。据《周礼·春官·大司乐》记载，这个机构共设置了包括大司乐、乐师、大胥、小胥、大师、小师、视瞭、典同、磬师、钟师、笙师等共二十余个不同等级、职称的多达一千四百六十三人的乐官、乐师、舞师和职员、工役。除了这些有定额的人员外，还有为数众多的无定额人员。

在这个主管音乐的中央机构中，大司乐是最高官职，由中大夫两人担任，职责是"掌成均之法，以治建国之学政，而合国之子弟焉"①。大司乐除了总管音乐行政、乐制和各种典礼音乐的制定以外，还负责贵族子弟的音乐教育及乐工的训练等等。大司乐负责教授贵族子弟乐德、乐语和乐舞，所教乐舞为"大舞"。大司乐"死则以为乐祖，祭以瞽宗"②，享有很高的社会地位。乐师的职责是"掌国学之政，以教国子小舞"③，是歌舞的总教习和总指挥。包括大乐正（官阶为下大夫）四人，乐正（官阶为上士）八人，小乐正（官阶为下士）十六人，共二十八人。乐师所教之乐舞为小舞，有帗舞、羽舞、皇舞、旄舞、干舞和人舞等六种形式。乐师还负责有关天子、诸侯、大夫和士在不同场合所使用的"乐仪"的教授。

周代乐制是与礼制紧密地结合在一起的。在礼乐制度中，对于各种礼仪中乐的使用是按不同的等级分别加以严格限定的。

在所使用的乐器数量上，就有与宗法等级相对应的规定。如钟、磬类编悬乐器，就有"王宫县，诸侯轩县，卿大夫判县，士特县"④的规定，即王有四面，诸侯有三面，卿大夫有两面，士有一面。

---

① 《周礼·春官·大司乐》。
② 《周礼·春官·大司乐》。
③ 《周礼·春官·乐师》。
④ 《周礼·春官·小胥》。

在乐队演出的规模上，也有与宗法等级相对应的具体规定。如舞队的行列有"天子用八，诸侯用六，大夫四，士二"[①]的规定，即分别用八佾、六佾、四佾和二佾，每佾即一个由八人组成的行列。

在乐舞曲目的应用上，也有与宗法等级相对应的明确规定。《周礼·春官·乐师》有"凡射，王以《驺虞》为节，诸侯以《狸首》为节，大夫以《采蘋》为节，士以《采蘩》为节"的规定。又如，《雍》用于天子祭祀时撤除祭品之时，《三夏》是"天子享元侯之乐"，《文王》是"两君相见之乐"[②]，等等。

根据周代礼乐制度的要求，重大礼仪场合所演奏的曲目往往既多且繁，过程相当漫长。以燕礼为例，《仪礼·燕礼》对乐的规定就多达四五百字。在这些规定中所提到的需演奏的曲目多达十九个，如："工歌《鹿鸣》、《四牡》、《皇皇者华》"，"奏《南陔》、《白华》、《华黍》"，"乃间歌《鱼丽》，笙《由庚》。歌《南有嘉鱼》，笙《崇丘》。歌《南山有台》，笙《由仪》。遂歌乡乐：《周南·关雎》、《葛覃》、《卷耳》，《召南·鹊巢》、《采蘩》、《采蘋》》，宴终还要"奏《陔》"。"乐"在周代礼仪中的重要性及其规定的严格性由此可见一斑。

周代乐制的规定和礼制的规定一样，是具有强制性的。它要求任何人都必须严格地遵守，不得有丝毫违反。如果违反便是"僭越"或者"非礼"，就要遭到惩罚或谴责。

有周一代，这种服务于礼制的雅乐先后兴盛了四百多年。通过严格的乐制，这种乐舞持续不断地赞颂统治者的盛德，灌输宗法伦理思想，不断地强化人们对宗族和国家的归属感，在客观上的确起到了维系宗法制度的作用。

雅乐的演出规模宏大，演出过程相当程式化，确能给人以一种古朴、庄严和宏伟之感。但是，它的旋律和歌词是为特定的礼节服务的，因而沉闷、呆板，又给人以沉重和压抑之感。因此，进入春秋战国以后，就出现了乐制遭到破坏的情况。一

---

① 《左传·隐公五年》。
② 《左传·襄公四年》。

方面，不少诸侯厌烦雅乐而喜爱俗乐。如"魏文侯问于子夏曰：'吾端冕而听古乐，则唯恐卧；听郑、卫之音，则不知倦。敢问古乐之如彼，何也？新乐之如此，何也？'"①这使孔子发出了"礼崩乐坏"的感叹。俗乐纷纷进入宫廷，如齐宣王喜好"世俗之乐"，秦国宫廷出现"郑卫桑间"之乐等等。另一方面，诸侯、大夫们不遵守礼乐制度的规定，僭越宗法等级，大夫窃用天子用的乐歌，诸侯动用天子的乐队规模，公然"八佾舞于廷"，在礼崩乐坏情况下，雅乐地位开始动摇。

孔子对乐制遭到破坏的现状十分不满，他愤怒地说："恶紫之夺朱也！恶郑声之乱雅乐也！恶利口之覆邦家者！"②因此，当他晚年返鲁以后，就着手"正乐"，使《雅》《颂》各得其所③，以图挽救雅乐的至尊地位。然而，历史发展的轨迹是不依人的主观意志为转移的。周代乐制本是为礼制服务的，现在，礼制崩溃了，乐制也自然难以为继。随着宗法等级制度的崩溃，雅乐也就失去了其存在的社会基础。虽然后来自汉起直至清代，雅乐一直在历代宫廷音乐中占有一席之地，但它不过只是满足一些人复古嗜好的"古董"，徒具形式的摆设罢了。春秋战国以后，在历代宫廷音乐中，重俗轻雅已呈必然之势。④

三、天命与政治运作

天命思想是周人政治运作的理论工具，这在我们前面分析"德治"的内容时已经多少有所揭示。这一部分，我们重点讨论天命观念是如何具体与周人在政治制度上进行全面结合的。

将天命观巧妙地运用到政治实践中，以此来巩固周王朝的统治，这是周公对周文化的一大贡献。周初统治集团在总结殷商王朝灭亡的教训基础上，花大力气改造

---

① 《礼记·乐记》。
② 《论语·阳货》。
③ 《论语·子罕》。
④ 参见辜堪生、李学林著：《周公评传》，四川大学出版社2006年版，第208—211页。

了商朝统治者将政权命运托付给"神"的做法,将"君权神授"改造为"君权天授",自然而然地将天命与政治运作结合起来,让"君权天授"观念深入人心,成为中国文化的一个重要部分。

第一,王权与天命相结合。

上帝原为殷人的保护神,被周人改造成为超族群的普遍的裁判者。《诗经·大雅·皇矣》说:"皇矣上帝,临下有赫,监视四方,求民之莫。维此二国,其政不获……上帝耆之,憎其式廓,乃眷西顾,此维与宅。"这似乎是说上帝以关怀四方民瘼,有鉴于夏商为政失德,始眷顾周人,赋予统治天下的大任。实际上,这正是周初统治者所宣传的一种政治导向。与其说是上帝选中了周人,倒不如说是周人选择了上帝,更准确地说是西周王朝的统治者把上帝从一个极具族群独占特色的神灵变成同"天"一样可供天下万民共同信仰的神灵更为恰当。经过西周初年统治阶级的改造,周人帝、天合一的宗教观念终于形成并最终演变成为一种政治文化。周人说"天生烝民"[1],似乎天下万民与天帝都有一种共同的血缘关系,在天帝面前人尽其子。实则在周朝统治者看来,只有王者才是天之"元(长)子",又只有"元子"才堪称"天子"气。《尚书·召诰》记召公称成王为"元子",《尚书·立政》记周公称成王"天子王",《尚书·顾命》记成王说"用敬保元子钊弘济于艰难",而召公则对康王钊说:"敢敬告天子。"足见"天子"之称乃王者的专利,与庶民百姓并无缘分。正是由于王者居于这种特殊的地位,"天惟时求民主",才使其享有拥土治民的权力。《尚书·梓材》说:"皇天既付中国民越厥疆土于先王",即表明君主拥土治民的权力来源于天神的赐予。这就为周天子统治天下万民披上了天命神学的外衣,大大强化了周天子至高无上的统治地位。其后历代王朝的最高统治者均以"天子"自居,就是这种"君权天授"理论的继承与发展。

但是,周天子的统治权力不是绝对的、无限的,它也要受到一定条件的制约。这个条件就是周天子必须"克堪用德"。《尚书·多方》说:"惟我周王,灵承于旅(众),

---

[1] 《诗经·大雅·烝民》。

克堪用德,惟典神天。"这是说,周王能够善待上天托付的民众,能够依照德治的方针行事,因而得以主持唯天子所能为的神天之祀。这种政治观决定了"敬德"成为"天惟时求民主"的政治标尺。由于"敬德"观念包含民意即天意的内容,因而民心的向背也就成了制约君主行为的客观准则。"这种行为准则对君主不具有法律上的约束力,却具有道德上的约束力,人们可以根据这种行为准则对君主进行道德上的褒贬。"[1] 西周晚期发生的"厉王流彘"事件即是明证。

《国语·周语上》说:

> 厉王虐,国人谤王。邵公告王曰:"民不堪命矣!"王怒,得卫巫,使监谤者,以告,则杀之。国人莫敢言,道路以目。王喜,告邵公曰:"吾能弭谤矣,乃不敢言。"邵公曰:"是障之也。防民之口,甚于防川。川壅而溃,伤人必多,民亦如之……故天子听政……是以事行而不悖……"王不听,于是国人莫敢出言,三年,乃流王于彘。

这个事例很好地说明,周天子的权力虽来自天的赐予,但并不意味着君主就可以享有绝对的专制权力,可以凭借个人的主观意志而恣意妄为。君主的权力必须接受政治道德化的约束,遵循一定的行为准则,才能"诞作民主""祈天永命"。这说明在天命思想支配下的周代君主制度,与殷代王权很少受天神限制的专制政治相比,实有本质上的进步。周人的这种王权理论为后来的儒家所继承,发展为一种德治主义的思想,对后来中国社会产生了深远而积极的影响。

第二,封建宗法制度与天命相结合。

前面已经详细论述过,封建宗法制度是周王朝政治最富有特色的地方。与殷代松散的方国联盟政治体制不同,周人实行的是层级分封的宗法统治。这是殷周之际政治史上的一大变革。周人实行宗法分封制,其目的是在维护周王作为嫡长子的君统地位的同时,又通过宗子分封形成上下严密有秩的政治网络,以巩固周人对全国

---

[1] 余敦康:《殷周之际宗教思想的变革及其对哲学思想发展的影响》,《中国哲学史研究》1981 年第 1 期。

的统治。《诗经·大雅·文王》说："文王孙子，本支百世。"表明文王的子孙有大宗、小宗之别，大宗为天子，小宗为诸侯。周人通过分封建立了自天子以至于士的家国同构的宗法等级关系，实现了君统与宗统的牢固结合，以华夏族为主体的统一王朝从此才得以在中国历史上第一次真正宣告形成。事实说明，周人的宗法分封制作为国家主要的根本的政治制度，也深染天命神学的色彩。周天子被称作"元子"，表明他具有王族嫡长子和天神嫡长子的双重身份，因而具有君临天下、以绥万邦的最高权力。所谓"溥天之下，莫非王土；率土之滨，莫非王臣"①，就是周天子居于宗法政治塔尖的生动写照。根据西周王朝政治机器的宣传，周天子实行宗法分封，广建侯国，也是遵从上天旨意而纲纪天下的为政之道。封建诸侯既为皇天所命，诸侯、卿大夫也就有必须顺从天意以尽力佐助天子治理国家的义务。可见周人把宗法分封与天命神意结合起来，形成了"君权天授"的政治文化，这既有利于加强对全国臣民的统治，也推动了华夏国家观的形成与发展。

第三，礼乐制度与天命相结合。

礼字在周代有广、狭二义：就广义而言，凡政制刑法、朝章国典、风土民情，一概可称为礼；就狭义而言，则专指周代各级贵族经常举行的祀享、丧葬、朝觐、军旅、冠婚诸方面的典礼。本书所说的礼则仅指后者而言。《礼记·表记》说："周人尊礼尚施，事鬼敬神而远之，近人而忠焉。"这表明周人尊礼虽重人道、远鬼神，但鬼神的阴影毕竟不是挥之即去的。我们以周人的祭天配祖礼为例，来看周人所尊之礼是怎样与天命进行结合的。《诗经·周颂·思文》说："思文后稷，克配彼天，立我烝民，莫匪尔极。"这种祭天配祖礼是有别于殷人的。周人郊天为何要以祖先配祭？《公羊传·宣公三年》说："郊则曷为必祭稷？王者必以其祖配。王者则曷为必以其祖配？自内出者，无匹不行，自外至者，无主不止。"清人陈立解释说："外至者，天神也。主者，人祖也。故祭以人祖配天神也。"②《礼记·郊特牲》说："万物

---

① 《诗经·小雅·北山》。
② 陈立著：《公羊义疏·宣公三年》，《清经解续编》，上海书店 1988 年版。

本乎天，人本乎祖，此所以配上帝也。郊之祭也，大所本反始也。"这种祭天配祖所表现出的至上神与天子之间虚构的血缘关系，就使服从天子的意志与服从天神的意志取得了一致性，从而把社会各等级对天的崇拜，同遵从周天子意志的现实政治结合了起来。天子借助于对至上神的祭祀，来突出天子在人间的至高无上的统治地位。《国语·鲁语上》说："天子祀上帝，诸侯会之受命焉，而社止乎诸侯，道及士大夫。"说明在周代祭礼的规定中，只有天子才有祭天的特权，诸侯（除鲁国外）郊祭则为非礼。周天子在多种礼典中的特殊地位，表明他在社会等级结构中受命于天的最高权威。由此可见周人的礼制也处处贯注了天命的精神，成为维护其宗法统治的一种重要手段[①]。

[①] 参见杜勇著：《〈尚书〉周初八诰研究》，中国社会科学出版社2017年版，第209—212页。

第十章　周人的伦理价值观念

周礼种类名目繁多，有"经礼三百，曲礼三千""礼仪三百，威仪三千"之说。古人从性质、作用上把各种礼仪归结为五类："以吉礼事邦国之鬼神祇"，"以凶礼哀邦国之忧"，"以宾礼亲邦国"，"以军礼同邦国"，"以嘉礼亲万民"。在众多"礼"中，最为人们重视并且影响深远的主要有冠礼、婚礼、丧礼、祭礼、乡饮酒礼、宾主礼、朝礼、聘礼、军礼等，这些礼仪都是以现实生活中最符合社会价值标准的伦理模范行为为原型，并加以衍化，从而形成一套具有普遍意义的，可参照、可模仿和根据具体条件可以不断更新的文化治理程式。

一、周人的基本伦理价值观

周人伦理意识形态的核心观念是"德"和"孝"。"德"和"孝"共同构成周人的基本伦理价值观念。

"德"和"孝"这种家国一体的伦理价值观念,从其形成之日起就与宗族以及以宗族为基础的封建宗法制的政治、经济结构紧密相连,并成为封建宗法政治、经济结构的伦理基础,并在周人建国实践过程中逐渐内化到周代宗法政治、经济结构中去。

孝与德何以成为周人的基本伦理价值观念?这种宗法伦理价值观念是如何参与西周的政治、经济运作的?它在周代的封建宗法政治、经济结构中所起的作用如何?这是我们本节所要探讨的问题。

首先,以"德""孝"为核心的族类意识与宗法观念是周人的基本价值观念,这已经为学界所共识。而这种伦理价值观念的深厚根源,却来自于周人根深蒂固的血缘族类意识。周人的族类意识是周人最根本的世界观、价值观。这种情况在先秦文献中多有反映。如《国语·晋语》认为:"异姓则异德,异德则异类……同姓则同德,同德则同心,同心则同志";《左传·成公四年》说:"非我族类,其心必异";《左传·僖公十年》说:"神不歆非类,民不祀非族";《左传·僖公三十一年》说:"鬼神非其族类,不歆其祀。"这些记载,无疑反映了周人根深蒂固的族类意识,这种族类意识是生活在保留了宗族血缘组织中的周人的共识。当时的人们皆生活在各自的宗族血缘组织中,对普通的宗族成员而言,宗族就是他们的全部世界。在他们的观念中,只有同姓、同宗、同族这些有血缘关系的人在感情上才是可以沟通的、可以信赖的、可以依托的。生人的世界如此,死人的世界亦如此,死去的祖先作为鬼神也只能与有血缘关系的人沟通。族人生活、栖息、繁衍、生息在宗族樊篱内。宗族对内是他们的世界,对外则是天生的血缘屏障。因此族人的团结、和睦是家族存在的前提,因而备受重视。如《诗经·小雅·棠棣》中"棠棣之华,鄂不韡韡。凡今之人，莫如兄弟……兄弟阋于墙，外御其务。每有良朋，烝也无戎"之类的内容就强调了兄弟之间团结和睦"外御其务"的重要性。《诗经·小雅·楚茨》说："礼仪既备，钟鼓既戒。孝孙徂位，工祝致告：'神具醉止。'皇尸载起，鼓钟送尸，神保聿归。诸宰君妇，废彻不迟。诸父兄弟，备言燕私。乐具入奏，以绥后禄。"这是当时贵族宗族祭祖祈福的乐歌，诗中描绘了丰收后族人在"孝孙"的主持下祭祖，及祭祖后家族成员共饮祭酒，共食胙肉，分享祖先福禄，宗族和睦，其乐融融的景况。

离开了宗族的庇护，族人则无所依托。如《诗经·小雅·黄鸟》："黄鸟黄鸟，无集于粟，无啄我粟，此邦之人，不我肯穀。言旋言归，复我邦族；黄鸟黄鸟，无集于桑，无啄我粱，此邦之人，不可与明。言旋言归，复我诸兄；黄鸟黄鸟，无集于栩，无啄我黍，此邦之人，不可与处。言旋言归，复我诸父。"就描写了离开了家族的族人那种彷徨无依的失落感。此外《唐风·杕杜》《王风·葛藟》等诗中皆有类似内容的反映。

宗族对族人如此重要，因此"保姓受氏，以守宗祊"[①]，"守其官职，保族宜家"[②]，"君子万年，保其家室"，"君子万年，保其家邦"[③]，就不仅仅是宗子的责任，而且成为族人的共识。离开了宗族的存在，族人固然无所凭依，宗子却也丧失其一切权力。这种各阶层对血缘共同体——宗族的认同，是周人一般意识形态借以建立的基础。

但是我们应当看到，周人的血缘组织，不是没有阶级等级的原始共产主义性质。周人的血缘组织，是以父系宗族为基础的。这种不平等的血缘组织关系，具体表现在嫡长子继承制和大宗小宗的制度设计上。嫡长子继承制是在诸子中确立嫡长子的独尊，并使其作为宗族的法定继承人。而大小宗制度则是根据与始祖血缘关系远近，划分有共同血缘关系的父系家族之间的从属关系。二者共同的依据是天生的不可变易的血缘关系。既然这种等级秩序是不可更改的，家族成员就应各安其分。作为维

---

① 《左传·襄公二十四年》。
② 《左传·襄公三十一年》。
③ 《诗经·小雅·瞻彼洛矣》。

护这种宗族等级制度的意识形态——"尊祖敬宗"观念，就成为宗族又一重要基本意识。这种"尊祖敬宗"观念正是为了维护大宗及宗子特权的宗法观念。而产生于浓厚的祖先崇拜与生殖崇拜的"孝"则是这种宗法意识在伦理观念上的反映。这种孝常常以宗教祭祀形态而出现，表现为大宗的始祖主祭权及祭祀方面的种种等级差别。因此本来基于血缘认同的祭祀活动，就转变成为具有政治组织原则的宗法制度，这样维护封建宗族等级秩序的孝也就由家及邦，转变成为维护政治等级秩序的孝。《礼记·大传》说："亲亲故尊祖，尊祖故敬宗，敬宗故收族。"《仪礼·丧服》说："大宗者，尊之统也。大宗者，收族者也。"均表达出了这种意思。唯其如此，"孝"在西周虽为贵族之伦理规范，但也是周人的基本价值观念。族类意识与宗法观念正是在血统认同的基础上达到统一的。

总之，周人的基本价值观念是建立在宗族血缘关系基础上的族类意识。这种族类意识包括两层含义：其一是把维护宗族血缘组织的生存与发展看作是最为重要的事情，这是全体宗族成员的共识。其二是这种族类意识把人们的不平等看成是天生的，由血缘命定所致，因而反映为一种宗法观念。以"尊祖敬宗"为主要内涵的"孝道"，常常表现为各级宗子的祭祖特权，因而维护了这种不平等。而这种不平等又常常为血缘亲亲关系所冲淡，从而使"孝"得以成为周人的基本价值观念的核心[①]。

周人的另一个基本伦理价值观"德"，在前面第七章中已经有比较详细的论述，此处不再赘述。不过，我们必须明白一点的是，周人之"德"最初是早期人们原始图腾的产物，也是遵循上帝旨意的结果。周人所谓的同德同姓同类实际上指的是具有共同图腾的同一氏族，而异德异姓异类乃指具有不同图腾的不同氏族，同一氏族因有同一图腾，因此也就有了共同的价值观念——"德"。而不同的氏族因有不同的图腾，因此也就具有不同的价值观念——"德"。《庄子·天地》说"物得以生谓之德"；《淮南子·齐俗》说"得其天性谓之德"；《周易·系辞》说"天地之大德曰生"。"德"从某种意义上可作为划分氏族的标准。因为每一氏族共同体内都有共同的风俗

[①] 参见巴新生著：《西周伦理形态研究》，天津古籍出版社1997年版，第133—137页。

习惯及原始禁忌,并有共同的图腾崇拜与祭祀,此所谓同德也。周代商而拥有天下后,周政权的统治范围已经由周族一国扩大到"溥天之下"与"率土之滨",其伦理价值观也就必须由小邦周进而扩展到周王朝。因为只有这样,才能建立一个新的统治秩序。

周人知道,若继续沿用殷人的宗教观、上帝观,则周人代殷而统治天下就不合理。因此周人的选择即是"完成祖先神与至上神的二元化过程,割断殷人与至上神的血缘关系。周人在这方面的最大贡献即创造了至上神——'天'之观念"[1]。

在周王朝的意识形态中,周人所创造的至上神"天",与殷人的至上神"帝"具有同样的权威,同样是自然与人间的主宰,同样具有天命予夺的权力。但本质上,二者进行天命予夺的依据则有着根本的不同。殷人的至上神"帝"因为是由其祖宗神发展而来的,因而难以摆脱与其血缘关系的窠臼。而周人所创造的至上神"天",则割断了殷人至上神的血缘联系,从统治者的行为道德方面来寻找取得与统治天下的合理依据。周人认为周天子的统治权力来自于天命,如《诗经·大雅·大明》说"有命自天,命此文王",等等皆然。可见周人天命予夺理论的依据是人王的政行,而不是血缘关系。将天、德、民三者联系起来建立周王朝的意识形态,这是周人所发明的前所未有的政治智慧,为后世的历代统治阶级找到了一条"天视自我民视,天听自我民听"的修德以"祈天永命"的通达的中国式道路。

二、血缘准则与政治实践的完美结合

周王朝的统治是建立在普遍存在的宗族血缘组织基础之上的,这就使周人的宗族之法成功地转化为维系王朝政治关系的准则,成为分封制、宗法制、礼乐制、宗法秩序制定与形成的依据。这种血缘准则与政治实践的结合,可以通过以下四个方面来简单加以说明。

---

[1] 巴新生著:《西周伦理形态研究》,天津古籍出版社1997年版,第25页。

1."宗君合一"

《诗经·大雅·公刘》说:"君之宗之。"

《诗经·大雅·板》说:"大宗维翰。"

《诗经·大雅·文王》说:"文王孙子,本支百世。"

以上材料皆可说明天子为天下共主,同时也是同姓贵族的大宗,西周王朝是实现了"宗君合一"的。

2."家邦一体"

在西周文献及金文中,"邦""家"二字经常连言,如《诗经·小雅·瞻彼洛矣》"君子万年,保其家邦",《诗经·大雅·思齐》"刑于寡妻,至于兄弟,以御于家邦",以及西周金文《毛公鼎》和《叔向父簋》的"我邦我家"均是其例[①]。本来,"邦""家"是两个概念,邦体现的是地缘关系、政治关系,家体现的则是血缘关系。"邦""家"连言说明二者的关系十分密切。

3."亲贵合一"

"亲"指血亲、血缘关系,即宗族血缘关系。《左传·僖公二十三年》"夫有大功而无贵仕"之"贵"义,是指崇高的政治等级。首先,"亲贵合一"指的是血统的尊贵与政治的尊崇相统一。亲贵合一是西周政治的重要特征。这种特征首先表现在,西周社会的各级君主,皆由宗族之宗子即父家长制大家族之家族长转化而来。其次,这种"亲贵合一"表现为西周的宗法等级与政治等级的合一上。西周的政治等级,《左传·昭公七年》有一段记载讲得十分清楚。文中说:"天有十日,人有十等,下所以事上,上所以共神也。故王臣公,公臣大夫,大夫臣士,士臣皂,皂臣舆,舆臣隶,隶臣僚、僚臣仆,仆臣台。"十分清晰地勾画了周代的十个政治等级,其中从天子至士应为贵族等级。周天子正是以血缘关系为基础,以宗法制与宗法秩序为组织原则,把同姓贵族与异姓贵族编织到以周天子为大宗的宗法政治等级秩序这张大网之中的。这种体系是以与周天子的血缘关系远近为序的。对同姓以宗族血缘关系为基础的宗

[①] 参见赵伯雄著:《周代国家形态研究》,湖南教育出版社1990年版,第71页。

法制原则，对异姓则以宗盟泛血缘关系为基础的宗法秩序原则，也就是说政治上的贵贱等级完全由血缘之尊卑决定，这是周人"亲贵合一"的又一重要标志[①]。

4. 忠孝合一

"君君臣臣父父子子"加上夫妇，是为五伦。讲名分，重称谓，守规矩，尽孝心。孝道表现于国，就是"忠"。"忠，不是人的天性，因此需要培养。培养基地，就在家庭。事实上，一个人如果孝敬父母，就不会背叛君主；如果友爱兄弟，就不会欺负同事。忠臣出于孝子之门，并非没有道理。"[②] "君仁臣忠，父慈子孝，兄友弟恭，夫和妇柔"，竟有三组是家庭伦理。周王朝"天下为家，家国一体"的伦理型政治，可谓开创了中国后世历代治国理政的政治模式。

三、宗法伦理价值体系的特点与作用

周文化的根本特征即在于它属于一种伦理型的文化，作为一种政治理念，周人对人伦的追求贯彻体现在周王朝政治、经济、文化生活的各个方面。以礼安邦、以德治国，家国合一，既是统治者的政治理念，又是他们管理社会的理想模式。"伦理型政治"反映了周王朝政治文化传统的本质，对于理解周王朝的政治文化模式至关重要。

1. 伦理本位

在周代社会，政治上，人与人之间的社会关系主要是一种由家庭关系扩展开来的伦理关系。统治者把宗教、法律、风俗、礼仪结合在一起，使之构成人的道德、品质的有机组成部分。而这四者的箴规就是礼教，许多人因为严格遵守这种礼教而获得了成功。正如梁漱溟所言，"但只有君臣官民彼此间之伦理的义务，而不认识国民与国家制团体关系。因而在中国，就没有公法私法的分别，刑法民法亦不分了"。经济上，周王朝是伦理主导型的经济生活，人们之间的经济关系服从于亲情伦理的

[①] 参见巴新生著：《西周伦理形态研究》，天津古籍出版社1997年版，第100—103页。
[②] 易中天著：《奠基者》，浙江文艺出版社2013年版，第125页。

调整。正是由于人们从伦理角度看待财产关系，因而周代关于财产权的法律制度很不发达。梁漱溟说："中国法律早发达到极其精详地步……但各国法典所致详之物权债权问题，中国几千年却一直是忽略的。盖正为社会组织从伦理情谊出发，人情为重，财物斯轻，此其一。伦理因情而有义，中国法律一切基于义务观念而立，不基于权利观念，此其二。明乎此，则对于物权债权之轻忽从略，自是当然。"① 法律上，周代法律属于伦理型法律，其基本特点是以礼统法、礼法合一，或者说道德的法律化、法律的道德化。

2. 看重等级

以《礼记》中的记述为例，即能够看清楚这一特点，下举数例加以说明。

《礼记·丧服小记》说：

> 别子为祖，继别为宗，继祢者为小宗。有五世而迁之宗，其继高祖者也。是故祖迁于上，宗易于下。尊祖，故敬宗；敬宗，所以尊祖祢也。庶子不祭祖者，明其宗也。

《礼记·大传》说：

> 别子为祖，继别为宗，继祢者为小宗。有百世不迁之宗，有五世则迁之宗。百世不迁者，别子之后也，宗其继别子之所自出者，百世不迁者也。宗其继高祖者，五世则迁者也。尊祖，故敬宗；敬宗，尊祖之义也。有小宗而无大宗者，有大宗而无小宗者，有无宗亦莫之宗者，公子是也。公子有宗道，公子之公，为其士、大夫之庶者，宗其士、大夫之嫡者，公子之宗道也。

《礼记·郊特牲》说：

> 诸侯不敢祖天子，大夫不敢祖诸侯。

---

① 梁漱溟著：《中国文化要义》，上海人民出版社2005年版，第74页。

《左传·桓公二年》说：

> 天子建国，诸侯立家，卿置侧室，大夫有贰宗，士有隶子弟，庶人、工、商各有分亲，皆有等衰。

总之，周代是一个高度重视等级化的贵族社会，是建立在贵族等级制上的天下家国相统一、政治文化相统一的贵族等级社会。

3. 以礼为本

冯天瑜说："从一定意义上说，一部中国文化史，即是一部礼的发生、发展史。"[1] 周人所讲的礼是指当时的社会所需要的道德和政治规范，包括社会生活的方方面面——上自祭祀、用兵，下自婚嫁、丧葬等，都要遵循严格的礼节仪式，"礼，经国家，定社稷，序民人，利后嗣者也"[2]。荀子说："人生而有欲，欲而不得，则不能无求，求而无度量分界，则不能不争。争则乱，乱则穷。先王恶其乱也，故制礼义以分之，以养人之欲，给人之求。使欲必不穷乎物，物必不屈于欲，两者相持而长，是礼之所起也。"[3] 荀子对于礼的产生根源做了很好的阐发，认为它是调整人的主客观矛盾、寻求欲望与条件之间动态平衡的产物。宋代欧阳修对礼的源流和功用也做过具体的描述。他说："由三代而上，治出于一，而礼乐达于天下；由三代而下，治出于二，而礼乐为虚名。古者，宫室车舆以为居，衣裳冕弁以为服，尊爵俎豆以为器，金石丝竹以为乐，以适郊庙，以临朝廷，以事神而治民。其岁时聚会以为朝觐、聘问，欢欣交接以为射乡、食飨，合众兴事以为师田、学校，下至里闾田亩，吉凶哀乐，凡民之事，莫不一出于礼。由之以教其民为孝慈、友悌、忠信、仁义者，常不出于居处、动作、衣服、饮食之间。盖其朝夕从事者，无非乎此也。此所谓治出于

---

[1] 冯天瑜：《中华元典精神》，上海人民出版社1994年版，第73页。
[2] 《左传·隐公十一年》。
[3] 《荀子·礼论》。

一，而礼乐达天下，使天下安习而行之，不知所以迁善远罪而成俗也。"[1] 周礼种类名目繁多，有"经礼三百，曲礼三千"[2]、"礼仪三百，威仪三千"[3] 之说，古人从性质、作用上把各种礼仪归结为五类，"以吉礼事邦国之鬼神祇"，"以凶礼哀邦国之忧"，"以宾礼亲邦国"，"以军礼同邦国"，"以嘉礼亲万民"[4]。在众多"礼"中，最为人们重视并且影响深远的主要有冠礼、婚礼、丧礼、祭礼、乡饮酒礼、宾主礼、朝礼、聘礼、军礼等，这些礼仪都是以现实生活中最符合社会价值标准的模范行为为原型，并加以衍化，从而形成一套具有普遍意义的可参照、可模仿和根据具体条件可以不断更新的行为程式。

春秋时期，面对天下纷争、礼崩乐坏的糟糕状况，孔子提出要"克己复礼"，"君子敬而无失，与人恭而有礼"。[5] 战国时期孟子说："恭敬之心，礼也"[6]，"辞让之心，礼之端也"[7]。礼在周文化中有着宏富博大的含义，从个人教化的角度来讲，则主要是指礼让、礼节，"礼尚往来，往而不来，非礼也；来而不往，亦非礼也。人有礼则安，无礼则危。故曰：礼者不可不学也"[8]。总之，礼的规范在周人的自我教化中占有突出的地位，周人的以礼树人、以礼创业、以礼守业、礼业并兴的文化精神，集中体现了中华人文精神在人化和化人方面的非凡功效。

4. 重视和谐

这可以从以下三个方面来理解：

第一，顺自然而以人为本。

中国文化以人为本而不是以神为本，在人与自然的关系上，中国古人主张顺自

---

[1] 《新唐书·礼乐志一》。
[2] 《礼记·礼器》。
[3] 《礼记·中庸》。
[4] 《周礼·春官·大宗伯》。
[5] 《论语·颜渊》。
[6] 《孟子·告子上》。
[7] 《孟子·公孙丑上》。
[8] 《礼记·曲礼上》。

然而以人为本。周人对天道尊之顺之，而把极大的热情投注于人文，远天道而尚人文，其核心是人文或人道。综观世界历史，几乎所有国家和民族的封建时代都将神权置于至高无上的地位，而中国却是个例外。孔子"不语怪力乱神"，面对学生对"鬼神"的提问，孔子的态度是"敬鬼神而远之"。在孔子看来，鬼神只是为人事而存在的辅助形式。《易经·系辞》中说："有天道焉，有地道焉，有人道焉。"子产说"天道远，人道迩"。老子说"道大、天大、地大、人亦大。域中有四大，而人居其一焉"①。孟子说"人皆可以为尧舜"②。荀子说"涂之人可以为禹"③。梁漱溟在《中国文化要义》中说："几乎没有宗教的人生，为中国文化一大特征。"由此看来，周文化中的人文传统是在反对神学观念中奠定的，是对天人和谐的一种最理想的追求。

第二，循人伦而以和为本。

柳诒徵说："中国者，礼仪之邦也。以中道立国，以礼仪立国，是中华民族与其他民族相比较而言最具特色之处。"④ "中"与"和"是两个联系紧密而又相辅相成的概念，在人与社会的关系上，循人伦而以和为本，社会总体的和，对于处在不同地位的个人，有不同的要求，《易经·系辞上》说"一阴一阳之谓道"，万事万物都是对立因素的和合变化而成，而不是单方面要求一方屈服于另一方。为了达到总体的和，每一个人都必须自觉认识自己特定的社会角色所应承担的义务，遵循应守的道德规范，各得其分，各遵其道。"和"原意为相应，引申为和谐、协调，特别是多种不同事物之间的和谐。孔子把"和"视为处理人际关系的一个准则，《论语·季氏》中说"均无贫，和无寡，安无倾"，强调社会的整体和谐。孔子的后世传人也把"和"视为全部社会生活的价值旨归，《礼记·中庸》说："中也者，天下之大本也；和也者，天下之达道也。致中和，天地位焉，万物育焉。"古代先贤把"中"与"和"作为通行于自然界和人类社会的永恒理性、不朽智慧揭示给世人，并向世人描绘出了一幅

---

① 《老子·第二十五章》。
② 《孟子·告子下》。
③ 《荀子·性恶》。
④ 柳诒徵著：《中国文化史》，上海古籍出版社2001年版，第35页。

人类努力达到"中和"以后的美妙图景,这正是"礼之用,和为贵。先王之道,斯为美"①的真正奥秘之所在。

《周礼》《礼记》《仪礼》都很重视人际关系的和谐,明确每个人在不同的伦理关系中所扮演的角色,以及相应的权利和义务,将其以适度的行为准则和道德规范确定下来。《孟子·滕文公上》提出人伦五教:"父子有亲,君臣有义,夫妇有别,长幼有序,朋友有信。"五教之中共有十种角色、五种关系,每一种角色在特定的社会关系中都应真诚地遵循相应的道德准则,《礼记·礼运》把这些道德准则归纳为"十义":"父慈子孝,兄良弟悌,夫义妇听,长惠幼顺,君仁臣忠,十者谓人之义。"十义所强调的五种人际关系之间的权利和义务是并存的,没有极端和倾斜,但却贯彻着和的倾向和本真。

第三,重教化而以礼为本。

为了达到社会秩序的和谐,周人不仅重人道,而且重教化,即人道的教化。这种教化,主要借助于诗书礼乐等形象化、情感化的形式来进行,"其为人也,温柔敦厚,《诗》教也;疏通知远,《书》教也;广博易良,《乐》教也;洁净精微,《易》教也;恭俭庄敬,《礼》教也;属辞比事,《春秋》教也"②。孟子认为,通过教化可以培养人的"浩然之气"。"'我知言,我善养吾浩然之气',敢问何谓浩然之气?曰:'难言也,其为气也,至大至刚,以直养而无害,则塞于天地之间。其为气也,配义与道;无是,馁也。是集义所生者,非义袭而取之也。行有不慊于心,则馁矣。'"③通过修身来发掘人的正义之气和义无反顾的道德勇气,使其成为一个高尚的人、纯粹的人,一个热爱和遵循和合的人。教化是一种内在精神活动,外在的教育引导唯有通过受教育者内在精神活动的接纳才能转化为自我完善的力量。因此,个体的道德自觉自律可以巩固教化带来的精神品格,这就是周人留给我们后世最珍贵的遗产之一。

---

① 《论语·学而》。
② 《礼记·经解》。
③ 《孟子·公孙丑上》。

第十一章　世袭等级社会之短长

周代国家治理的核心是实行封建宗法制。天子受天下于天，诸侯受封于天子，以治其国。诸侯之事天子，犹之乎天子之事天。除了天，天子最尊，除了天子，诸侯最尊。诸侯之下，便是卿大夫阶级了。封建制主要有三个等级：天子、诸侯与大夫。但天子有封建之权，诸侯有再封之权，大夫却没有。也就是说，封建制封到大夫一级，就不能再封了。周天子对天下有统治权，诸侯和大夫则只对自己的封国和采邑有统治权。大夫有权自行管理采邑，叫"齐家"，诸侯不干预；诸侯有权自行治理封国，叫"治国"，天子也不过问；但大夫除了"齐家"，还有义务协助诸侯"治国"；诸侯也有义务在发生动乱时，出兵勤王，叫"平天下"。

一、爵禄与等级

前文已经提到过，西周国家治理的核心，实行的是封建宗法制，是在"家国同构"的基础上把当时的"家国"分成了天子、诸侯、大夫好几个层次。

所谓"封建"，就是周天子封邦建国。封，实际就是"划分势力范围"；建，就是"厘定君臣关系"。诸侯是天子所封，大夫是诸侯所立。前者叫"封邦建国"，后者叫"封土立家"。因此，诸侯是天子之臣，大夫是诸侯之臣，大夫对诸侯，要尽力辅佐，并承担从征、纳贡等义务。诸侯对周天子，则有镇守疆土、捍卫王室、缴纳贡物、朝觐述职等义务。当然，如果受到其他诸侯欺侮，也可以向天子投诉，天子则应出面为其主持公道，这是天子的义务。在家国同构的基础上，周代实行五等爵位制度。

《孟子》与《礼记》中都谈过周代的五等爵位制，二者所说也大同小异。《孟子·万章下》说：

> 天子一位，公一位，侯一位，伯一位，子男同一位，凡五等也。君一位，卿一位，大夫一位，上士一位，中士一位，下士一位，凡六等。

《礼记·王制》说：

> 王者之制禄爵，公、侯、伯、子、男，凡五等。诸侯之上大夫卿、下大夫、上士、中士、下士，凡五等。

上面两书所言虽有差异，但基本内容是相同的，即周代实行的是天子、公、侯、伯、子男五等爵禄制度。贵族等级制每个相邻的等级之间都存在着君臣关系，这种君臣关系即人身隶属关系。《左传·昭公七年》载楚国芉尹无宇的话说："王臣公，公臣大夫，大夫臣士。"就是说，王以公为臣，公以大夫为臣，大夫以士为臣，上一级贵族总是统治着下一级贵族。从礼制名分上看，每一个等级在礼器上有明显的差别，

《礼记》上有关这种差别的记述是屡见不鲜的。例如《礼记》中记载：

> 天子七庙，诸侯五，大夫三，士一。天子之豆二十有六，诸公十有六，诸侯十有二，上大夫八，下大夫六。诸侯七介七牢，大夫五介五牢。天子之席五重，诸侯之席三重，大夫再重。

> 天子之堂九尺，诸侯七尺，大夫五尺，士三尺。

> 天子龙衮，诸侯黼，大夫黻，士玄衣纁裳。天子之冕朱绿藻，十有二旒，诸侯九，上大夫七，下大夫五，士三。①

> 天子之田方千里，公侯田方百里，伯七十里，子男五十里。不能五十里者，不合于天子，附属于诸侯，曰附庸。

> ……

> 天子三公，九卿，二十七大夫，八十一元士。大国三卿，皆命于天子，下大夫五人，上士二十七人。次国三卿，二卿命于天子，一卿命于其君，下大夫五人，上士二十七人。小国二卿，皆命于其君，下大夫五人，上士二十七人。②

周代的礼制是否有这么整齐划一的规定，尚属疑问。但周代爵等之间的差别肯定是存在的。这种等级差别就是名分，孔子讲"正名"，目的就是要纠正君臣、父子的名分。《礼记·曲礼》说："君臣上下，父子兄弟，非礼不定。"就是说，君臣上下的关系，父子兄弟的关系，必须依礼制的约束才能确定下来，有条不紊；没有礼制的约束，社会秩序就会混乱不堪。

据《左传·隐公元年》记载：郑庄公在其母的要求下，把京分封给同母弟共叔段，郑庄公的大夫祭仲说："都城过百雉，国之害也。先王之制，大都不过参国之一，中五之一，小九之一。今京不度，非制也。君将不堪。"按祭仲所言周制，诸侯国之中的封国城区，大的只有诸侯国都的三分之一，中等的五分之一，小的只有九分之一。

---

① 《礼记·礼器》。
② 《礼记·王制》。

而郑庄公分给其弟段的城区大概已超过规定的礼制中最大的三分之一，因此祭仲认为这是不合礼制的。

再譬如，《论语》说：

> 孔子谓季氏："八佾舞于庭，是可忍，孰不可忍也！"
>
> 三家者以《雍》彻。子曰："'相维辟公，天子穆穆'，奚取于三家之堂？"
>
> ……
>
> "邦君树塞门，管氏亦树塞门；邦君为两君之好，有反坫，管氏亦有反坫。管氏而知礼，孰不知礼？"①

《礼记·郊特牲》中明确记载：

> 诸侯之宫县而祭以白牡，击玉磬，朱干设锡，冕而舞《大武》，乘大辂，诸侯之僭礼也。

按周天子、诸侯、卿、大夫、士各级贵族，在祭祀、盟会、婚丧、朝聘、衣服、车马、宫室、器物、音乐、舞蹈等方面均有严格的等级制，一旦越过规定的等级界限，便是僭礼。这充分说明等级礼制是为巩固周代贵族阶级统治秩序服务的。

二、卿大夫与政治

天子受天下于天，诸侯受封于天子，以治其国。诸侯之事天子，犹之乎天子之事天。除了天，天子最尊，除了天子，诸侯最尊。天子与诸侯之间的关系，在前面几章已充分讨论过，故此不再赘述。

诸侯之下，便是卿大夫阶级了。封建制主要有三个等级：天子、诸侯与大夫。

但天子有封建之权，诸侯有再封之权，大夫却没有。也就是说，封建制封到大夫

---

① 《论语·八佾》。

一级，就不能再封了。天子在理论上对周天下，在实际上对周王国，都有统治权。诸侯和大夫则只对自己的封国和采邑有权统治，但他们的治权既是理论上的，也是实际上的。也就是说，大夫的家，诸侯的国，都自治。大夫有权自行管理采邑，叫"齐家"，诸侯不干预；诸侯有权自行治理封国，叫"治国"，天子也不过问。但，大夫除了"齐家"，还有义务协助诸侯"治国"。诸侯也有义务在发生动乱时，出兵勤王，叫"平天下"[①]。

关于周代卿大夫的采邑的情况，基本上和诸侯的封国性质是相同的，都是贵族土地所有制的表现形式，所以《礼记·礼运》上说："天子有田以处其子孙，诸侯有国以处其子孙，大夫有采以处其子孙，是谓制度。"这里天子的田指王畿，诸侯的国指他的封国，它们和大夫的采相提并论，正表明其性质相同，它们形成阶梯式的政治组织。

卿大夫从天子或诸侯那里接受了采邑，并取得土地的所有权，理论上他们应当在死后把采邑交还给天子或诸侯，在春秋时卿大夫还有"致邑"的事例。但事实上他们往往把采邑当作私有财产世袭下去，譬如武王把温这个邑赏给司寇苏忿生，一直到春秋初期，温还是苏氏的采邑，直到僖公十年"狄灭温"，才和苏氏脱离了关系。这不过是举一个例子，其他采邑也是如此。因为采邑成为卿大夫的世袭领地，所以卿大夫在其采邑之内，如诸侯在其封国之内一样，也设立官职，建立军队，还有征税、征赋，以及强迫民众服各种徭役的权力。在他统治下的臣民与他也发生君臣关系，即人身隶属关系，要为他效忠，尽各种各样的义务。卿大夫不仅有自己的官属，还有自己的武装。正因为他们有采邑作根据地，有自己的独立武装，往往据地自雄，做起与诸侯作对的事情来，这样就形成封建割据更加混乱的局势。由此可以看出，卿大夫是介于"国"与"家"之间最主要的责任人与承担者。卿大夫对诸侯国国君负责，士则对卿大夫负责。卿大夫遵守秩序，则封建社会秩序就稳定；卿大夫不遵守秩序，则很可能引发封建社会的统治与秩序危机。

[①] 参见易中天著：《奠基者》，浙江文艺出版社2013年版，第81、82页。

卿大夫虽为一承上启下之特殊阶层，但细分起来，卿和大夫也是有分别的。

从周王朝的诸侯国社会阶层来看，卿出自于大夫，但卿的地位却明显要高于大夫，这从"卿大夫"三字的称谓上便可以看得出来。

第一，卿的田邑多于大夫。

以邑的单位来说，卿备百邑，而大夫只能有六十。以里数来说，天子之卿受地一百里，大夫七十里，诸侯之卿小国受地一千六百亩，次国两千四百亩，大国三千二百亩，大夫却只有八百亩。

第二，卿有统兵之权，而大夫副之。

叔孙穆子说："天子作师，公帅之以征不德。元侯作师，卿帅之以承天子。"[1]《春秋公羊传》云："三军者何？三卿也。"[2]《周礼》云："军将皆命卿。"[3] 都是说以卿为主将。

第三，卿总政事，大夫副之。

卿不但为各军之统帅，而且还是国政的秉持者。出则为将，居则为卿，实则是合二为一的。周代，治国和治军是不分的，统军的主帅，也就是秉国政的正卿。《国语》说：晋"作三军，使郤縠将中军，以为大政。"[4] 为大政，就是掌国政的意思。

卿大夫的分别，主要如上述。现在我们再来说说他们的官级。

卿有正副之分，大夫亦有上下之别。赵简子誓师曰："克敌者上大夫受县，下大夫受郡。"[5] 总之是卿高于大夫，而卿自身中正卿高于副卿，正卿是所有卿大夫中最尊者，是诸侯以下第一人，是军政国政的支配指挥者。大夫受命于卿，以佐治国事，有二级，上大夫高于下大夫。天子的宗室不一定俱封为诸侯，有的为诸侯，有的便为卿大夫。至于诸侯的宗室同样不可全部复封诸侯，除了授给宗室以为卿大夫外，

---

[1]《国语·鲁语下》。
[2]《春秋·公羊传·襄公十一年》。
[3]《周礼·夏官司马·叙官》。
[4]《国语·晋语四》。
[5]《左传·哀公二年》。

便很难安插他们。卿大夫都是贵族，决定与影响着国家的政局及前程。例如晋国的政事离不了韩、赵、魏三家，鲁国的政事离不了季孙氏、叔孙氏、孟孙氏三家。这几家便是贵族中最大的氏族。春秋时期，礼崩乐坏，大夫弑君、把持国政的现象已经屡见不鲜了。

三、士人与政治

在周代，做不了大夫的贵族子弟，就做"士"。

士阶层的出现，是宗法制和封建制的必然结果。因为按照宗法制，次子和庶子不能袭爵；按照封建制，封到大夫就不能再封。因此，大夫的儿子如果没有继承权，就只有贵族身份，没有贵族爵位。于是，这些无爵可袭的大夫之子，也包括家道中落的公子王孙，以及王室和公室的旁支远亲，便构成最低一级的贵族，叫作"士"。

士是介乎庶人与卿大夫之间的一个阶级，这是不容否认的。

卿大夫是在上的统治者，庶人是在下的被统治者。士处于其间，到底是统治者，还是被统治者？是食于人者，还是食人者？有职业工作否？有赋役义务否？有官禄否？这些是一讲到士便会联想到的问题，若不解决，便不能明白士的地位与功能了。

首先，我们应当明了两种士的分别。第一种是有官禄的小吏，居于卿大夫之下，以佐治政事，称为元士、上士、中士、下士。他们与另外一种称为"士民"，无官禄，与农工商三民同列称为四民的士，是不同的。宋儒朱熹就曾看出这种歧异，他说："问士人受田如何？曰：'上士中士下士，是有命之士已有禄。如《管子》士乡十五，是未命之士。若民皆为士，则无农矣。故乡止十五，亦受田，但不多，所谓士田者是也。'"[①] 在这里，朱熹指出了周王朝爵禄制度中"有命之士"与"未命之士"两种差别，并说明前者是服官之士，而后者为士民。

在这里，我们只说前一类的士。

---

① 《朱子语类》，卷八六。

《春秋公羊传》说："古者上卿下卿，上士下士。"①

《孟子》说："上士一位，中士一位，下士一位。"②

此外，《周礼》中的《天官冢宰》《地官司徒》《春官宗伯》《夏官司马》《秋官司寇》《冬官考工记》，以及《桃氏》和《弓人》等篇，《礼记》中的《王制》等篇都有记载，这里不再列举。

上中下三种士的官禄，各各不同，但士不耕而"禄足以代其耕"则是其最低的标准。

据《孟子》"大夫倍上士，上士倍中士，中士倍下士，下士与庶人在官者同禄，禄足以代其耕也"③及《礼记·王制》"诸侯之下士视上农夫，禄足以代其耕也"的说法，似有差异，其实则一。《礼记·王制》又说："上农夫食九人，其次食八人，其次食六人，下农夫食五人，庶人在官者，其禄以是为差也。"所谓与庶人在官者同禄，即上农夫之所食。下士是士中最低的一级，和庶人在官者差不多，所以禄相同。

周制，天子的官吏较诸侯为尊，士亦然。所以天子之士称为元士。元士是可以受地的。据《孟子·万章下》中的说法，元士受地视子男，为五十里。然据《礼记·王制》，则受地视附庸，果如此，元士受地便不及五十里了。

至于"士"的进身及其职务，春秋末期子夏说："仕而优则学，学而优则仕。"④足知士民平时以学为事、优则出仕的情形。管子说："非信士不得立于朝，是故官虚而莫敢为之请。"⑤非信士，虽官有缺额，百官也莫敢为之请仕以诬君。

至于举士的情形，瞿同祖在《中国封建社会》一书中认为有两途⑥：

第一是出于地方官吏之荐进。管子说："凡县吏进诸侯士而有善，观其能之大小

---

① 《春秋·公羊传·襄公十一年》。
② 《孟子·万章下》。
③ 《孟子·万章下》。
④ 《论语·子张》。
⑤ 《管子·乘马》。
⑥ 参见瞿同祖著：《中国封建社会》，上海世纪出版集团上海人民出版社2003年版，第143、144页。

以为之赏，有过无罪。令鲍叔进大夫，劝国家，得之成而不悔为上举，从政治为次，野为原，又多不发，起讼不骄，次之。劝国家，得之成而悔，从政虽治而不能，野原又多发，起讼骄，行此三者为下。令晏子进贵人之子，出不仕，处不华，而友有少长，为上举，得二，为次，得一，为下。士，处靖，敬老与贵，交不失礼，行此三者为上举，得二，为次，得一，为下。"①说得极明白。

第二是出于卿大夫的征召。季氏使闵子骞为费宰，闵子骞不就，对来人道："善为我辞焉，如有复我者，则吾必在汶上矣。"②可以为例。

由此可见，士民藉藉无名，何以能见知于卿大夫？当不出二途，一是卿大夫与当时的闻人相识，因而从此人处知之者。哀公问于孔子，弟子孰为好学？季康子问于孔子，仲由、端木赐、冉求可否使为政。并不是随意问的，所以后来子路、冉有等能为宰臣。二是由卿大夫门下士已为吏者的援引。仲弓已为季氏宰，更使子羔为费宰。由子路、子羔及闵子骞的例子，我们可以明白"服官之士"的官职是什么。这里还是以孔门弟子为例来说明：

原思——宰。

闵子骞——使为费宰，不就。

子游——武城宰。

冉求——季氏宰。

子羔——费宰，后为卫孔氏宰。

仲弓——季氏宰，后为卫孔氏宰。

子夏——莒父宰。

子路——季氏宰。

樊迟——冉求右。

子贡——卫臣。

---

① 《管子·大匡》。
② 《论语·雍也》。

总之不外乎卿大夫之宰，或邑宰。士非宗室贵族，所以不能做大官，不能担任诸侯国的重要职务。

"士"，在中国历史上极为重要。

这种重要性是逐渐显示出来的。如果说西周是王的时代，春秋初中期是诸侯的时代，春秋晚期是大夫的时代，那么春秋末期以及战国时期就是士的时代。那时的士，春秋末年以子贡、范蠡为代表；战国时期以子夏、孙膑、苏秦、张仪、商鞅等人为代表。他们周游列国，朝秦暮楚，拉帮结派，合纵连横，演绎出一幕又一幕惊心动魄的历史大剧来。

秦汉以后，封建废，郡县兴，诸侯和大夫这两级贵族都被消灭。除了皇族之外，所有人都是平民。于是，士便成为平民之首，与其他阶层合称"士农工商"。从汉帝国到清帝国，官僚集团主要由士组成，甚至一度形成所谓士族。于是，"士"，最终成了推动中国历史前行的原动力。

事实上，周王朝以及封建制的灭亡，都与"士"阶层的推动有着很大的关系。

周代的士，虽然是贵族，也有贵族的权利和待遇。权利包括祭祀权、参政权和从军权，待遇则低于王侯大夫，高于平民。比方说，婚姻，一妻一妾；祭祀，三鼎二簋；乐舞，二佾等。但是，作为最低等贵族，士"有权利，无权力"，最重要的是没有治权。因为天子、诸侯、大夫都有领地，比如诸侯有封国，大夫有采邑。这些领地，经过了授土、授民和授爵等程序，领主不但有财权，还有治权。

但是，士没有领地，只有"食田"，也就是某块田地的赋税归他，但对田里的农民不能统治。而且，还必须担任一定职务，尽到一定的责任，才能有食田。而且，食田不是他的私产。拥有"世职"（世袭的职务）和"世田"（世袭的田地）的，只是少数。越来越多的士，逐渐失去了维持生活的来源，只能去卿大夫那里谋取官职。这就必须要有本事。实际上，春秋战国时期，但凡士，都多少有些能耐。他们或者有武艺，可以做战士、保镖、刺客；或者有文化，可以做史官、大夫的家宰等；或者懂经营，可以做管家、会计；或者熟悉《周礼》，担任相邦等。随着封建宗法制度的日久年深，周代的士阶层，越来越壮大起来，成了巩固各级政权、维护社会稳定的"中坚力量"。

然而，周人封建宗法制度最大的失误之处，恰恰就在这里。

因为从西周推行封建制、宗法制、礼乐制度起，真正得到实权和实惠的，是诸侯和大夫。最后养肥的，也是这些"中上层贵族"。这对"中央政府"其实是不利的，因为诸侯和大夫越强大，天子就越虚弱，强枝弱干的结果，使周王室的实际统治权力与能力大大下降，周天子便成了一种"天下共主"的符号，昔日那种对诸侯发号施令的时代一去不复返。春秋是诸侯架空天子，比如"春秋五霸"；战国则是大夫灭了诸侯，比如"三家分晋""田氏代齐"。无论哪一种，士都是帮凶。礼崩乐坏的后面推手，恰恰是不甘心就这样生活下去的有本事的"士阶层"。他们希望改变现状，希望通过打破旧的封建宗法秩序、通过军功和政绩来跻身高层，彻底取代卿大夫的政治、经济和社会地位。从这个角度而言，真正充当周王朝及其宗法封建制度掘墓人角色的，恰恰就是被周王朝统治者忽视了的五服之外的亲戚族人"士阶层"。历史证明，谁忽视了"士阶层"的利益，谁就要为此付出沉重的代价！

四、庶人与政治

在周代，五种阶级中最下者，便是地位最低、力役以事上的庶人了。庶人是指一般平民，占社会中人口最多数，所以称为庶，极言其众多。

庶人为了服役的便利，于是有分工，而成四民。

四民的次序可以反映各业之轻重高下。士民因为有擢为士的希望，无疑最尊。农民人数最多，是食料及兵役的供给者，足食足兵是为国两大政，农民之重要可知。除了《穀梁传》将商民置于第二，在农工之前外，余书俱以士农工商为次序。《管子》言"士农工商"，《左传》言"庶人工商"，可见商最贱，居于末，工次之，农又在工上。《左传》所言庶人即包括农民，因农民占庶人的绝对多数，所以即称之曰庶人。

前面说过，士民有官吏之士，有庶人之士。前者如元士、上士、中士、下士，服官受禄以治下民，属于治人的阶级。

庶人之士称为"士民",与商民农民工民并称四民,便属于被统治的平民阶级了。四民各有其职以事上。

士民以学问为事,不耕不作,但无赋役,致力于政事学问,以备诸侯卿大夫的擢用,或为家臣,或为邑宰。这便是以治术事上。学未成不为官,便是庶民,被擢用时,便可进而为士,以治庶民了。

农民在四民中人口最多,力耕为业,自天子诸侯卿大夫以至庶人都靠着他们而生活,是全人口的食料供给者。故古人最重农,役不敢妨农时,农民不许迁业。管子云,"一农不耕,民有为之饥者"[①],便是重民食的道理。

工商之民是指从事工役与商业的庶人。周代工商业多为贵族统治阶级所把持,他们蓄养着少数的工商,以为己用。工商属于官,食于官,因此《国语·晋语四》有"工商食官"之说。

为了保证周代社会秩序的稳定,周礼规定庶人各执其业,士农工商不但有职业上的分工,并且须世世守其祖业,不许改易。同时,庶人居处也极为固定,不许迁徙。这样,不但可防止四民混乱杂处,见异思迁,还可以使庶人不能逃避他们的代耕、献纳、工役、兵役。"这一点极其重要,是封建社会统治及被统治,剥削及被剥削的两个阶级所以能存在及维持的一个原因。假使庶人可以自由迁徙,他们不是便可以随意逃避他们的义务,而贵族将无从享受其特殊权利,感到恐慌了吗?因为当时的法律禁止人民迁徙,所以在上的阶级才敢为所欲为地剥削他们,役使他们,不怕他们因此逃亡到别的封邑里去。庶人及贵族阶级的不调和易发生冲突的关系,便赖着这个锁环而维持着。一旦这个锁环破坏了,人民可以到处自由移徙,封建关系也就不能存在了。"[②] 关于这个问题,《管子》说得十分清楚。

管仲说:"士农工商四民者,国之石民也,不可使杂处。杂处,则其言哤,其事乱。是故圣王之处士必于闲燕,处农必就田野,处工必就官府,处商必就市井。今

---

① 《管子·揆度》。
② 瞿同祖著:《中国封建社会》,上海世纪出版集团上海人民出版社 2003 年版,第 181—182 页。

夫士群萃而州处。闲燕，则父与父言义，子与子言孝，其事君者言敬，长者言爱，幼者言弟，旦暮从事于此，以教其子弟。少而习焉，其心安焉，不见异物而迁焉，是故其父兄之教，不肃而成；其子弟之学，不劳而能。夫是故士之子常为士。今夫农群萃而州处。审其四时，权节具，备其械器用，此耒耜谷芨。及寒，击槁除田，以待时乃耕，深耕，均种，疾耰。先雨芸耨，以待时雨，时雨既至，挟其枪刈耨镈，以旦暮从事于田野。税衣就功，别苗莠，列疏遫。首戴芣蒲，身服袯襫，沾体涂足，暴其发肤，尽其四支之力，以疾从事于田野。少而习焉，其心安焉，不见异物而迁焉，是故其父兄之教不肃而成，其子弟之学不劳而能。是故农之子常为农，朴野而不慝。其秀才之能为士者，则足赖也，故以耕则多粟，以仕则多贤，是以圣王敬畏戚农。今夫工群萃而州处。相良材，审其四时，辨其功苦，权节其用，论比计制断，器尚完利，相语以事，相示以功，相陈以巧，相高以知事。旦暮从事于此，以教其子弟，少而习焉，其心安焉，不见异物而迁焉。是故其父兄之教，不肃而成；其子弟之学，不劳而能。夫是故工之子常为工。今夫商群萃而州处。观凶饥，审国变，察其四时而监其乡之货，以知其市之贾。负任担荷，服牛辂马，以周四方，料多少，计贵贱，以其所有易其所无，买贱鬻贵，是以羽旄不求而至，竹箭有余于国，奇怪时来，珍异物聚。旦暮从事于此，以教其子弟，相语以利，相示以时，相陈以知贾。少而习焉，其心安焉，不见异物而迁焉，是故其父兄之教，不肃而成；其子弟之学，不劳而能。夫是故商之子常为商。"①

庶人是力役以事上的被统治者阶级，他们对于政治有何影响？

我们知道四民中除了士民有将来做官的资格外，农、工、商是绝对没有这种机会的。士民虽然有做官的希望，但未为士时，仍不能干预政事，所以孔子说："不在其位，不谋其政。"②

---

① 《管子·小匡》。
② 《论语·泰伯》。

庶人对于政事难道一点也不能参与吗？孔子曰："民可使由之，不可使知之。"①可见政事完全由在位者计划施行，庶民不但不能参与，连知道也不知道，更不必说建议或请求，只是照着统治者的意思，尽其责任而已。

尽管庶人不能参与政事，但民众的舆论导向却对统治者的决策发生着一定的影响。为政者贤明有德，不苦百姓，民众便会对之歌功颂德；反之，为政者暴戾贪虐，以苦百姓，便也会遭到民众悠悠之口的诽谤与怨恨。《诗经》中有许多民歌，例如《王风·扬之水》，《郑风·叔于田》《大叔于田》《魏风·陟岵》《伐檀》《硕鼠》，《唐风·山有枢》《鸨羽》，《秦风·黄鸟》，《曹风·候人》，《豳风·七月》，《小雅·鹿鸣之什》《四牡》《采薇》《出车》《杕杜》《鸿雁》《祈父》《节南山》《正月》《十月之交》《谷风》《蓼莪》等篇，都是极明显的怨谤讽刺之诗。当然，这种诗还不止是上述诸篇。

民众的舆论对当政者的政治有没有影响？当然是有一定影响的。统治者如果贤明纳谏，舆论未尝不能影响政治，即所谓"天视自我民视，天听自我民听"。"民之所欲，天必从之"。"我之不德，民将弃我"②。统治者如果不顾民众舆论，坏政乱政，民众也会起来推翻他们的。

---

① 《论语·泰伯》。
② 《左传·襄公九年》。

第十二章 轴心时代的诸子救世方案

中国文化第一次大的突破是在殷周之变时期，表现在政治上是封建制、宗法制、礼乐制度的确立；在思想上是周人对殷商以来天命观念的调整与突破，实现了"天听自我民听，天视自我民视""敬德保民"的认识观转变；在文化上则由盲目崇拜鬼神，开始认识到人在宇宙中的自主地位；在国家观上则是确立了"溥天之下，莫非王土；率土之滨，莫非王臣"的政治大一统观念。

中国文化第二次大的突破是春秋战国之际。雅斯贝尔斯认为中国文化的轴心时代的转折点是在春秋战国的百家争鸣时代，他曾在《历史的起源与目标》中说，"最伟大的事件集中在这一时期。此时中国有孔子和老子，还有墨子、庄子和诸子百家，产生了中国所有的哲学流派"。春秋战国时期，天下大乱，封建制度在历史变化过程中不断出现礼崩乐坏的现象。中国向何处去？天下该怎样治理才能政通人和？时代课题要求人们去解决，诸子百家纷纷兴起并各自提出了他们的救世方案。

中国文化第三次大的突破是在周秦之变时期。经过春秋战国数百年的兼并与统一战争，周王朝的统治秩序已经彻底坍塌，中央集权、官僚制度、郡县制度应运而生，从动乱走向和平、从分裂走向统一已经成为人们的共同追求，大秦帝国就是在周王朝封建贵族制度的废墟上建立起来的。

一、轴心时代的提出

公元前 10 世纪至公元 1 世纪的一千余年间，特别是公元前 6 世纪至公元前 2 世纪的四百年间，是东地中海沿岸、南亚次大陆、东亚大陆文明次第出现的关键时期，有些学者将世界文化史上的这一特殊阶段称作"轴心时代"[①]。

顾名思义，"轴"是指物体的旋转中心，引申为极重要的所在。"轴心"即中心或枢纽。

"轴心时代"这个名词，最早是由近代德国哲学家提出来的。

首先提出"历史的轴心"这一概念的是黑格尔。他在《历史哲学》中说："所有历史都走向基督，而且来自基督。上帝之子的出现是历史的轴心。""所以上帝只有被认为是'三位一体'以后，才被认为是'精神'。这个新原则是一个枢纽，'世界历史'便在这枢纽上旋转。'历史'向这里来，又从这里出发。"

显然，黑格尔的"历史枢纽"与"历史轴心"具有相同的意思。

黑格尔这种将基督教及《圣经》的产生作为"历史的轴心"的说法，立足于西方基督教世界，是欧洲中心论的产物，并不能以之来概括全部人类的历史。

此后，德国存在主义哲学家卡尔·雅斯贝尔斯（1883—1969）对人类轴心问题作了更具有普遍意义的分析。

雅斯贝尔斯将人类文化划分为四阶段：第一阶段是"普罗米修斯的时代"，即语言应用、工具发现、引火及用火的时代；第二阶段是公元前 5000 年到公元前 3000 年间，文明出现在埃及、美索不达米亚、印度河流域，稍后出现在中国黄河流域；第三阶段是以公元前 500 年为中心，从公元前 800 年到公元前 200 年，人类的精神基础同时又是独立地在中国、印度、波斯、巴勒斯坦和希腊开始奠定；第四阶段是从公

[①] 参见冯天瑜著：《中华元典精神》，武汉大学出版社 2006 年版，第 79 页。

元前200年至今,其中公元17世纪以降世界进入科学和技术时代。[1]

雅斯贝尔斯的"轴心时代"是他的历史理论的核心部分。他认为在第三个阶段,人类许多大智慧者首次在中国、印度和西方三个地区出现,这反映了人类意识的觉醒。这时人对历史有了自觉的认识,开始以自己的内心世界抗拒外部世界,借此超越自己和世界。这一时期才是人类历史的真正起点,在此过程中我们看到了最深刻的历史分界线,这个历史分界线即是"轴心时代"。他认为在历史轴心时代之前,由于精神运动没有进入人们意识,因此人们对历史得不到领悟,这时历史出现停滞状态。而当历史变革运动进行到一定阶段时,旧秩序崩溃了,人们的压力增强了,人们的历史意识增强了,人类的存在作为历史而成为反思的对象,首次感到了精神压力,而这种压力后来一直对人类起着作用,探索人类的全部活动,并用来赋予它新的意义。而且这种历史的反思使人们意识到,今世是以无限的过去的历史作为先导的。这时历史意识会获得解放,历史就发生了突破,这样就进入了历史轴心时代。

雅斯贝尔斯着重分析了第三阶段,并从中引出他的关于"轴心时代"(Axial Age)的论述。他纠正黑格尔的"基督中心主义",特别指出:

> 要是历史有一个轴心的话,我们必须依靠经验在世俗的历史中来寻找,把它看成是一种对所有的人都重要的情况,包括基督教徒在内。它必须给西方人、亚洲人以及一切人都带来信念……
>
> 在公元前800年到公元前200年间所发生的精神过程,似乎建立了这样一个轴心。在这时候,我们今日生活中的人开始出现。让我们把这个时期称之为"轴心时代"。在这一时期充满了不平常的事件。在中国诞生了孔子和老子,中国哲学的各种派别的兴起,这是墨子、庄子以及无数其他人的时代。在印度,这是优波尼沙和佛陀的时代;如在中国一样,所有哲学派别,包括怀疑主义、唯物主义、诡辩派和虚无主义都得到了发展。在伊朗,袄教提出它挑战式的论

---

[1] 参见[德]卡尔·雅斯贝尔斯:《人的历史》,引自《现代西方史学流派文选》,上海人民出版社1982年版,第39页。

点，认为宇宙的过程属于善与恶之间的斗争；在巴勒斯坦，先知们奋起：以利亚、以赛亚、耶利米、第二以赛亚。希腊产生了荷马，哲学家如巴门尼德、赫拉克利特、柏拉图，悲剧诗人，修昔底德和阿基米德。这些名字仅仅说明这个巨大的发展而已，这都是在几世纪之内单独地也差不多同时地在中国、印度和西方出现的[①]。

卡尔·雅斯贝尔斯认为，在公元前800年到公元前200年之间，世界几个相互隔绝的古代文明发源地都不约而同地如雨后春笋般涌现出科学、文学、史学、哲学、宗教等方面的成就，其代表人物对人类何去何从以及是非善恶等问题进行过系统而深入的思考，并赋予了它们普遍的意义。如中国的孔子、印度的佛陀、波斯的琐罗亚士德、犹太的以赛亚、希腊的毕达哥拉斯等人。这是人类历史上第一次思想认识有重要突破的时代，他称这个最具有历史意义的时代为"轴心时代"。在这几个不同的地域、不同文化圈的国家：中国、印度、波斯、埃及、希腊、罗马，历史在这里发生了转折，人类的文化进入了文明时期。由此分化演变，于是滋生出后世的各种文明。人类历史的重要转折时期是公元前6世纪前后的第一次大突破，故称之为人类历史的轴心时代。在此之前，有两个阶段，一个是史前时代，那时人们只不过掌握了用火的能力，所以雅斯贝尔斯称这一时期为普罗米修斯时代。随后在公元前5000年左右，有一些地区农业发展了，文字与国家都出现了，这是古代文明时代。但他认为这并没有进入历史意识有重要突破的轴心时代。有许多古代文明，例如埃及文明，未曾有意识地去认识历史的意义，因此埃及文化始终没有完成第一次认识的大突破，故而未发展并进入新的历史时期——轴心时代。雅斯贝尔斯还进一步认为，各个轴心时代的文化，逐步地发展演变而成为近代的科技文明，并把这次科技文明称之为第二次普罗米修斯的时代。但到今天为止，人们还没有找到新的历史意义，也就是说还没有完成第二次思想上的大突破。雅斯贝尔斯把有意识地认识历史及其

---

① [德]卡尔·雅斯贝尔斯：《人的历史》，引自《现代西方史学流派文选》，上海人民出版社1982年版，第39页。

思想认识上的大突破置于人类历史上十分重要的位置,这是很有意义的一种理论观点[①]。

其实,周秦时代的秩序动荡与变革在中国历史上的重要价值与作用,近现代很多学者对此都有很深刻的认识。例如,王国维曾用"能动时代"与"受动时代"来概括中国古代思想发展的历程。他认为从周朝衰落到汉以前是"能动时代",在这个时期,"国民之智力成熟于内,政治之纷乱乘之于外,上无统一之制度,下迫于社会之要求,于是诸子九流,各创其学说,于道德政治文学上灿然放万丈之光焰,此为中国思想之能动时代"。自汉以来天下太平,汉武帝独尊儒术,儒家已取得政治地位便不思进取,而这时的诸子学者也是"唯以抱残守缺为事","但守其师说,无创作之思想,学界稍稍停滞矣"。待到佛教西来,学者"如饥者之得食,渴者之得饮",从六朝至唐代,是我国思想界"受动之时代"。宋代将我国固有之思想与西来印度之思想相互"调和",于是便有"由受动之时代而稍带能动之性质"。自宋代至清朝,思想停滞。一直到近代西洋思想传入中国,才又出现一个新的受动时代[②]。在《殷周制度论》中,王国维对周文化予以了极高的评价,他认为商周之际的变化是"旧制度废而新制度兴,旧文化废而新文化兴",说周人建国后"其制度文物与其立制之本意,乃出于万世治安之大计",这与他对中国古代文化的"能动时代"与"受动时代"的划分是一脉相承的,实际上也是完全一致的。再如郭沫若在20世纪30年代所作的《中国古代社会研究》中认为中国文化史上曾有三次社会革命运动。他说:"大凡在一个社会变革时代,随着社会制度的改革总要起一番理论上的斗争,即是方兴的文化与旧有的文化相对抗。中国在事实上只经过三次社会革命。所以我们在文化史上也可以看出三个激越的时期——真正是划时代的时期:第一,《易》《诗》《书》所代表的一个文化的集团;第二,周、秦诸子(孔子一门包含在里面)的一个文化的集团;

---

① 参见王晖著:《商周文化比较研究》,人民出版社2000年版,第172—173页。
② 参见王国维著:《论近年之学术界》,《王国维文集》,北京燕山出版社1997年版。

第三，近百年来科学与中学的混战。"[1]另外还有一些学者从儒家与周礼的文化渊源关系来讨论中国以儒家为代表的主体文化的来源。梁漱溟在 1949 年所作的《中国文化要义》中把中国数千年来所形成的文化特征称之为"周孔教化"，"中国数千年风教文化之所由形成，周孔之力最大"[2]。在上述几例的代表观点中，王国维所指出的关于春秋末到战国时代是中国惟一的"能动时代"的观点；郭沫若所说的中国文化史上的三次"革命运动"；梁漱溟所指出的周孔思想在中国数千年来文化传统中所占据的地位，以及儒家文化的来源等等，所有这些都与雅斯贝尔斯的关于"轴心时代"的观点是一致的[3]。

中国文化第一次出现大的突破是在殷周之变时期，表现在政治上是封建制、宗法制、礼乐制度的确立；在思想上是周人对殷商以来天命观念的调整与突破，实现了"天听自我民听，天视自我民视"的认识观转变；在文化上则由盲目崇拜鬼神到认识人在世界上的地位；在国家观上则是确立了"溥天之下，莫非王土，率土之滨，莫非王臣"的政治大一统观念。

中国文化第二次大的突破是春秋战国之际。雅斯贝尔斯认为中国文化的轴心时代的转折点是在春秋战国的百家争鸣时代，他曾在《历史的起源与目标》中说："我们看到了最深刻的历史分界线"，"最伟大的事件集中在这一时期。此时中国有孔子和老子，还有墨子、庄子和诸子百家，产生了中国所有的哲学流派"。春秋战国时期，天下大乱，封建制度在历史变化过程中不断出现礼崩乐坏的现象。中国向何处去？天下该怎样治理才能政通人和？时代课题要求人们去解决，诸子百家纷纷兴起并各自提出了他们的救世方案。

中国文化第三次大的突破是在周秦之变时期。经过春秋战国数百年的兼并与统一战争，周王朝的统治秩序已经彻底坍塌，中央集权、官僚制度、郡县制度应运而

---

[1] 郭沫若著：《郭沫若全集》历史编第 1 册，人民出版社 1982 年版，第 69 页。
[2] 参见梁漱溟著：《中国文化要义》，学林出版社 1996 年版，第 102 页。
[3] 王晖著：《商周文化比较研究》，人民出版社 2000 年版，第 173—175 页。

生、从动乱走向和平、从分裂走向统一已经成为人们的共同追求，大秦帝国就是在周王朝封建贵族制度的废墟上建立起来的。

总之，从西周宗法封建制度的确立到秦统一中国，中国历史的确经历了许多次重要的突破，这个时期是中国思想文化的奠基时代，是中华民族能动的创造时代，也是中国政治、思想、文化价值与观念体系基本形成的时代，是中国文明史的轴心时代。

二、封建政治的失序

这主要表现在两个方面：

第一，春秋以后，王室衰微，"礼乐征伐自天子出"的封建秩序逐渐被"礼乐征伐自诸侯出"的无道现象所代替。

西周时期，周王室在经济、军事上处于强大的地位，而封建的诸侯国则相对弱小，故周王室能够控制诸侯，于是在中原地区形成了继商王朝后的又一个统一王国。

周平王东迁后，周王室直接治理的"王畿"土地大片丧失。周平王东迁时，秦襄公以兵护送王室东迁，平王乃封襄公为诸侯，并对他说："戎无道，侵夺我岐、丰之地，秦能攻逐戎，即有其地。"①可见平王东迁时，宗周的根本重地岐、丰已经丧失。关中八百里秦川，本是西周王朝立命的根基，东迁到雒邑后，周王室只拥有今河南省西部及北部的一隅之地。它的版图东不过荥阳，西不跨潼关，南不越汝水，北仅及于沁水南岸，只有纵横方六百余里的地盘。其后，在公元前712年（鲁隐公十一年）把黄河以北的黄河北岸至沁水以南的温给了郑国（后又转赐给晋国）。公元前673年（鲁庄公二十一年）把陕西东边的酒泉赐给虢国、虎牢以东（今河南荥阳境）地赐给郑国。公元前638年（鲁僖公二十二年）秦晋两国将允姓之戎（即陆浑之戎，本居于瓜州，即关中秦岭一带），迁于伊川（今洛阳市南伊水流域）。于是周王室的

---

① 《史记·秦本纪》。

地盘，仅有方一二百里，与方数千里的诸侯国相比，面积仅相当于一个小国。

周王室在这样狭小的土地上，收入不多，入不敷出。诸侯因王室的衰落，也不按规定向王室纳贡。王室财政困难，"天子不求私财"的面子也不顾了，于是向诸侯伸手。公元前720年（鲁隐公三年），周平王死，王室备办不起随葬品，只得派人到鲁国去讨。周襄王即位后，外出没有车，派人到鲁国去要，顷王时又派人到鲁国去要钱花。周王室财政的窘迫可想而知。

同王室衰微相反，西周初年所分封的作为王室"屏藩"的诸侯国，经过二百多年的发展，其经济、军事力量都强大起来。进入春秋后，它们大兼小，强侵弱，像齐、晋、秦、楚等国，已拥有方数千里的领土。公元前518年（鲁昭公二十四年），郑国的游吉对晋国的执政大臣范鞅谈及周王室的情况时，用"瓶之罄矣，惟罍之耻"这两句诗来刺激晋国，希望作为霸主的晋国扶助王室。游吉用"瓶"比周王室，"罍"比晋国，周王室只不过是一只装酒不多的小瓶，而晋国却是一只大酒缸，这个比喻说明了王室和诸侯国国力的差距。

东迁后王室地位迅速低落还由于王室内部的不断内乱，王子、大臣之间互相争权，而王室内乱还要靠诸侯来帮助解决。春秋时期王子间争夺王位的斗争，大的就有四起。如公元前693年（鲁庄公元午）周公黑肩欲杀周庄王而拥立庄王弟王子克，被发觉，黑肩被杀，王子克逃奔燕。周惠王二年（公元前675年、鲁庄公十九年）庄王子王子颓在朝内五大夫支持下，联合南燕、卫国起兵攻惠王，发生叔侄间的争位斗争。惠王逃出王都驻跸于温，王子颓被立为王。过了两年在郑国和虢国的支持下，惠王才夺回王位。惠王死后，其子襄王即位，襄王的异母弟王子带在公元前649年（襄王三年、鲁僖公十一年）与戎狄联合准备攻襄王。襄王先下了手，叔带逃到齐国。公元前636年（鲁僖公二十四年）襄王废掉翟人出身的王后。翟后被废，其娘家不干，翟人（狄人）大军攻入王都，周襄王逃到郑国的汜地（在今河南省襄城县南）。在晋文公的帮助下，周襄王才回到王都。公元前520年（鲁昭公二十二年）又发生王子朝的争位之乱，前后历时十五年才结束①。经过这一系列争夺王位的内乱，周王室已元气大损，周王不但在经济上要靠诸侯的施舍，在政治上也要依靠诸侯的卵翼才能生存下去。

在争夺王位的同时，东周大臣间也在上演着不断争权的连台戏。公元前613年（鲁文公十四年）周公阅与王孙苏争权，致使周顷王的丧事无人办理。公元前603年（鲁宣公元年），王孙苏与召公、毛伯争权，召、毛二大臣被杀。公元前580年（鲁成公十一年）周公楚与伯舆争权，周公楚败而出走晋国。伯舆又与王叔陈孙争权，陈孙怒而出走，也到了晋国。这件公案最后由晋国出面调停才算了结。

周天子权威已倒，罩在其头上的光环消失，诸侯首领再不把周王看在眼里。被视作南蛮子的楚国，在公元前706年（鲁桓公三年）逼迫随国之君，要他向周桓王要求提升爵位等级。周桓王端着架子不准，楚君熊通十分生气地说：我的祖先还是你家周文王的老师呢，现在周围国家都归附了我，你不提，我自己提升。于是自号为王，就是楚武王。春秋时期楚国君称王从此开始。周王室当然无力问。恰恰在楚君称王的一百年，公元前606年楚国国君庄王，陈大军于周王室边境上，问九鼎的轻重，大有取而代之之意，遭到王孙满的斥责，楚军才退回。不但如此，中原诸侯，本与王室是同宗家族，对周王也大为不敬。郑庄公怀恨周桓王提拔虢公作卿士，竟派大队人马把周王温地的麦子和成周王都周围的谷子割走。公元前707年（鲁桓公五年）郑庄公公然抗击王师，并"射王中肩"，周天子桓王在战争中，肩头被射中一箭，受到奇耻大辱。晋文公在酒宴桌上，也大着胆子向周襄王"请隧"，即请求死后用天子的仪节下葬。这等于是向周天子当面要王位。周襄王也不敢发怒，虽未答应，却给了晋国四个邑，以报答其帮助平定内乱的功绩。公元前633年（鲁僖公二十七年）晋国打败楚国，晋文公在践土（今河南原阳县西南）会盟诸侯，为了提高会盟规格，召来周襄王临会，襄王也不得不到会助兴。由上述事例说明，春秋时期的周王已不是高居于诸侯之上的实际统治者，而是成为诸侯争霸"挟天子以令诸侯"的一块招

---

① 《史记·周本纪》。

牌罢了①。

第二，本属于诸侯国君的权力被卿大夫僭越，"政出公室"逐渐为"政在家门"所代替。

春秋时期，"礼乐征伐自诸侯出"，诸侯国君力量强大，而蔑视周天子的权威。与此同时，国君的对立面也抬起头来，它们企图剥夺、限制国君的权力，这种势力就是贵族力量的勃兴。

进入春秋时期以后，各国都陆续形成一批很有势力的贵族集团。这些贵族，有的是国君的子弟，有的是同姓或异姓的功臣之后。如鲁国的"三桓"，就是鲁桓公（公元前711—前697年在位）的三个儿子公子庆父（孟孙氏）、公子牙（叔孙氏）和公子友（季孙氏）之后，故称为"三桓"。郑国的"七穆"，是郑穆公（公元前627—前606年在位）的七个儿子之后。宋国的"六族"是宋戴公、庄公、桓公、文公、武公、穆公六位国君之后。晋国的六卿（韩赵魏智范栾六家）皆各有其长远的历史，像范氏，其族谱系可追溯到陶唐氏，在夏、商、周皆为显族。这些世家大族，根深叶茂，世为显官，把持国政，势力强大，各国国君对它们无可奈何，形成尾大不掉的局面。像卫国的宁氏，出自武公之后，"七世卿族"，七代人位居卿爵，把持国政。鲁国的季孙氏，从季文子（鲁文公时人，文公于公元前627—前609年在位）开始，就把持国政，直到终春秋之世。如鲁文公十八年（公元前609年）莒国的太子仆杀死其父，带着宝器投奔鲁国。鲁文公见利忘义，"公命与之邑"且"今日必授"，赏给杀父的莒太子一个邑，并要当天兑现。时季文子为执政，握行政大权。他下了一道与国君相反的命令，"使司寇出其境"，且"今日必达"②，让掌治安的司寇将莒太子驱逐出境，且限当天就要将他赶出国门之外。

春秋时期诸侯国君的失权，一方面固然是由于贵族势力的强大，另一方面也是

---

① 参见白钢主编，王宇信、杨升南著：《中国政治制度通史》第二卷，先秦，人民出版社1996年版，第386—389页。
② 《左传·文公十八年》。

一些国君无所作为，在新兴的贵族和觉醒的国人面前，自感穷途末路，举措失当。一边是极力进取，一边是自甘堕落。如鲁昭公被季氏逐出国，并死于国外，赵简子问史墨道："季氏出其君，而民服焉，诸侯与之，君死于外而莫之或罪，何也？"史墨回答说："鲁君世从其失，季氏世修其勤，民忘君矣。虽死于外，其谁矜之……鲁文公薨，而东门遂杀嫡立庶，鲁君于是乎失国。政在季氏，于此君也，四公矣。民不知君，何以得国？"①"鲁君世从其失"的"从"读为纵，失读为佚乐的佚。鲁君世纵其淫乐与季氏世修其勤相对，故鲁君失民失权，季氏得民得政。当时的大国齐晋的国君日子也不好过。公元前539年齐国的晏婴与晋国叔向有一番对话，深刻地揭示了两国的政治危机，即国君的大权旁落情况。叔向问晏婴："齐其何如？"晏子回答说：

> 此季世也，吾弗知齐其为陈氏矣。公弃其民而归于陈氏。齐旧四量：豆、区、釜、钟。四升为豆，各自其四，以登于釜。釜十则钟。陈氏三量皆登一焉，钟乃大矣。以家量贷，而以公量收之……民参其力，二入于公，而衣食其一，公聚朽蠹，而三老冻馁。国之诸市，屦贱踊贵。民人痛疾，而或燠休之。其爱之如父母，而归之如流水。欲无获民，将焉辟之？

叔向对晏婴说他们晋国情况，也与齐国相似：

> 虽吾公室，今亦季世也。戎马不驾，卿无军行，公乘无人，卒列无长。庶民罢敝，而宫室滋侈，道殣相望而女富溢尤。民闻公命，如逃寇仇……政在家门，民无所依。君日不悛，以乐慆忧。公室之卑，其何日之有？②

晋、齐、鲁国的现象，在当时各国中除秦、楚外普遍存在，"政在家门""政出

---

① 《左传·昭公三十二年》。
② 《左传·昭公三年》。

大夫"成为春秋社会一种普遍的现象①。

三、孔子的治国思想

儒家的创始人孔子有着自己一套系统的"救世"理论和政治主张。

第一,针对春秋时期君不君、臣不臣的政治秩序严重混乱的情况,孔子提出了"克己复礼"的政治主张。

为了实现其政治主张,孔子周游各国,企图得到诸侯国统治者的支持,但终究归于失败。孔子的政治主张是针对当时"礼崩乐坏"的政治情况而提出的,绝不是无病呻吟,无的放矢。当时的政治是清明还是混乱,孔子自有他的判别标准。

孔子说:"天下有道,则礼乐征伐自天子出;天下无道,则礼乐征伐自诸侯出。自诸侯出,盖十世希不失矣;自大夫出,五世希不失矣;陪臣执国命,三世希不失矣。"②

在孔子看来,"礼乐征伐自天子出"是说政权在周天子手里,这是"天下有道"社会政治秩序正常的情况。"礼乐征伐自诸侯出"是说政权在诸侯手里,这是"天下无道"政治秩序紊乱的基本表现。春秋时期的所谓霸主,就是掌握政权的诸侯,他们"挟天子以令诸侯",代替周天子发号施令,孔子认为这是"天下无道"的典型表现。后来诸侯势力衰弱,政权落在卿大夫手里,如鲁国的三桓,晋国的六卿,郑国的七穆,齐国的崔、陈,卫国的孙、宁等。他们执掌国政,架空公室,时常代替诸侯与会订盟,这是礼乐征伐"自大夫出"天下更无道的情况。最坏的是"陪臣执国命",如鲁的阳虎窃取政权,与定公及三桓订盟,甚至要杀掉主人季桓子。自平王东迁以后,权力下移,每下愈况,到了孔子之时,封建等级秩序混乱至极,特别是鲁

---

① 白钢主编,王宇信、杨升南著:《中国政治制度通史》第二卷,先秦,人民出版社1996年版,第406—407页。
② 《论语·季氏》。

国，所以孔子才会有"禄之去公室五世矣，政逮于大夫四世矣，故夫三桓之子孙微矣"[①]的感叹。

"禄之去公室五世"指宣、成、襄、昭、定五公（按孔子说这话当在定公时）。自文公之死，公子遂杀嫡立庶，政权落在公子遂与公孙归父父子之手。自宣公十八年，归父被逐，政权又落在季孙行父手里。"政逮于大夫四世矣"指季孙氏，自文子、武子、平子、桓子，世执鲁国政权。可是政权下移的结果，必定会演成"陪臣执国命"的局面，所以孔子说："故夫三桓之子孙微矣。"

根据孔子的理论，封建社会秩序的根本是不可僭越的等级制度，在政治上要维持天子的尊严与地位，巩固封建贵族的专政。东迁以后，政权下移，"王纲解纽""礼坏乐崩"，诸侯兼并战争不断发生。针对这种情况，孔子提出"克己复礼"以礼治国的政治主张。

国家治理是孔子思想体系的核心，而这个核心中的各个环节则是由"礼"来贯穿起来的。可以说，在孔子整个思想体系中，遵"礼"守"礼"占据着决定性的地位。

从历史上看，孔子"祖述尧舜，宪章文武"[②]，处处称道周礼。而周礼，是严格区别亲疏、长幼、贵贱、尊卑、上下、男女等一整套系统的封建制度、宗法制度、贵族等级制度、财产分配原则以及伦理道德规范，是维护和巩固周王朝国家统治的重要工具。维护周礼是孔子政治活动和思想学说的出发点，其目的是恢复和维护周初周公制定的一系列国家政治社会制度。

从政治思想上看，孔子主张以礼治国，其目的为挽救礼坏乐崩，恢复西周时期的礼乐制度。从经济思想上看，孔子要人们严格遵守礼的规定，按照自己的等级名分实行财产分配。从哲学思想上看，孔子强调"畏天命"与"克己复礼"，他提出的仁、义、礼、智、信、忠、恕、孝悌、中庸等，显然是复礼的道德手段。从文艺思想上看，孔子主张"兴于《诗》，立于礼，成于乐"。以乐助礼，"礼节民心，乐和民

---

① 《论语·季氏》。
② 《礼记·中庸》。

声"。① 从史学思想上看，孔子修《春秋》，"贬天子，退诸侯，讨大夫，以达王事而已矣"，"拨乱世反之正，莫近于《春秋》"②。从教育思想上看，礼也是孔子教育思想的基本点，强调"不学礼，无以立"③，强调"君子博学于文，约之以礼，亦可以弗畔矣夫"④。集中到一点，"礼"就是孔子整个思想体系的中心。《论语》全书所载孔子的言行，多在"礼"的范围之内。⑤

孔子说："克己复礼为仁。一日克己复礼，天下归仁焉。为仁由己，而由人乎哉？"⑥在这里，复礼是行仁的最终目的，而克己则是复礼之必由途径。

在《论语》里，孔子从各个角度来谈如何"克己"。

"修己"是其中一途。子路问什么叫君子，孔子的答案是："修己以敬""修己以安人""修己以安百姓"。⑦

"约"则是孔子提出的另外一个重要方法。他说："以约失之者鲜矣。"⑧意思是以礼约束自己，所犯错误就会减少。他又说："君子博学于文，约之以礼，亦可以弗畔矣夫！"颜渊说："夫子循循然善诱人，博我以文，约我以礼。"⑨颜回就是约束自己的典型，所以孔子盛赞道："贤哉，回也！一箪食，一瓢饮，在陋巷，人不堪其忧，回也不改其乐。贤哉，回也！"⑩

"自戒"是克己的又一种方式。孔子说："君子有三戒：少之时，血气未定，戒之在色；及其壮也，血气方刚，戒之在斗；及其老也，血气既衰，戒之在得。"⑪《论

---

① 《礼记·乐记》。
② 《史记·太史公自序》。
③ 《论语·季氏》。
④ 《论语·雍也》。
⑤ 参见蔡尚思著：《孔子思想体系》，上海古籍出版社2013年版，第227—228页。
⑥ 《论语·颜渊》。
⑦ 《论语·宪问》。
⑧ 《论语·里仁》。
⑨ 《论语·子罕》。
⑩ 《论语·雍也》。
⑪ 《论语·季氏》。

语·学而》里说:"君子食无求饱,居无求安,敏于事而慎于言,就有道而正焉,可谓好学也已。"这也是教人"自戒"。

孔子还提倡"自讼""自省"和"自责",其意仍在于克己。子曰:"见贤思齐焉,见不贤而内自省也。"①《论语·学而》里,曾子把这个问题讲得更清楚,"吾日三省吾身:为人谋而不忠乎?与朋友交而不信乎?传不习乎?"在《论语·卫灵公》里,孔子说:"躬自厚而薄责于人,则远怨矣。"因此,对于当时人少有自我检讨的情形,孔子感慨良多:"已矣乎!吾未见能见其过而内自讼者也。"②

除此之外,《论语》中还多次讲到"慎言"与"慎行",这也算是克己的方式。尤其是,孔子还讲到一种极端克己的方式——"无争"。《论语·八佾》里说:"君子无所争。"《论语·卫灵公》里说:"君子矜而不争。"《论语·泰伯》里曾子说:"犯而不校。"即便别人触犯自己也不去计较。

由此可见,在孔子看来,把克己的精神用于对人就是忠恕,就是爱人;用于治家,就是齐家;用于治国,就是平天下。克己、爱人、复礼形成三位一体,内在精神修养与外在行为规范相互制约、相互补充。孔子由此把高尚和平庸、内美和外辱、精神满足与自我约束高度统一起来,使之成为统治者最理想的伦理原则。

在孔子看来,礼是治理国家的法宝,是伦理政治的实体。

孔子说:"礼,经国家,定社稷,序民人,利后嗣者也。""民之所由生,礼为大。非礼无以节事天地之神也,非礼无以辨君臣、上下、长幼之位也;非礼无以别男女、父子、兄弟之亲,婚姻、疏数之交也。"③孔子所要实行的礼,讲的是处理人际关系的行为规范。"在实践活动中,孔子的礼是人的界碑。"④孔子所要实行的礼,从大处说,又是指当时政治与社会的正常秩序,基本是周礼。正如他自己所讲:"周监于二代,郁郁乎文哉!吾从周。"孔子认为他生活的时代是"天下无道"的时代,"有道"时

---

① 《论语·里仁》。
② 《论语·公冶长》。
③ 《礼记·哀公问》。
④ 刘泽华著:《中国政治思想史集》第一集,人民出版社2008年版,第229页。

代是西周。由于周礼已衰,而自己对春秋以来的礼崩乐坏又十分不满,故而孔子提出了"复礼"的主张,并且以此作为他的终身使命。

孔子认为,做一个合格的统治者,必须在思想上、行动上符合周礼的规定。

把礼作为治国之经纬,是西周以来的传统思想。孔子的政治思想继承了这一点,认为礼是治国之本。"为国以礼"集中表达了孔子对礼在政治中的地位和作用的认识。孔子一生的很大一部分时间都用在恢复周礼上面。在他看来,恢复周礼的政治措施即是"正名",恢复周礼的思想保证是贯彻"仁"的原则。孔子信而好古,对传统礼乐文化有渊博的学识和精深的研究。孔子自称"吾从周",他关于礼的思想是对周礼的全面继承,同时又有所损益。《论语·为政》里,子张问今后十世的礼仪制度是否可知,孔子答道:"殷因于夏礼,所损益,可知也;周因于殷礼,所损益,可知也。其或继周者,虽百世,可知也。"在实践中,他也的确有过损益。《论语·子罕》里说:"麻冕,礼也。今也纯,俭,吾从众。"意思是说,帽子用麻织,本来是礼的规定,可是现在人们都用丝织品,比用麻织品节省。我也从众,改用丝织。因为这合乎孔子所说的"与其奢也,宁俭"的原则。

礼在周代,具有根本法的性质,作为人的行为规范,已经具有道德准则和社会政治制度的双重含义。礼在孔子那里同样具有双重性。一方面,礼是社会生活必须遵守的道德规则。孔子要求处处以礼为规范,"博学于文,约之以礼",要求"非礼勿视,非礼勿听,非礼勿言,非礼勿动"。因为在他看来,"不学礼,无以立","不知礼,无以立也"。所以,孔子对遵礼的要求十分严格,有时甚至达到刻板和迂腐的程度。《论语·八佾》记载:"子贡欲去告朔之饩羊。子曰:'赐也!尔爱其羊,我爱其礼。'"古代秋冬之时,周天子向诸侯颁发第二年的历书,诸侯接受历书后,把它藏于祖庙。每月初一,杀一只活羊到祖庙祭祀,然后回朝廷听政。这种仪式称为"告朔",举行这种仪式时所用的羊称为"饩羊"。当时鲁国君主既不亲自去告朔,也不听政,只是让有关部门杀一只活羊应付了事。子贡想去掉这种有名无实的形式,把杀羊一事也免了。孔子则认为,尽管如此,保留这种形式还是比去掉的好。虽然是形式,但毕竟表明这种制度规范还存在,如果连这种形式都去掉了,周王朝的王纲很可能就真的会彻底"礼崩乐坏"了。所以,孔子看到子贡欲去其羊,颇为感慨。

另一方面,礼不仅是社会生活中的行为规范,而且还是政治规范。为君者好礼,就能治理好民众,"上好礼,则民莫敢不敬"[①];"上好礼,则民易使也"[②]。孔子甚至把礼提高到治理国家的根本政治制度的重要地位上,"为政先礼,礼,其政之本欤"[③]?把礼视为"政之本"。

第二,实现"仁"与"礼"的完美结合,是孔子治国理政思想的一个显著特点。

在"仁"与"礼"的关系问题上,孔子认为,仁为礼的内在精神,礼是仁的践行体现。仁是基于血缘之亲而扩展的内在的道德品质,礼则是外在的行为规范和社会政治规范。两者既相互区别,又相辅相成,共同构成孔子政治思想的两个核心概念。

首先,仁重自律,礼在他律。前者作为一种道德品性,重在自我修养,所谓"君子求诸己,小人求诸人"[④]。后者作为外在规范,强调遵守。

其次,仁是礼的内在精神,礼是仁的外在表现。孔子认为"人而不仁如礼何?人而不仁如乐何?"[⑤]如果没有仁的内在品质,就不可能使自己的视听言行都符合礼的规范。仁学,是在"礼崩乐坏"的背景下产生的。三代以来的礼乐文化,到了春秋之时,已难以维系人心,礼作为外在的规范和制度也已废弛,社会陷入无序状态。孔子在这样的背景下为礼这种外在的硬性规范找到了一个内在的支撑点。

再次,仁是礼的最高境界,礼是实现仁的途径。如前所述,"克己复礼为仁,一日克己复礼,天下归仁焉"。孔子主张通过礼的节制,达到天下归仁的境界。人的言行视听,都在礼的约束下,才是归仁的途径。礼则是仁的政治目标。

最后,仁与礼结合,实际上是血缘关系与社会等级关系的结合,人道与政治的

---

① 《论语·子路》。
② 《论语·宪问》。
③ 《礼记·哀公问》。
④ 《论语·卫灵公》。
⑤ 《论语·八佾》。

结合。仁是一种伦理观念和品德，礼是一种伦理规范和政治制度。一方面，用道德的力量来促进和约束人们遵守礼制；另一方面，利用礼制的强制力量来保证仁德的修行。复礼和归仁互为因果，最终达到维护西周以来的宗法等级秩序的政治目的。[①]

第三，孔子主张践行周公"以德治国"的政治主张。

孔子的政治主张是德治。他十分强调道德在政治中的作用，主张政治应该与道德实践相结合，甚至认为政治的根本问题就是如何保证民众道德的实践问题。

首先，孔子认为，德政是统治者影响民众和获得民众支持的根本所在。

在孔子看来，所谓德治，实际上就是仁、礼学说在治国方式上的具体体现。既然仁是礼的内在精神，礼是仁的外在表现，那么，礼最终归依于内在品质仁的培养。

孔子说："为政以德，譬如北辰，居其所而众星共之。"[②] 统治者自身有良好的道德品质，并且依据优良的道德品质治理国家，以优良的道德品质影响民众，就可以获得民众心理上的支持。孔子认为，不懂得以礼的基本精神来治理国家，礼制本身也就失去了意义。他说："能以礼让为国乎，何有？不能以礼让为国，如礼何？"礼治的关键是要懂得以道德品质为基础的礼让。

其次，孔子主张以礼治国，要求以礼来辨别等级名分的差异。

把正名与复礼联系起来作为治理之策，先秦诸子百家几乎都有谈论，但数孔子为最早。孔子说："君君，臣臣，父父，子子。"[③]"非礼无以辨君臣、上下、长幼之位也。"[④] 这就要求每个人都要确认其在礼仪制度中的身份地位，其视听言行合乎自身的地位身份，所谓"不在其位，不谋其政"也。作为一种治国模式，孔子提出的德治所维护的社会秩序是一种上下有分、尊卑有序的等级社会。这种社会秩序以礼来维系。这就是孔子的以礼治国的主张。在孔子看来，在一个秩序优良的社会中，从天子至于庶人，都应该谨于职守，每一个等级都应该做与自己的社会地位相应相称的事情。

[①] 参见丁小萍著：《中国古代政治智慧》，浙江大学出版社2005年版，第35—39页。
[②] 《论语·为政》。
[③] 《论语·颜渊》。
[④] 《礼记·哀公问》。

因此，在孔子看来，礼所规定的名分等次是绝对不可僭越的。季氏八佾舞于庭，孔子愤愤然："是可忍，孰不可忍也？"因为周礼规定，天子用八佾，诸侯用六佾，大夫用四佾，士用二佾。季氏作为大夫，依礼只能用四佾，他却越级用八佾，孔子认为这是一种不能容忍的僭礼行为。

为贯彻礼治主张，孔子提出了正名思想。孔子对不同社会地位的等级制度作了集中的概括，这就是他的正名思想。

"正名"的思想是孔子在游卫时阐述的。子路问他："卫君待子而为政，子将奚先？"孔子答道："必也正名乎！"子路觉得老师有些迂腐，孔子说："名不正，则言不顺；言不顺，则事不成；事不成，则礼乐不兴；礼乐不兴，则刑罚不中；刑罚不中，则民无所措手足。"[①]所以，正名在政治领域中是个至关重要的问题。正名指的是按照其名分行事，确切地说就是"君君、臣臣、父父、子子"。即君的言行举止要符合君的身份，臣、父、子亦然。

第四，在治国理政上，孔子还提出了德刑并用，先德后刑、以德去刑的主张。

德与刑是政治治理中的两手。孔子主张两手并用、先德后刑、以德去刑。

在治国理政上，孔子首先强调德优于刑，强调道德感化的作用，主张先教后刑。"道之以政，齐之以刑，民免而无耻；导之以德，齐之以礼，有耻且格"。所谓"导之以德"，就是指统治者必须推行德治，表现为宽惠使民，轻徭薄赋，省法轻刑。同时要为人民树立道德榜样，启发民众的心理自觉。所谓"齐之以礼"，一是统治者要模范遵守礼的规定，从而感化和影响群众；二是所有的人都应该用礼来规范自己，用礼来约束自己。这样，道德教化和礼教的结合就能防止犯罪和反叛。行政命令，刑罚手段，只是一种外加的强制和威慑，可以使人畏惧、服从，免陷于罪，但却无法让人以犯罪为耻，达不到至善的境界。

不过，应该指出的是，孔子的德治思想以德为主，当道德与法律发生冲突时，孔子的选择是舍法取德。据《论语·子路》记载："叶公语孔子曰：'吾党有直躬者，

[①]《论语·子路》。

其父攘羊，而子证之。'孔子曰：'吾党之直者异于是，父为子隐，子为父隐，直在其中矣。'"其父偷了人家的羊，其子告发，这从法律角度来说是一种正直的行为，但用父慈子孝的道德规范来评价，却是一种有悖于道德的行为。孔子主张父子相隐，是他德重于刑、礼重于法的思想的反映。既然仁德为治国施教之本，父慈子孝作为仁德之体现，父子之亲不能互相庇护，是不合逻辑的，也是不符合统治者的根本利益的。所以孔子"父子相隐"的主张，被后世封建刑律采用后，一直是封建法制的重要内容和指导原则。在封建法典中，称为"亲亲相隐不为罪"。这是中国古代法不外乎人情、情大于法的普遍法观念的源头之一。

实际上，孔子并非不重视刑罚的作用，只不过他主张德主刑辅而已。

《孔丛子·刑论》记载了四件孔子师徒谈论刑法的事情。

一是仲弓问刑。书中说：

> 仲弓问古之刑教与今之刑教，孔子曰："古之刑省，今之刑繁。其为教，古有礼然后有刑，是以刑省；今无礼以教而齐之以刑，刑是以繁。《书》曰：'伯夷降典，折民维刑'，谓下礼以教之，然后维以刑折之也。夫无礼则民无耻，而正之以刑，故民苟免。"

仲弓向孔子请教古今的刑罚与教化。孔子说："古代的刑罚少，现在的刑罚多。在教化百姓方面，古代先用礼仪规范民众的行为，然后才用刑罚来管理，所以刑罚少；现在不用礼仪教化百姓，而只用刑罚来管制他们的行为，所以刑罚繁多。《尚书》上说：'伯夷颁布法典，以刑法裁决百姓的狱讼。'称作先颁布礼仪、法则来教化百姓，然后才用刑罚来管制他们。不讲礼仪，百姓就不知有耻，只用刑罚来匡正百姓的行为，他们就只要能暂时避免触犯刑罚就行。"

二是子张问刑：

> 《书》曰："兹殷罚有伦。"子张问曰："何谓也？"孔子曰："不失其理之谓也。今诸侯不同德，每君异法，折狱无伦，以意为限，是故知法之难也。"子张

曰："古之知法者与今之知法者异乎？"孔子曰："古之知法者能远狱，今之知法者不失有罪。不失有罪，其于恕寡矣。能远于狱，其于防深矣。寡恕近乎滥，防深治乎本。《书》曰：'维敬五刑，以成三德。'言敬刑所以为德矣。"

子张与孔子讨论德刑的问题。子张问孔子："殷人的刑法有条理是什么意思？"孔子说："就是不失掉刑法本身的道理啊。现今各诸侯不同心同德，各国君主的法令也各异，裁判诉讼没有纲领，只求达到自己的目的就行，因此可知刑法很难啊。""古代的知法者能远离狱讼，现在的知法者做到不放任百姓犯法。不放任百姓犯法，这样做就缺乏宽恕。能够远离狱讼，其戒备就很深远。缺乏宽恕和放任自流差不多，戒备深远才能够从根本上进行治理。《尚书》说：'希望慎用五刑，以帮助我养成三种德行。'意思是说，谨慎地使用刑罚就是在成就德行。"

三是曾子问刑：

曾子问听狱之术。孔子曰："其大法也三焉，治必以宽，宽之之术归于察，察之之术归于义。是故听而不宽是乱也，宽而不察是慢也，察而不中义是私也，私则民怨。故君听者听不越辞，辞不越情，情不越义。《书》曰：'上下比罚，亡僭乱辞。'"

曾子向孔子询问审理狱讼的方法。孔子说："有三个大的法则：对待百姓要宽宏大量，宽厚的方法在于体察民情，体察民情的根本在于义。因此，裁决诉讼不宽宏会破坏法纪，有宽容之心却不体察民情会轻视法纪，体察民情却不合乎道义断案就会不公正，裁决不公百姓就会有怨恨。所以，会裁决的人审理诉讼时不会偏离讼辞，详察讼辞不脱离实情，以实情决讼不违背道义。《尚书》说：'（定罪的时候）要上下比照其罪行，不能错乱诉讼之辞。'"

四是仲弓问狱：

《书》曰："哀敬折狱。"仲弓问曰："何谓也？"孔子曰："古之听讼者，察贫贱，哀孤独及鳏寡老弱不肖而无告者，虽得其情，必哀矜之。死者不可生，断者不可属。若老而刑之，谓之悖；弱而刑之，谓之克；不赦过，谓之逆；率过以小罪，谓之枳。故宥过赦小罪，老弱不受刑，先王之道也。《书》曰：'大辟疑赦。'又曰'与其杀不辜，宁失不经。'"

仲弓向孔子请教裁断狱讼方面的事情。《尚书》说："要以同情心和严肃认真的态度裁断狱讼。"仲弓问道："这句话是什么意思呢？"孔子说："古代审理断案的人，体察贫苦之情，怜悯那些鳏、寡、孤、独、老弱、穷苦及举目无告的人，即使知道他们所犯的罪行，也会同情他们。死去的人不能复生，砍断的肢体不可能再接上。如果对老人施以刑罚，称为悖乱；对年幼的人施以刑罚，称为凶暴；不赦免小的过失，称为违背道义；把小过失夸大追究，称为伤害。因此，宽恕过失赦免小罪，不对年老和幼小之人用刑，才是先王之道。《尚书》说：'涉及死罪而案情有疑点，可以从轻处治。'又说：'与其错杀无罪的人，宁可放掉有罪的人。'"

在强调德教、礼治主导作用的同时，孔子主张以刑罚辅助德教。对于不可教化之民，孔子亦主张以刑禁之，以刑治之。

《孔子家语·刑政》中说："圣人之治化也，必刑政相参焉：太上以德教民，而以礼齐之；其次以政导民，以刑禁之，刑不刑也；化之弗变，导之弗从，伤义以败俗，于是乎用刑矣。"孔子主张"先教后诛"。在一般情况下，孔子反对杀人。如季康子问政于孔子："如杀无道，以就有道，何如？"他回答说："子为政，焉用杀？子欲善而民善矣。"[1] 他还认为，"善人为邦百年，亦可以胜残去杀矣"[2]，把克服残暴、免除虐杀，作为善人治国百年的政治成果。但对于那些罪大恶极、非杀不可的人，孔子认为只有在当政者曾施行过德教，使百姓知道什么是善，什么是恶，什么是美，什么是丑，懂得如何做人之后，再对那些不接受教化、不改其恶的人，判处死刑。

第五，在政治诸种因素中，孔子最注重执政者的作用。

孔子把政治的实施过程看作是道德化过程，十分强调领导者在政治实践中以身

---

[1] 《论语·颜渊》。
[2] 《论语·子路》。

作则的表率作用。

《论语》中很多地方对此都有记载。

"季康子问政于孔子。孔子对曰：'政者，正也，子帅以正，孰敢不正？'"又说："子为政，焉用杀？子欲善而民善矣。君子之德风，小人之德草。草上之风，必偃。"① 孔子还说过："其身正，不令而行，其身不正，虽令不从。""苟正其身矣，于从政乎何有？不能正其身，如正人何？"②"君子笃于亲，则民兴于仁。"③ 有人问孔子："子奚不为政？"孔子说：《书》云：'孝乎惟孝，友于兄弟，施于有政。'是亦为政，奚其为为政？"④ 在孔子看来，从政不必当官，宣传孝道就是参政。所以有子说："其为人也孝弟，而好犯上者，鲜矣；不好犯上而好作乱者，未之有也。"曾子也说："慎终，追远，民德归厚矣。"⑤

在孔子看来，君臣之间不只是权力制约关系，而且要靠礼、忠、信等道德来维系。"君使臣以礼，臣事君以忠"⑥。这种关系维系的主要纽带便是执政者、管理者之间都要遵守道德的准则。孔子主张，培养官僚不是首先讲如何学会政治之道，而是首先从事道德训练与培养。子张学干禄，子曰："多闻阙疑，慎言其余，则寡尤；多见阙殆，慎行其余，则寡悔。言寡尤，行寡悔，禄在其中矣。"⑦ 孔子的话包含了一部分认识和处理问题的方法，从基本精神上看是讲处世之道、官场之术，而不是讲统治之理。子张又一次问为政，子曰："居之无倦，行之以忠。"⑧ 同样是讲道德修养。这样，孔子主张人治，把政治视为道德的延伸和外化，这一认识构成了人治的理论

---

① 《论语·颜渊》。
② 《论语·子路》。
③ 《论语·泰伯》。
④ 《论语·为政》。
⑤ 《论语·学而》。
⑥ 《论语·八佾》。
⑦ 《论语·为政》。
⑧ 《论语·颜渊》。

基础。①

第六，在治国理政上，孔子重视管理过程中策略的运用，主张软硬兼施，德威并用，宽猛相济。

《左传·昭公二十年》中说："政宽则民慢，慢则纠之以猛；猛则民残，残则施之以宽。宽以济猛，猛以济宽，政是以和。"孔子主张管理百姓有张有弛，"张而不弛，文武弗能也；弛而不张，文武弗为也。一张一弛，文武之道也"②。孔子反对苛政，认为"苛政猛于虎也"。但他并不一味地反对重刑，据《韩非子·内储说上》记载，孔子认为"殷之法，弃灰于公道者断其手"，不算严酷，却是"知治之道"，因为弃灰易引起争斗，甚至"三族相残"的严重后果。而且"重罚者，人之所恶也；而无弃灰，人之所易也，使人行之所易，而无离所恶，此治之道"，是合乎人之常情和心理状态的，从而可以减少犯罪。

第七，在治国理政上，孔子重视人才的作用，提出过类似贤人政治的观点。

孔子主张德治，但德治必须由人来体现、来实行，因而其政治思想必然强调人的作用。人定法，人执法。有了人，才能制定良法，执行良法，使社会安定，国家昌盛长久。"文武之政，布在方策。其人存，则其政举；其人亡，则其政息。"③所以孔子的结论是"故为政在人"④。孔子认为，当政者都要以文王、武王为榜样，律己严，施仁政，言必信、行必果，要善于考察和选用官吏，用以作为实施治理国家的基础，才能求得统治者的长治久安。在选拔德才兼备的人才问题上，孔子说："举直错诸枉，则民服。"⑤即把正直的人提拔到奸佞的人的上面，这样就能使百姓服从。相反，如果"举枉错诸直"，民众就不会服从。有一次，樊迟请教孔子什么叫"知人"，

---

① 参见刘泽华、葛荃主编：《中国古代政治思想史》，南开大学出版社2011年版，第37页。
② 《礼记·杂记》。
③ 《礼记·中庸》。
④ 《礼记·中庸》。
⑤ 《论语·为政》。

孔子说:"举直错诸枉,能使枉者直。"① 孔子认为重用正直的人,置其于奸佞之人之上,还能使奸佞之人变得正直起来。子夏进一步解释说:"舜有天下,选于众,举皋陶,不仁者远矣,汤有天下,选于众,举伊尹,不仁者远矣。"② 对于贤才的标准,孔子说:"志于道,据于德,依于仁,游于艺。"③ 既要有良好的道德品质,又要有一技之长,也就是德才兼备。孔子还提出了举贤之途,即"学而优则仕"。孔子反对樊迟学稼,因为他认为学稼不足以治民,只有礼义才能治民。孔子主张出仕任官一定要有礼乐知识。他认为出身于社会下层的人,首先学习了礼乐知识,然后才能入仕;而出身于卿大夫世家的贵族子弟,入仕后也必须学习礼乐知识。孔子坚持"学而优则仕"的举贤观,明确反对商周以来的世卿世禄制度。在孔子的弟子中,孔子认为雍父为贱人,出身贫微,但有德行,"雍也可使南面";仲弓可担任一个地方或部门的长官;子路,如果有一千辆兵车的国家,可负责兵役和军政方面的工作;冉求,可做千户人口的县长,或有一百辆兵车的大夫封地,可叫他做总管;公西赤,可以穿着礼服,立于朝廷之中,接待外宾,办理外交;等等。他认为弟子中凡学而优者,皆可以量才而用。孔子强调从文化素质较高的人中选拔国家官吏的思想,在当时具有一定的进步意义,对后世影响也极为深远。

第八,在治国理政上,孔子强调富民、使民、教民的重要性。

在经济与政治的关系上,孔子主张先经济后政治,对于民众,先富而后教。子贡问政。孔子说:"足食,足兵,民信之矣。"④ 孔子认为,治理一个国家,最起码得具备三个条件:食、兵、信。还是将"食"放在首要地位。

先秦诸子,一般均重视经济问题,如管仲就有"衣食足而后知荣辱,仓廪实而后知礼节"之论。孔子及其学派亦不例外。在《论语·颜渊》篇中,孔子在回答子贡关于政事的问题时,首先提到的就是"足食"问题。因为"民以食为天",如果百

---

① 《论语·颜渊》。
② 《论语·颜渊》。
③ 《论语·述而》。
④ 《论语·颜渊》。

姓食不果腹，时处饥馑之中，还去侈谈什么社会安定？孔子在与冉有的对话中提出，对于民众百姓，统治者不但要对之"足食"，而且要"富之"；不但要"富之"，而且要"教之"。《论语·子路》里记载："子适卫，冉有仆。子曰：'庶矣哉！'冉有曰：'既庶矣，又何加焉？'曰：'富之。'"① 富民，是孔子的一贯思想。所以，有若在答鲁哀公"年饥，用不足"的提问时说："百姓足，君孰与不足？百姓不足，君孰与足？"② 而为了民殷国富，还须"节用而爱人，使民以时"③，反对聚敛。所以，当冉有帮助季氏聚敛时，孔子便十分生气，说：冉有"非吾徒也！小子鸣鼓而攻之可也"④。"使民以时"，使民要像祭祀那样慎重，"使民如承大祭"⑤。孔子还提出过以义使民、先惠而后使民等主张。针对当时统治者的横征暴敛，孔子反对厚敛，主张应取民有度，少征用民力，少收赋税。⑥ 通过调整分配关系和节用民力，达到"博施于民而能济众"，这是孔子的最高理想。

四、老子的为政理念

老子是道家的开山始祖，他的治国理念可以代表前秦道家治国理政的政治智慧。

1. 修其身、养其性

面对春秋时期礼崩乐坏的社会现实状况，老子深刻认识到，在君权高度集中的统治模式中，统治者的素养高下直接关系到国家的兴亡。其时，虽然身处乱世，但不少诸侯身处高位，骄奢淫逸，不思进取。面对这种朝纲不振、天下将倾的危情，老子特别强调统治者道德修养的重要性。老子所提出的道德修身方法，形成了影响

---

① 《论语·子路》。
② 《论语·颜渊》。
③ 《论语·学而》。
④ 《论语·先进》。
⑤ 《论语·颜渊》。
⑥ 参见丁小萍著：《中国古代政治智慧》，浙江大学出版社2005年版，第48—50页。

深远的"德治之道",成为他治国之道中的闪光点。

老子的修养思想要点集中在①:

提出执政者修养的理想目标是"不行而知,不见而明,弗为而成"②。即通过日积月累、不断强化自身修养,在通事明理的前提下,可以知情、明道,最终取得成功。

提出执政者修养的胜境是"无为而无不为"③。即认为只要达到知物知道和无欲无为的境界,就没有做不成的事情。

提出执政者修养的基本途径为"四戒""四追求"。

所谓"四戒",即一戒"感官之伤","圣人为腹不为目"④,求实效,反对形式主义;二戒宠辱若惊,应"贵以身为天下"⑤,宠辱不惊;三戒不知足、不知止,认为"知足,不辱;知止,不殆,可以长久"⑥;四戒把"道"作为谋事的工具,而不把它视为做人成事的根本。

所谓"四追求",即一要追求"不私不欲"的品行,认为这种品行"琭琭若玉,珞珞若石"⑦;二要追求"上善若水"的境界,因为"水善利万物而不争,处众人之所恶,故几于道"⑧;三要追求"营魄抱一"、高深幽妙、无私无为的"玄德"⑨品格;四要追求"善建者不拔"⑩的品质。

俗话说:"德润身。"

领导者作为一个特殊的群体,"德"是其安身立命之本。《老子》围绕着领导者生命的研究,把领导者的"德"与个人的生命、与国家的长治久安、与领导者个人事

---

① 参见赵保佑、卫绍生主编:《老子文化及其当代价值》,社会科学文献出版社 2011 年版,第 142 页。
② 《老子·第四十七章》。
③ 《老子·第四十八章》。
④ 《老子·第十二章》。
⑤ 《老子·第十三章》。
⑥ 《老子·第四十四章》。
⑦ 《老子·第三十九章》。
⑧ 《老子·第八章》。
⑨ 《老子·第十章》。
⑩ 《老子·第五十四章》。

业的成功与否紧密联系起来,告诫领导者要重视个人"德"的修养,就像重视和爱惜自己的生命一样"尊道贵德""身重于物",正确对待人生中的名利富贵,谨行"无为"之道和"不言"之教,这样才能承担治理天下的重任。

两千多年前,老子就很关注领导者个人素质和政治修养。他认为,领导者个人素质和修养的好坏,不但关系到个人事业和工作的成败,而且也关系到国家的强衰和民众的利益。他希望领导者在领导工作中能够致虚极,守静笃,努力修养自己的品行,为身、为家、为乡、为邦、为天下而去甚、去奢、去泰,不断加强修养境界,提高个人素质,为君主分忧,为天下百姓造福。

概括起来,老子的修养论主要表现在下列几个方面:

第一,"孔德之容,唯道是从"。

《老子》认为,治国者实行无为政治管理,要有一个基本前提,这就是与治理国家相对应的官员的个人道德修养。他说:"修之于身,其德乃真;修之于家,其德乃余;修之于乡,其德乃长;修之于邦,其德乃丰;修之于天下,其德乃普。"[1] 在这里,《老子》提出了"德"的概念,并且与治国者联系了起来。

那么,"德"对治国者究竟意味着什么,有哪些实际意义?这要从它与"道"的关系说起。

什么是"德"?

老子说:

> 孔德之容,唯道是从。[2]

学者陈鼓应认为:"形而上学的'道'是我们人类的感觉所不能直接接触到的。这个不为我们所闻所见的'道',却能落实到现象界对我们产生很大的作用。当'道'作用于各事各物时,可以显现出它的许多特性,'道'所显现的基本特性足可为我们

---

[1] 《老子·第五十四章》。
[2] 《老子·第二十一章》。

人类行为的准则。""形而上的'道',落实到物界,作用于人生,便可称为'德'。"[1]这就是说,《老子》书中所阐释的"德",就是"道"落实到人生层面,成为领导者循"道"而行,为社会、为人们造福的基本条件。老子以是否循"道"为标准来决定领导者"德"的大小。

在《老子》中,老子所阐述的"道"是以宇宙、自然为对象开展的,而论述"德"则是以社会、人生为对象开展的。"德"的渊源是"道","道"作用于社会、政治、人生的就是"德","道"和"德"是合二为一、缺一不可的。"道"是客观规律,是法则,是总的价值目标;"德"是人类认识并按客观规律办事,是德性,是品行,是个体成员体"道"、行"道"过程中所应达到的境界和水平,是领导者个人需要效法和遵守的行为准则。"道"是体,"德"为用。《老子》从第三十八章开始,以天道来演示人道,在书中他列举诸如"自然无为""致虚守静""知足不辱,知止不殆""生而不有""为而不恃""功成而弗居""以正治国""报怨以德""为之于未有,治之于未乱""欲先民,必以身后之"及"慈、俭、朴"等观念和行为,并认为这些观念和行为都是"天道"所表现的基本特性与精神。对于这些基本特性与精神,领导者应努力效法,躬身践行。如果领导者在工作中,能够效法"天道",躬身践行"人道",那么这就是老子所赞赏的最大的"德"。因此,老子的"领导观",就是以"天道"论"人道",就是要求领导者以"道"养"德",以"德"促"道",减少由人的欲望所产生的冲突,能够正确地认识自己,正确地改造自己,有效地抑制自己的丑恶和私欲,使自己成为具有较高道行的优秀领导者。

作为《老子》"领导观"立论的主旨之一的"德",是老子极为推崇的领导行为。

老子认为,在人类社会活动中,凡是符合于"道"的行为就是有"德",凡是尊"道"循"道",把"道"运用于人类社会而产生的功能,就是"德";反之,则是失"德"。在老子看来,领导者在实际政治生活中,循"道"的程度与差异,亦决定其

---

[1] 陈鼓应著:《老子注释及评介》,中华书局1984年版,第12页。

"德"的程度与差异。在《老子》中,老子把领导者的"德"行分为两个类型、五个层次。两个类型即"无为"和"有为";五个层次是道、德、仁、义、礼。"道"和"德"属于"无为"的类型;仁、义、礼属于"有为"的类型。这五个层次中,"德"和"仁"是最高标准,但"德"只指"上德",不指"下德"。老子在书中,按领导者尊"道"、体"道"、悟"道"、循"道"行为的程度与差异,把"德"分为不同的等级,并以此来区分领导者"德"行的强弱和多寡。由此可见,以"德"治国是老子对领导者提出的一个基本要求,同时也是衡量领导工作好坏的根本标准。

第二,"含德之厚,比于赤子"。

两千多年前,老子有感于其所处社会人际关系恶化,统治者与老百姓之间的对立和冲突愈演愈烈的社会现实,有感于自强自立自律精神已逐渐从统治者的修养中消失的事实,为了强化统治者的"德"行修养,强调"德"行之于统治者的重要性,他运用比喻的手法告诫统治者要在道德修养上强化自己的内功,增强自己"拒腐蚀永不沾"的纯净能力。

他说:

> 含"德"之厚,比于赤子。毒虫不螫,猛兽不据,攫鸟不搏。骨弱筋柔而握固。未知牝牡之合而朘作,精之至也。终日号而不嗄,和之至也。知和曰"常",知常曰"明",益生曰"祥",心使气曰"强"。物壮则老,谓之不道,不道早已。[①]

这里,老子用赤子(婴儿)来比喻具有深厚修养的领导者,认为具有深厚修养的领导者的"德"性,能使领导者返回到婴儿般的纯真和柔和状态。"精之至"是形容其精神充实饱满、精力充沛的状态;"和之至"是形容其心灵纯洁善良和谐的状态。老子对这种类型的领导者给予了崇高的评价,他说,含"德"深厚的领导者,就像初生的婴儿一样,毒虫不刺伤他,猛兽不伤害他,凶鸟不搏击他。他筋骨柔弱而拳头

---

① 《老子·第五十五章》。

却握得很紧，他不知道男女交合但生殖器却自动勃起，这是精气充足的原因。他整天啼哭，但喉咙却不会沙哑，这是元气淳和的原因。领导者能认识和掌握这一道理，就像认识和掌握事物发展变化的规律一样，就会变得豁然开朗而掌握主动权。反之，领导者一旦被贪婪纵欲所主使就会遭殃，欲念主使精气任性叫作逞强，事物过于强盛就会变衰老，这就叫作不合于"道"，不遵守"道"，就会很快地灭亡。

老子赞美赤子（婴儿），赤子纯朴自然，与世无争，不为外物所诱惑和吸引，生性羸弱，而又为神灵佑护。老子用"赤子"来比喻他心目中理想的含有厚德、明白天道的领导者，要求领导者亦应如赤子一样含德之厚。赤子之心自然而然，无半点矫揉造作；含德者之如赤子，则是人为的结果。这样，领导者含德就应像赤子一样，纯朴自然而与世无争。

第三，少私寡欲，去甚去奢。

老子认为"尊道贵德"是领导者应有的工作方法，这种工作方法具体表现为：领导者对于人世间的私欲与纷争，不贪婪，不偏私，不占有，不爱慕虚荣，不崇尚奢华，以"无为"的态度来对待生活与处理工作，以"不言"的教导来唤醒民众，一切以自然的法则行为办事。

儒家认为："饮食男女，人之大欲存焉"，承认并支持人的原始欲望。老子虽然也承认人的原始需要，也反对禁欲，但他更认为私欲是万恶之源，私欲是没有止境的，它使人贪得无厌；私欲引起纷争，使人世永无安宁。所以，老子反对纵欲，提倡领导者通过"少私寡欲"的修养与磨炼，超越自我主观的执着与原始低级的需要，以达到"尊道贵德"的要求和目标。

老子认为，所谓"少私寡欲"，就是领导者极力减少个人的私欲，降低个人的欲望，在名利面前保持清醒的头脑，不使自己被物所役。领导者一旦有了过分的私欲，如果不加以克制，就会变得贪婪，就会逐渐走向堕落，就会自取灭亡。因此，领导者要做到"尊道贵德"，老子认为首先必须做到"少私寡欲"。他告诫领导者应牢记与做到戒奢去欲：

> 祸莫大于不知足，咎莫大于欲得。①
>
> 五色令人目盲，五音令人耳聋，五味令人口爽，驰骋畋猎，令人心发狂，难得之货，令人行妨。是以圣人为腹不为目。②
>
> 将欲取天下而为之，吾见其弗得已。天下神器，不可为也，不可执也。为者败之，执者失之……是以圣人去甚，去奢，去泰。③

老子明言，谁要想占有天下并且按照自己的主观意图去治理它，我看他是达不到目的的。天下是自然的现象，是不可以用有为的机智乱搞的。用有为之机智欲取天下者，必不能成功。坚持执用机巧之心，其结果必定也是失败。因此，圣人必须不走极端，杜绝奢侈，不采取过度的措施。"三去"的目的，在于回归自然，无私无欲。河上公解释道："甚，谓贪淫声音；奢，谓服饰饮食；泰，谓宫室台榭。"老子警钟长鸣，告诫领导者：祸患，没有比不知足更大的了；失误，没有比想要得利更大的了。声色犬马，饮食男女，本是人的本能和基本的生理需求，但是如果过分地追求，非但无益于生命健康，反而会残生害性。正如老子所说，色欲伤目，声欲伤耳，味欲伤口，情欲伤神，物欲伤心，就是说色欲、声欲、味欲、情欲、物欲，适度无害而有益，过度了就只有百害而无一益。人们的欲望有如无穷的沟壑，得寸进尺，得陇望蜀。一个贪得无厌的人，为了满足自己的贪欲，势必利令智昏，敲诈勒索，虚伪欺骗，不择手段，最后自酿苦酒，自掘坟墓。基于此，老子十分推崇知足、知止。老子反复告诫领导者，天下最大的祸患莫过于不知足，最大的罪过莫过于贪得无厌，过分地追逐名利，把荣辱名利这样的大患看得与自身生命一样珍贵，势必招来灾祸和不幸。好名之人必为虚名所苦，重利之人必为贪利所困。与其汲汲奔命于功名利禄，不如对功名利禄保持一种恬然淡漠的态度。老子告诫领导者："知足不辱，知止不殆，可以长久。"一个领导者对于自己的种种欲望，要有一

---

① 《老子·第四十六章》。
② 《老子·第十二章》。
③ 《老子·第二十九章》。

个正确的认识和把握,要做到适可而止,知足则可使自己免受侮辱,知止则可使自己没有任何危险。领导者在名利富贵面前,只有做到"贵身""知止""知足",才能使自己立于"不辱""不殆"的地步,才能使自己为百姓而"可托天下",并且"可以长久"。

第四,慈、俭、不敢为天下先。

老子说:

> 我有三宝,持而保之。一曰慈,二曰俭,三曰不敢为天下先。慈,故能勇;俭,故能广;不敢为天下先,故能成器长。①

老子指出,领导者有三件法宝:一是慈善,二是俭约,三是不敢把自己的私欲放在民众的前头。以慈爱对待百姓,得到民众的支持,就有勇气;处事节俭,不劳民伤财,就能财用充足;不敢把自己的私欲放在国家百姓之先,就能成为一国之长。治理国家者应该"欲不欲,不贵难得之货"。把自己的欲望不当作欲望,不追求难得的东西。所以,老子主张统治者应"见素抱朴,少私寡欲"。朴德是一种顺任自然之德,统治者见素抱朴,才能以自然之道治民。

"慈"是老子"三宝"中的第一宝,也是领导者修养所必须达到的最重要的一个要求。"慈"者,慈爱、慈祥、爱心也。用现代汉语来解释,就是领导者要仁慈、宽厚、关心群众的疾苦。老子之所以把"慈"列为领导修养素质的首要方面,是因为老子所处的时代,统治者缺乏"慈",社会缺乏"爱",以致战乱频繁,百姓流离失所。领导者如果有"慈"爱之心,百姓就不会因无法生存而走上反抗之路,国家之间也就没有给百姓带来深重灾难的战争;广大百姓则会团结在领导者的周围,与其同甘共苦,成就事业。所以,老子指出:"夫慈,以战则胜,以守则固。天将救之,以慈卫之。"②也就是说,领导者如果具有"慈"的品德,那么战则胜,守则固。因为,"慈"

---

① 《老子·第六十七章》。
② 《老子·第六十七章》。

就是天道。

"俭",是老子"三宝"中的第二宝,也是领导者修养所必须达到的第二个基本要求。老子认为,节俭是领导者治国理政必具的品质。俭,就是勤俭朴素。老子认为,"俭"是"有国之母",就像大树之根深扎而不可动摇,"可以长久"。对于领导者来说,"俭",应该表现为在生活上简单朴素、不铺张浪费,在精神上清心寡欲、淡泊名利。如此,即能省思虑之费神,食清淡之饮食,顺天道之自然,就能"长生久视"。

"不敢为天下先"是老子"三宝"中的第三宝,也是领导者的一项基本修养要求。"不敢为天下先",绝不是说凡事都应落在别人后面,只有别人先做了,自己才能做。若这样理解就违背了老子的本意。老子的本意在告诫领导者做任何事情都不要鲁莽,不要急躁,不要抢风头,而要冷静观察研究清楚,谋定后动,后发制人,稳扎稳打,在战略上夺取主动权,不做则已,做则必胜。

老子"三宝",实际上存在着相互联系的关系。"俭",对一般人来说只是一种美德,但对领导者来说,就不仅是一种美德,而且更是一种领导的艺术。领导者能身体力行做到俭以养德,淡泊明志,不仅能保障自己做好工作,更能起到榜样的作用,以此达到移风易俗、教育民众的效果。如果说"慈"是老子外向无为的心理基础和感情基础的话,那么"俭"指向的则是领导者的内向无为,是外向无为的内在基础。

第五,多予少取、功成弗居。

老子说:

> 万物作而弗始,生而弗有,为而弗恃,功成而弗居。①
> 生之畜之,生而不有,为而不恃,长而不宰,是谓"玄德"。②
> 大道汜兮,其可左右。万物恃之以生而不辞,功成而不有,衣被万物而不

---

① 《老子·第二章》。
② 《老子·第十章》。

为主，可名于小；万物归焉而不为主，可名为大。①

持而盈之，不如其已；揣而锐之，不可长保。金玉满堂，莫之能守。富贵而骄，自遗其咎。功遂身退，天之道也。②

在老子看来，大"道"广泛流行，无所不到，万物依赖它生长，它从不推辞拒绝；因为"道"养育万物与万物依靠"道"而生长变化，都是自然随顺的，并不存在任何主宰浮沉的神秘力量。"道"养育万物是为了使万物更好地茁壮成长，成为它们更好的自己，而不是要将其据为己有；"道"养育万物是为了使万物各自按照自然的本性生长繁衍，而不是自恃有功；"道"规范导引万物是为了让万物完善其身，各自依据自己的本性生长兴衰，而不是为了控制和主宰万物。因此领导者应以"道"为楷模，像"道"那样生长万物而不存半点据为己有之心，养育万物而不自恃其能，成就万物让万物各自成长亦不自居其功。

为了使领导者真正在实践中做到"生而弗有，为而不恃，功成而弗居"，在《老子》全书中，老子反复讲了不少关于卑谦处下、反对居功自傲的道理。如他在第二十二章说："不自见，故明；不自是，故彰；不自伐，故有功；不自矜，故长。"这里，老子接连用了四个重叠句，强调统治者不能仅凭自己的所见行事，不能自以为是，不能自恃有功，不能自高自大，以为这样就能认识清楚事物，做好工作。对这一思想，老子在其书第二十四章重复了一遍，说："自见者不明，自是者不彰，自伐者无功，自矜者不长。"把第二十二章与第二十四章作一比较，不难看出，在第二十二章，老子指出领导者如果不"自见""自是""自伐""自矜"，就能使自己"明""彰""有功""长"；而在第二十四章，老子则是从反面入手，认为如果领导者做出这些行为，则会使自己"不明""不彰""无功""不长"。

第六，利而不害、为而不争。

老子说：

---

① 《老子·第三十四章》。
② 《老子·第九章》。

> 天之道，利而不害；圣人之道，为而不争。①

"利而不害""为而不争"是领导者所应该具有的道德素质。"利而不害"为天之道，"为而不争"则是人之道。遵天道，守人道，这是老子对领导者素质的基本期许。"为"就是尽心尽力做好自己的本职工作，这是要争的。"不争"，是指对于本职工作能够带给本人的名与利则要看淡、看轻，不把它们放在心上而斤斤计较，而为此烦恼。

对于"为而不争"，老子可以说是推崇备至。据《尚书》记载，舜曾经告诫禹说："汝惟不矜，天下莫与汝争能。汝惟不伐，天下莫与汝争功。"看来，老子的"为而不争"思想是对前人成果的继承。

2."无为而无不为"

"无为而无不为"是老子治国之道与领导艺术的核心，学习老子治国之道与领导艺术，吸取其中的精华，必须牢牢把握和领会这个核心。

老子通过总结历史、提炼历代帝王治理经验进而得出结论说："道常无为而无不为，侯王若能守之，万物将自化。"②这种思想，可以划归领导者的领导方法论范畴。

老子认为，领导者应该"为无为，不妄为"。

老子提倡的"无为"领导工作方法，是一种辩证的否定之否定的统一。单纯从字面上理解，"无为"好像是对人们行为的禁止。但实际上，"无为"绝不是常人所理解的那样"什么都不做""什么都不管"，处于一种消极颓废的怠工状态。老子所谓的"无为"，是要求领导者不要违背事物自身发展变化规律，不要违背事物的自然秉性，不要违背常理，而去做一些不该做、不应做或者暂时不需要做的事情。实际上，在《老子》中，"无为"在否定一个方面的"为"的同时，又肯定另一个方面的"为"。换句话说，老子是以否定的、批判的形式来表达一种肯定的、嘉许的行为的。这样，"无为"的概念中本身就包含了"有为"的内容。在领导者的工作方法中，"无为"

---

① 《老子·第八十一章》。
② 《老子·第三十七章》。

也就成了"有为"的代名词。由此可见，老子提倡的"无为"就是"不妄为""不盲动"，主要代表着领导者认识客观规律，实事求是，并按客观规律办事的一种理智成熟的工作艺术，是对领导者遵循客观规律、顺应民意从而达到"取天下""莅天下""治天下"的领导工作方法的肯定和提倡；而老子观念中的"有为"，则是代表着那种不按客观规律办事，或主观主义，或形式主义，或教条主义，或"左"或"右"的领导工作方法的"妄为"，老子反对"有为"，则是对领导者不顾客观实际情况主观妄动或轻举盲动行为的斥责和批判。

据不完全统计，《老子》全书八十一章，"无为"一词在其十章中共出现十二次。"即'无为'在《老子》中第二、三、十、三十七、三十八、五十七、六十三、六十四章各出现一次，第四十三、四十八章各出现两次。"[①] 其中六章所讲的"无为"都与领导者有直接关系，"无为"的主体显然是领导者，如第二章"是以圣人处无为之事，行不言之教"，非常明确地要求领导者实行"无为"的工作方法。在另外四章中，老子虽然没有直接说明要求谁实行"无为"，但从全章的叙说中不难看出这些"无为"也都与领导者的工作艺术有关，都是间接地要求领导者实行"无为"。如第四十三章中说："天下之至柔，驰骋天下之至坚，无有入无间。吾是以知无为之有益。不言之教，无为之益，天下希及之。"这里，老子虽然没有直接指出"吾"是谁，但"不言之教，无为之有益"与第二章"圣人处无为之事，行不言之教"完全一致。因此，这一章所主张的"无为"的实行者是领导者，应该是没有疑义的。而第三十七章："道常无为而无不为，侯王若能守之，万物将自化。"则更是明确指出"无为"就是"侯王"的"无为"，就是领导者的"无为"。在这里，老子的"道常无为而无不为"，把"道"与"无为"紧密联系在一起，把"无为"作为贯穿形而上与形而下之"道"的特质，为领导者的"无为"领导方法提供了形而上的根据。

3."柔弱胜刚强"

老子的政治思维方式与孔子以及儒家的中庸之道大有不同，表现出了极其鲜明

[①] 曾宪年著：《老子领导思想研究》，湖南师范大学出版社2005年版，第177页。

的独特个性。

在老子的政治思想中，包含着十分丰富的辩证法思想。

《老子》提出了一系列哲学意义上的矛盾概念。如：大小、高下、长短、前后、难易、美丑、有无、损益、强弱、刚柔、祸福、荣辱、智愚、拙巧、成败、生死、攻守、进退、静躁、轻重等。

老子比较系统地揭示出事物的存在是运动的、相互依存的，而不是静止的、孤立的。他说："天下皆知美之为美，斯恶已；皆知善之为善，斯不善已。有无相生，难易相成，长短相形，高下相倾，音声相和，前后相随，恒也。是以圣人处无为之事，行不言之教。万物作而弗始，生而弗有，为而弗恃，功成而弗居。夫唯不居，是以不去。"① 意思是，当天下人都知道美之所以为美，这就知道丑了；当天下人都知道善之所以为善，这就知道恶了。所以有与无、难与易、长与短、高与下、音与声、前与后，都是相互对立又相互依存的。功成身退，知足不辱，这是人类社会永恒的真理。

从事物及其现象相互对立又相互依存的永恒性出发，老子提出了道的运动的普遍性法则即"反者道之动"。所谓"反者道之动"，意即道的运动原则是向自己相反的方向转化。

老子描述了大量事物向自己相反方面转化的现象。如："物或损之而益，或益之而损。""甚爱必大费，多藏必厚亡。""物壮则老。""躁胜寒，静胜热。""祸兮，福之所倚；福兮，祸之所伏。""曲则全，枉则直，洼则盈，敝则新，少则得，多则惑。""天下万物生于有，有生于无"，等等。

在政治领域，老子同样遵循"反者道之动"的运动规律，指出了所谓"其政闷闷，其民淳淳；其政察察，其民缺缺"② 的政治现象。老子认为，政治越是宽厚清明，民众反而淳朴敦厚；为政者过于明察秋毫，政治严厉苛刻，为了生存，民众反而会变

---

① 《老子·第二章》。
② 《老子·第五十八章》。

得更为狡诈。

"反者道之动"意味着事物向自己的对立面转化，事物的否定是自我否定，是合乎规律的否定，所以，老子利用道的这种运动规律，提出了"弱者道之用"的全新政治思维逻辑。

老子把"柔弱胜刚强"作为人世间运动变化的普遍原则。他认为，万事万物之间都是相生相克，不断地在发生着变化。

老子的政治思维达到了很高的辩证法水平，是对春秋以前古代辩证法的发展和理论的总结。原始五行、阴阳学说中的矛盾及其依存、转化等思想，都被《老子》经过扬弃、综合而纳入自己的体系。这些都体现出了《老子》对古代辩证法进行理论总结的思想水平与高度。

古往今来，很多研究者把老子的"贵柔""尚弱"思想说成是懦弱、胆怯、不敢进取，把老子对领导学领域的认识以及分析问题、解决问题的领导哲学称之为阴柔哲学或阴谋哲学等。其实，这些看法和认识虽有一定的道理，但绝不能说是客观与准确的。

春秋末年，老子以他睿智深邃的目光，从自然界、人类社会的发展变化中，观察到"柔"与"弱"是天地间万事万物的一种难得的优秀品质，是"刚"与"强"的平衡、对手与克星。于是，老子提出"弱之胜强，柔之胜刚"[1]，"天下之至柔，驰骋天下之至坚"的领导学观点，主张领导者在体"道"、悟"道"的过程中，能够把握"道"所具有的"柔弱胜刚强"的特征，把柔弱作为领导者应该具备的重要品格与素质，作为领导者认识问题、分析问题、作出决策、解决问题的必要手段；主张把"柔弱"提高到"道"的层次加以诠释和认识，并且提出了"弱者道之用"[2]，即柔弱是"道"的主要特征和运用的重要观点，主张领导者在决策与实践中切实贯彻和运用好这一工作法宝。

---

[1] 《老子·第五十八章》。
[2] 《老子·第四十章》。

为了使领导者在决策中能够正确把握和运用"柔弱胜刚强"这一基本原则,老子把这一特征和原则与"水"的品性联系起来,告诉领导者通过认识和体味"水"的品性,认识和掌握"道"的"柔弱胜刚强"的特性。他说:"天下莫柔弱于水,而攻坚强者莫之能胜,以其无以易之。弱之胜强,柔之胜刚,天下莫不知,莫能行。"[1] 在自然界,"水"确实集"柔"与"弱"于一身。老子以水做比喻,突出体现了老子贵柔的思想。水虽表面上看来柔弱处下,实际上却是柔中带刚、柔之胜刚、坚韧无比、无坚不摧。它能穿山透石,冲毁一切,任何坚强的东西都阻止不了它,战胜不了它。所以,老子说:"天下莫柔弱于水,而攻坚强者莫之能胜。"即是说,在所有"攻坚强者"中,水是最优胜的,没有什么东西能够胜过水。弱胜过强,柔胜过刚,天下没有人不知道,但是真正能够在实践中身体力行地做到这一点的人并不多。正因为这样,老子才大声疾呼:"江海所以能为百谷王者,以其善下之,故能为百谷王。是以圣人欲上民,必以言下之;欲先民,必以身后之。是以圣人处上而民不重,处前而民不害。是以天下乐推而不厌。以其不争,故天下莫能与之争。"[2]

在老子看来,柔弱是水的法则,也是领导者决策力量与效果的象征。老子说:"人之生也柔弱,其死也坚强。"[3] 在老子的认识中,"柔弱"并不是"懦弱",而是真正意义上的强大。从老子的"柔弱"观来看,"柔弱"体现在人性上便是一种韧性,是一种"绳锯木断,水滴石穿"的锲而不舍的韧劲。一个人只有具备这种韧性和韧劲,才能艰难困苦、玉汝于成,才能在工作和生活中能屈能伸、游刃有余。这里所说的韧性和韧劲都是老子心目中理想领导者所应具有的意志承受力和坚韧性,即为追求真理忍辱负重坚韧不拔的精神。一个成熟的领导者,一定是如水之"善下",永不言败、坚韧不拔者。

---

[1] 《老子·第七十八章》。
[2] 《老子·第六十六章》。
[3] 《老子·第七十六章》。

4."治大国若烹小鲜"

"治大国若烹小鲜"是老子对国家治理在领导学策略层面所作的一个总体思考。老子说：

> 治大国若烹小鲜。以道莅天下，其鬼不神。非其鬼不神，其神不伤人；非其神不伤人，圣人亦不伤人。夫两不相伤，故德交归焉①。

治理大国就像煎烹小鱼一样，切记不能经常翻动，国策一旦制定，就要力争保持稳定。以符合道的原则来合理治理天下，那些有违道的精神的鬼怪之事就不再显得变化莫测了；不但鬼怪之事不再显得神秘莫测，即使它们神秘莫测也难以伤人；不仅鬼神的神秘莫测难以伤害民众，治国者的治理政策也力争做到不伤害民众。这样，天下交归有德之人管理，谨慎决策，社会秩序就会稳定，民众就会和谐相处。

在老子看来，领导人领导和治理国家，必须小心翼翼，其政策和措施的颁行须掌握火候，治理国家不宜折腾，不宜轻易变动政策，改革要有步骤，不能操之过急，应当平缓渐进，有前提、有基础，以不扰民、不妨碍百姓的正常生活为原则；同时，政策还必须保持一定的连续性，不可朝令夕改、频频变动。譬如煎鱼，如果既不掌握好火候，又翻动个不停，鱼就会煎得一塌糊涂、不成模样了。煎鱼如此，治理国家更是如此。韩非在《韩非子·解老》篇中说："烹小鲜而数挠之则贼其泽，治大国而数变法则民苦之。是以有道之君贵静，不重变法。故曰治大国者若烹小鲜。"治理天下国家，政策措施一旦颁行，而后却又不断更改，原来与之相联系的利益关系就会随之屡屡变动，这样，上面五心不定，百姓不得不"下有对策"，以趋利避害。如此翻来覆去，民众必然不堪其扰，甚者带来社会动荡、国家糜烂。

5."以正治国"

老子的"以正治国"思想是对历史上统治者治理国家思想的总结与继承。周公等统治者在国家治理上，一向主张"以德治国"与统治者要发挥天下表率作用，

---

① 《老子·第六十章》。

这对老子"以正治国"政治思想的形成具有重要的影响。在总结历史经验教训的基础上，老子说：

> 以正治国，以奇用兵，以无事取天下。吾何以知其然哉？以此：天下多忌讳，而民弥贫；民多利器，国家滋昏；人多伎巧，奇物滋起；法令滋彰，盗贼多有。故圣人云："我无为而民自化，我好静而民自正，我无事而民自富，我无欲而民自朴。"①

老子认为，以正大光明的法则治国，以奇谲诡异的策略用兵，以不扰民的方法来对待天下，这就是治国理政的最佳办法。因为，天下的禁令、忌讳越多，百姓就越贫困；百姓的刀锋利器越多，国家就越混乱；百姓的巧技越多，各种不实用的物品就越多；法令越突出彰显，盗贼就越多。所以执政者说：我无所作为而百姓自然顺化；我爱好虚静，百姓也自然端正；我不加干扰，百姓自然富足；我没有贪欲，百姓自然淳朴。

老子主张以"无为"治国，孔子亦格外推崇"无为而治"。他们都主张不可以一己之私意来取代民意，来治理天下国家。当鲁哀公三问"何谓为政"，孔子回答道："政者正也。君为正，则百姓从政矣。君之所为，百姓之所从也。君所不从，百姓何从？"②孔子对主持鲁国政事的权臣季康子也说过类似的话："政者正也，子帅以正，孰敢不正？"当时鲁国多"盗"，季康子为此十分头痛，于是向孔子讨教对策，孔子却回答说："苟子之不欲，虽赏之不窃。"③假如您不贪得无厌，与民休息，那么即使鼓励偷盗，也没有人会去干。朱熹在其《朱子集注》中对"以正治国"思想解释得更是明白："政之为言正也，所以正人之不正也。德之为言得也，得于心而不失也……为政以德，则无为而天下归之"，"为政以德，则不动而化，不言而信，无为而成。

---

① 《老子·第五十七章》。
② 《礼记·哀公问》。
③ 《论语·颜渊》。

所守者至简而能御烦，所处者至静而能制动，所务者至寡而能服众"。

6."为之于未有，治之于未乱"

老子的"为之于未有，治之于未乱"思想主要包括两个方面：

第一，"作于易""作于细"原则。

老子说：

> 天下难事，必作于易；天下大事，必作于细。①

老子主张，干大事应从小事做起，解决难题要从其薄弱环节下手。事物的变化与发展总是由小到大、由细而巨，有一个由简单而复杂、由量变到质变的形成发展过程。所以，治国理政一定要遵循规律，图难于其易，为大于其细。老子又说："合抱之木，生于毫末；九层之台，起于累土；千里之行，始于足下。"② 任何大事业都是具体而琐细的小事情的集合，都是积少成多、积小成大，不可能一蹴而就；领导者应从大处着眼、小处着手，踏踏实实地从小事抓起、从基层抓起，如果一味好高骛远、急功近利，只会欲速不达，给国家与事业造成损失。此外，老子还强调应当善始善终。"民之从事，常于几成而败之"，一般人做事情，往往在开始的时候很小心、很仔细，而当快要成功之际却失败了，这是因为未能始终如一，如能够做到"慎终如始，则无败事"③，事情越接近完成，越应该像开始时一样慎重对待，"战战兢兢，如临深渊，如履薄冰"④，果能如此，就鲜有败事了。

第二，防患于未然原则。

老子认为，对于违背政治与社会规律的潜在不利因素，对于政治上的潜在祸患，都应当及时想方设法解决，最好是把它们消除在萌芽状态。为此他告诫领导者："其

---

① 《老子·第六十三章》。
② 《老子·第六十四章》。
③ 《老子·第六十四章》。
④ 《诗经·小雅·小旻》。

安易持，其未兆易谋；其脆易泮，其微易散。为之于未有，治之于未乱。"① 大意是说：祸乱处于静止状态、尚未发作之时就容易掌握、控制，其征兆还没有显山露水时便容易设法对付；事物脆弱时则易于分解，微细时则易于处置。所以，在祸乱还没有产生的时候就要预作对策，在祸乱还没有扩大的时候就要着手整治。这就要求领导者具有足够的政治敏感性和政治警惕性，面对纷繁复杂的事务，能够从中及时捕捉潜在的热点和焦点，并给予足够的关注，以做到防患于未然。整合社会种种矛盾冲突，最好是在它们尚未形成气候之际，或者还没有酿成变乱之先；即使一时未能消弭祸患于无形，也要防微杜渐、及时处治，绝不可因循苟且、养痈遗患，以致不可收拾。老子认为，只有这样，才能切实做到"制治于未乱，保邦于未危"，从而为社会和谐、平稳、持续发展提供坚强有力的可靠政治保证②。

五、墨子的济世方案

墨子，名翟，是墨家学派的创始人与主要代表人物。

墨子的生卒年月不详。生于公元前 479 年左右，卒于公元前 381 年左右。至于他的籍贯，后人说法不一。《史记·孟子荀卿列传》说他是宋国的大夫。《吕氏春秋·当染》则认为他是鲁国人。不管怎样说，墨子是战国初期一位伟大的践行者——为救天下苦难民众而到处奔走的践行者，这一点，当没有疑问。

墨子可以说是一位最能以宗教家的精神而力行救世的行动型政治活动家，司马迁说他"善守御，为节用"③。

《庄子·天下》篇中说：

---

① 《老子·第六十四章》。
② 参见李锡炎主编、罗振宇副主编：《中国古代、近代领导思想述评》，人民出版社 2008 年版，第 52 页。
③ 《史记·孟子荀卿列传》。

不侈于后世，不靡于万物，不晖于数度，以绳墨自矫，而备世之急。古之道术有在于是者，墨翟、禽滑厘闻其风而说之。为之大过，已之大循。作为《非乐》，命之曰《节用》。生不歌，死无服。墨子泛爱兼利而非斗，其道不怒。又好学而博，不异，不与先王同，毁古之礼乐。黄帝有《咸池》，尧有《大章》，舜有《大韶》，禹有《大夏》，汤有《大濩》，文王有《辟雍》之乐，武王、周公作《武》。古之丧礼，贵贱有仪，上下有等。天子棺椁七重，诸侯五重，大夫三重，士再重。今墨子独生不歌，死不服，桐棺三寸而无椁，以为法式。以此教人，恐不爱人；以此自行，固不爱己。未败墨子道。虽然，歌而非歌，哭而非哭，乐而非乐，是果类乎？其生也勤，其死也薄，其道大觳。使人忧，使人悲，其行难为也。恐其不可以为圣人之道，反天下之心。天下不堪。墨子虽独能任，奈天下何！离于天下，其去王也远矣！墨子称道曰："昔禹之湮洪水，决江河而通四夷九州也。名山三百，支川三千，小者无数。禹亲自操橐耜而九杂天下之川。腓无胈，胫无毛，沐甚雨，栉疾风，置万国。禹大圣也，而形劳天下也如此。"使后世之墨者，多以裘褐为衣，以屐蹻为服，日夜不休，以自苦为极，曰："不能如此，非禹之道也，不足谓墨。"相里勤之弟子，五侯之徒，南方之墨者若获、已齿、邓陵子之属，俱诵《墨经》，而倍谲不同，相谓别墨。以坚白同异之辩相訾，以奇偶不仵之辞相应，以钜子为圣人。皆愿为之尸，冀得为其后世，至今不决。墨翟、禽滑厘之意则是，其行则非也。将使后世之墨者，必自苦，以腓无胈、胫无毛相进而已矣。乱之上也，治之下也。虽然，墨子真天下之好也，将求之不得也，虽枯槁不舍也，才士也夫！

《东周列国志》中说："墨翟不蓄妻子，发愿云游天下，专一济人利物，拔其苦厄，救其危难。"

从某种程度上而言，笔者宁肯将墨子视为中国民众心目中的耶稣。

据历史记载，墨子很有政治雄心，组织能力极强，门徒众多。这些门徒大多来自社会下层，他们结成了一个组织严密的政治性团体，其首领称为"钜子"。墨子就是墨家的第一代"钜子"。《庄子·天下》篇中说道："以钜子为圣人，皆愿为之尸，冀得为其后世。"墨家组织有严格的纪律，称为墨者之法，其中规定："杀人者死，伤人及盗抵罪。"他们吃苦耐劳，勤于实践，作战勇敢，平时从事生产劳动。墨子及其门人行侠仗义，专做济人利世之事，即使牺牲个人性命也在所不惜。《淮南子·泰族》中说："墨子服役者百八十人，皆可使赴火蹈刃，死不还踵。"不仅如此，更重要的是，他们不为功名利禄所驱使，功成不受赏，施恩不图报，过着极其简朴与艰苦的生活。想想看，这是一个多么富有生命力和战斗力的团体啊！一个政府如果有这样一个组织，一定会攻无不克、战无不胜。

墨子本人一生都在为扶危济困的正义事业奔忙。

班固是继司马迁之后东汉时期又一个伟大的历史学家，他对墨子的评价是："孔席不暖，墨突不黔。"也就是说，墨子像孔子一样为天下事而终日奔劳，连将席子坐暖和将炉灶的烟囱染黑的时间都没有。他"日夜不休，以自苦为极"，长期奔走于各诸侯国之间，宣传他的政治主张。墨子颇有"摩顶放踵，利天下为之"的殉道者般的自我牺牲精神，后世侠客多奉他为祖师爷，确实有几分道理。

相传，墨子曾阻止强大的楚国进攻弱小的宋国，实施"兼爱、非攻"的主张。后来鲁阳文君要攻打郑国，墨子知道后又前去晓之以理，说服鲁阳文君停止伐郑之举。他"南游使卫"，宣讲非战主张，"蓄士"以备守御。又多次访问楚国，献书楚惠王。不过，墨子其意不在功名利禄，他拒绝了楚王赐给他的封地与官爵，离开了楚国。

相传，墨子喜交当世才德智兼备的实干型人物。他深服孙膑学问，曾将他推荐给魏惠王。孙膑在魏被庞涓所欺，墨子知道后，派其弟子禽滑厘又将孙膑救至齐国，将他推荐给齐国的王廷。墨子及其弟子因为爱惜人才，毫无私利地帮助孙膑，成为一段历史佳话。

墨子晚年来到齐国，企图劝阻项子牛讨伐鲁国，但没有成功。越王邀请墨翟到越国做官，并许给他五百里的封地。墨子以"听吾言，用我道"作为条件，而不计较封地与爵禄，目的还是为了实现自己的政治抱负和思想主张。

墨学在战国、秦汉显赫一时。到了西汉中期，因为汉武帝实施"罢黜百家独尊儒术"的国策而从此衰落不显。但是，墨家精神并未失传。汉代以后的侠士，是墨家"兼爱"灵魂的继承者。中国的民间社党"四海之内皆兄弟"的平等互助的侠义精神，在很大程度上仍是墨家精神的真传。中国歌颂侠义精神的诗歌和侠士小说，其精神源头莫不与墨家思想有着密切的联系。墨家思想在中国的社会底层一直流传着，对中国文化的影响之大，实际上并不亚于儒学和道学。

墨家学派的代表著作是《墨子》。《墨子》是墨子的弟子们根据墨子言论记录而成的，现存五十三篇。据考证，除《亲士》《修身》《所染》等系后人伪托，《经》《经说》《大取》《小取》等为后期墨家的作品外，其他二十四篇直接记载了墨翟的言论，是研究墨子其人及其思想的可靠资料，值得有心者放置案头，经常翻阅学习。

1. "置立天志以为仪法"

墨子认为，天是有意志的最高主宰，即所谓的"天志"。

"天志"，是最高政治秩序主宰者。正所谓"头顶三尺有神灵"，天意不可违。

墨子认为，天下人常常"知小不知大"，只知道在家不要得罪家长、在社会不要得罪国君，却不知道不能得罪于天。因为得罪家长、国君尚可以避至邻家和邻国，而得罪于天则无处可以逃避。

"天志"是墨子衡量人的言论行为的"规矩"，是从上到下都必须遵循的统一社会秩序的准则。《墨子·天志下》中说："故墨子置立天志以为仪法，若轮人之有规，匠人之有矩也。今轮人以规，匠人以矩，以此知方圆之别矣。"在墨子看来，天下的王公大人、卿大夫、士的言行善与不善，都必须以"天志"为最高标准。天志是任何人都不得例外的最高裁判者。天是主宰人间赏罚的最高权威，具有赏善罚恶的功能。《墨子·天志上》中说："昔三代圣王禹、汤、文、武，此顺天意而得赏者也；昔三代暴王桀、纣、幽、厉，此反天意而得罚者也。"《墨子·天志下》中说："天子有善，天能赏之；天子有过，天能罚之。"由此可见，"天志"实际上是墨子按照其社会理想设计出来的一种最高的主宰力量。墨子企图借助于它去匡正天下，使人人有所畏惧，从而升华灵魂，努力做到兼爱，消除战乱，实现"非攻"，以达到"尚同"的政治目的。

除了肯定"天志"外，墨子还主张"明鬼"。所谓"明鬼"，就是辨明鬼神的存在。墨子认为，上有天志，下有鬼神，无时无刻不在严密监视着世人的一举一动。鬼神不但存在，而且还能扬善惩恶，"赏贤罚暴"。《墨子·明鬼下》中说："幽涧广泽，山林深谷，鬼神之明必知之"；"勇力强武，坚甲利兵，鬼神之罚必胜之"；"鬼神之所赏，无小必赏之；鬼神之所罚，无大必罚之"。

"天志"和"明鬼"是墨子所代表的中下阶层民众的政治哲学，是基层民众寻求至高无上绝对权威，从而幻化出来替他们主持正义的一种理想的反映。这既表现出墨翟对现实社会的不满，同时也说明了他想改善现实社会不平等秩序的途径和方法。

2."兼相爱，交相利"

墨子是一个泛爱主义者。他主张：兼相爱，交相利。

《墨子·天志上》中说："顺天意者，兼相爱，交相利，必得赏。反天意者，别相恶，交相贼，必得罚。"

在墨子的眼中，人不分高低贵贱，都是"天之民"；国无分大小强弱，都是"天之邑"。因此，天下万国的人们都应当"以天为法"，即以"兼相爱、交相利"为法。

在墨子看来，社会动乱的根本原因就在于人与人之间为了角逐利益而互不相爱。惨酷的社会现实是："国之与国之相攻，家之与家之相篡，人之与人之相贼。君臣不惠忠，父子不慈孝，兄弟不和调。"[①] 由于其自私自利的天性，人与人相处之道在于亏人而自利，国与国相处之道在于攻他国而利其国。这种不正常的局面是一切祸害中的最大祸害。

《墨子·兼爱上》中说："圣人以治天下为事者也，不可不察乱之所自起。当察乱何自起？起不相爱。臣子之不孝君父，所谓乱也。子自爱，不爱父，故亏父而自利。弟自爱，不爱兄，故亏兄而自利。臣自爱，不爱君，故亏君而自利。此所谓乱也。虽父之不慈子，兄之不慈弟，君之不慈臣，此亦天下之所谓乱也。父自爱也，

---

① 《墨子·兼爱中》。

不爱子，故亏子而自利。兄自爱也，不爱弟，故亏弟而自利。君自爱也，不爱臣，故亏臣而自利。是何也？皆起不相爱。虽至天下之为盗贼者亦然，盗爱其室，不爱其异室，故窃异室以利其室。贼爱其身，不爱人，故贼人以利其身。此何也？皆起不相爱。虽至大夫之相乱家，诸侯之相攻国者亦然。大夫各爱其家，不爱异家，故乱异家以利其家。诸侯各爱其国，不爱异国，故攻异国以利其国。天下之乱物，具此而已矣！察此何自起？皆起不相爱。"

既然不相爱是起乱之根源，墨子对症下药的治世良方便是"兼相爱"。

墨子说："爱人者，人必从而爱之；利人者，人必从而利之。"① 人人相爱相利，社会上互相残杀争夺的现象就会自然消灭，也就达到了天下太平的大同局面。

墨子要求人与人之间实行普遍的、无差别的互相友爱。墨子说：所谓"兼相爱"，就是"视人之国，若视其国。视人之家，若视其家。视人之身，若视其身。是故诸侯相爱，则不野战。家主相爱，则不相篡。人与人相爱，则不相贼。君臣相爱，则惠忠。父子相爱，则慈孝。兄弟相爱，则和调。天下之人皆相爱，强不执弱，众不劫寡，富不侮贫，贵不敖贱，诈不欺愚。凡天下祸篡怨恨，可使毋起者，以相爱生也。"② 基于这样的看法，墨子反对儒家维护宗法等级制度的道德原则，即儒家的"亲亲""尊尊"的仁爱原则。他认为，儒家的道德原则不利于墨家"天下之利"目标的实现。因为在所谓的仁爱之中，统治者或居于上层等级者的利益已经得到了优先考虑和保障。统治者要维护自己既得的利益就必须从维持礼制的稳固角度着手。所以，儒家并非不言利，而是更关注既得利益的实现手段与方式问题。而这些，是与墨子视人若己、"爱无差等"的政治思想相对立的。由此可见，墨子用"兼相爱"来代替儒家的等差之爱，是对传统宗法等级制的一种否定。他的思想在当时有一定的现实针对性，其实质是为了调和个人利益与他人利益之间的矛盾与冲突。

3. 尚贤、尚同、节俭、非攻

---

① 《墨子·兼爱中》。
② 《墨子·兼爱中》。

墨子主张尚贤、尚同、节俭、非攻。

墨家认为,古代圣王非常尊重有德、才、智的人,用种种办法来鼓励、提拔他们,叫"尚贤",然后根据其能力加以提拔重用,就叫"使能"。

《墨子·尚贤上》中说:"尚贤者,政之本也。"墨子认为,要想治理好一个国家,首先是国君要做到尊重人才、聚集人才、重用人才。尚贤是为政之本,是治国之要。贤良之士是"国家之珍,社稷之佐",因而只有选用贤良之士,才能治理好国家。墨子强调统治者要实行开明政治,就必须任人惟贤,不能任人惟亲。将人才问题与国家的治乱、社会的发展紧密联系起来,是墨子治国之道中的一种政治智慧。墨子主张打破社会地位的局限,将"有能"定为用人的标准。《墨子·尚贤上》中说:"故古者圣王之为政,列德而尚贤,虽在农与工肆之人,有能则举之,高予之爵,重予之禄,任之以事,断予之令。""官无常贵,而民无终贱。有能则举之,无能则下之。"他在《墨子·尚贤中》提出了尚贤使能的三个基本原则:"故古者圣王甚尊尚贤而任使能,不党父兄,不偏贵富,不嬖颜色。贤者,举而上之,富而贵之,以为官长。不肖者,抑而废之,贫而贱之,以为徒役。""不党父兄,不偏贵富,不嬖颜色"这三个基本原则反映了墨子所代表的"士"阶层要求改革西周以来的世袭贵族等级制度,想参与政治的强烈愿望。

在墨子看来,"尚贤"并不是他的最终目的。"尚贤"是为了达到"尚同"。"尚"与"上"相通,所谓"尚同",就是政令、思想、言语、行动等要与圣王的意志相统一。他要求下级绝对服从上级。他主张选出"仁人""贤者",立为里长、乡长、国君、天子,"选天下之贤可者,立以为天子"[①],人民尚同于天子,而天子则尚同于天,这样,整个社会就达成一个统一的标准。墨翟具体设计了"尚同"的方法,这就是"尚同而不下比"。即只听从上面的意见,而不附和下面的意见。墨子认为,如此就可以形成一种有序的社会政治局面:里长尚同于乡长,乡长尚同于国君,国君尚同于天子。即里长听乡长的,乡长听国君的,国君听天子的,天子又总天下之义,以尚同

---

① 《墨子·尚同上》。

于天。

在国家治理方面，墨子还提出了尚俭抑奢的政治主张。

墨子从"人民之大利"的立场，提出了节用的原则。他提出的非乐、非命和节葬的主张，实质上即是"节用"原则在实际生活中的具体应用，是防止贵族浪费的具体措施。针对战国时期统治阶级奢靡的生活作风和不爱惜民力财力的堪忧现状，墨家阐述了节俭与治国之间的道理，提出"强本节用"的主张。节用，就是反对奢侈浪费，主张勤俭节约。他认为，对于君主来说，圣人施政一国，一国可得到加倍的利润。扩大为施政天下，天下可得到加倍的利润。其利益的加倍，不是来自对外扩张土地，而在于省去"无用之费"。墨子深明"为政清廉，国泰民安；为政污贪，不战自亡"的道理，故而，他在《墨子·辞过》中提出了"俭节则昌，淫佚则亡"的至理名言。

墨子从"兼爱"的思想出发，亦主张"非攻"，即反对侵略性的非正义战争。

战国时期，战事频繁，尤其是小国如卫、鲁、宋、郑等国不断受到大国、强国的攻掠蚕食。战争问题不仅是当时儒、法、道诸子百家关注的现实问题，也是君、臣、士、将、卒、百姓都非常关注的现实问题。墨子生活的鲁国是一个小国、弱国，处于楚晋争霸的必经之地，这使墨子对战争带来的苦难体会犹深，也使他对"大攻小，强执弱"的社会现实非常不满。在墨子看来，在政治混乱中，祸害人民的最大事情，就是侵略战争。因此，他特别提倡"非攻"。墨子及其弟子为制止战争南下北上，奔走于各诸侯国之间，用实际行动反对非正义的战争。墨子的"非攻"思想是以维护民众的根本利益为出发点的，在制止战争、减轻人民痛苦等方面发挥了一定的作用，开了和平主义、人道主义的先河，给后人以深刻的启迪。

总的说来，战国时期，儒、墨同为"显学"，皆"言盈天下"。其救世济民、治国安邦的良策，被各诸侯国所知悉。但是，墨与儒是对立的。儒家站在体制内的立场维护体制内的正义，墨家则是站在弱势力的立场维护体制外的正义，因而墨家不可避免地和体制发生一定的冲突，所以到了汉代以后，儒学得到了统治阶级独尊的地位，而墨家学说及其治国理论则被冷落，墨家的继承者慢慢地转入了地下活动。

然而，历史是公正的，墨子以他利天下的实践力量为后人所铭记，墨家思想仍如日月经天、江河行地，代代流传。

纵观历史，每朝每代在治国安邦方面的措施，无一不带有墨家学说的痕迹。秦末刘邦进军咸阳，曾用墨家纪律作为约法三章来取悦于当地父老民众。荀况曾经说过："若墨术诚行，则天下尚俭。"近代名人梁启超说："墨子真算千古的大实行家，不惟在中国无人能比，求诸全世界也是少见。"胡适说："墨翟也许是中国出现过的最伟大的人物。"[1] 可见，墨子对中国后世影响的至深至远。

总结起来，墨子为中华民族树立起了多面旗帜：

第一，墨子为中国人民乃至世界人民树立起了一面酷爱和平的旗帜。

他提出"非战""非攻"，反对互相侵伐，主张"兼爱"、防御，伸张"强不执弱，富不侮贫"的正义，并为之赴汤蹈火、舍生取义。这种精神与当代和平发展的主题相吻合。

第二，墨子为中国人民树立了一面古典人道主义的旗帜。

墨子主张和平、兼爱、交相利、扶弱济困等广泛利人主义哲学，对于现实生活中唯利是图的利己主义价值观，无疑是强有力的挑战和抨击。

第三，墨子为中国人民树立了一面勤劳智慧的旗帜。

墨子虽然创立有自己的学派，拥有众多的学生，但他仍然亲身奔劳，不辞辛苦地为天下"摩顶放踵"，他本身就是一面永久性的体现劳动者勤奋与智慧的旗帜。

第四，墨子为中国人民树立了一面重视发展科学技术的旗帜。

在科学技术方面，墨学在诸子百家中可谓奇葩一枝，内容涉及天文、几何、物理、化学、数学以及工艺制造、土木建筑、测量学等诸多技术领域。一部《墨子》，较之整个古希腊的科学技术内容还要丰富，时间也更早。

总之，墨翟及其著作《墨子》，为世人展现了兼爱、非攻、勤劳、智慧等人道主义的光辉一面，是圣贤者为生民立命的最典型的代表。

---

[1] 参见黄坚著：《思想门——先秦诸子解读》，上海社会科学院出版社2013年版，第47、48页。

六、商鞅的救世主张

1. 从变政中寻找出路

耕战政策与以法治国,是商鞅政治思想的两大支柱。

富国强兵与统一天下,是商鞅政治上追求的最高目标。

通观商鞅的改革理论来源,有三个最基本的方面值得注意:

第一,历史进化论。

《商君书》之所以成为战国时期的重要文献之一,关键在于它提出了不同于前人的政治变革理论。在中国思想史上,第一次用分期的方法分析了历史的过程,并得出了今胜于昔的结论,这是商鞅对中国史学理论的一大贡献。《商君书·开塞》篇首先回顾了人类社会的发展过程,认为人类从"民知其母而不知其父"的母系社会发展到"上贤"的禅让制氏族长社会,既而又发展到"立官""立君"的专制官僚社会,与此相应,社会的政治道德准则也从"亲亲而爱私"发展到"上贤而说仁",既而再发展到"贵贵而尊官"。《商君书》对社会发展阶段的这些描述,虽然不一定完全符合历史事实,却也接触到了国家的起源问题,具有相当大的史料价值;而书中借此来揭示"世事交而行道异"的观点,也就是政治措施要随着社会情况的变化而加以变革的观点,无疑是正确的。

《商君书·开塞》中说:

> 天地设而民生之。当此之时也,民知其母而不知其父,其道亲亲而爱私。亲亲则别,爱私则险。民众,而以别、险为务,则民乱。当此时也,民务胜而力征。
>
> 务胜则争,力征则讼,讼而无正,则莫得其性也。故贤者立中正,设无私,而民说仁。当此时也,亲亲废,上贤立矣。凡仁者以爱利为务,而贤者以相出为道。民众而无制,久而相出为道,则有乱。故圣人承之,作为土地、货财、

男女之分。分定而无制，不可，故立禁；禁立而莫之司，不可，故立官；官设而莫之一，不可，故立君。既立君，则上贤废而贵贵立矣。然则上世亲亲而爱私，中世上贤而说仁，下世贵贵而尊官。上贤者以道相出也，而立君者使贤无用也。亲亲者以私为道也，而中正者使私无行也。此三者非事相反也，民道弊而所重易也，世事变而行道异也。故曰：王道有绳。①

《商君书·开塞》说，天地开辟以后人类就产生了。在这个时候，人们只知道自己的母亲而不知道自己的父亲，他们的道德原则是亲近亲人而酷爱私利。亲近亲人，就会区别亲疏；酷爱私利，就会险恶坑人。人多了，又都拿区别亲疏、险恶坑人作为自己的事务，那么民众就乱起来了。在这个时候，人们都致力于压服对方而竭力去争夺财物。致力于压服对方，就会发生争斗；竭力去争夺财物，就会发生争吵；争吵而没有一个标准加以处理，那么人们就不能满足自己的正常生活要求了。所以贤人确立了不偏不邪的正确原则，主张无私，因而民众就喜欢仁爱的道德准则了。在这个时候，亲近亲人的思想被废弃了，而尊重崇拜贤人的思想被树立起来了。大凡讲究仁爱的人都把爱护、便利别人作为自己的事务，而贤能的人都把推举别人作为自己的处世原则。但是百姓众多而没有制度，长期把推举别人作为处世的原则，那就又发生混乱了。所以圣人承其余绪，规定了土地、财物、男女的名分。名分确定了而没有制度，是不行的，所以建立了法律禁令；法律禁令建立了而没有人去掌管它，也是不行的，所以设置了官吏；官吏设置了而没有人去统一管理他们，也是不行的，所以设立了国君。既然设立了国君，那么尊重贤人的思想就被废弃了，而崇拜权贵的思想就被树立起来了。这样看来，在上古时代，人们的思想是亲近亲人而酷爱私利；在中古时代，人们的思想是尊重贤人而喜欢仁爱；在近古时代，人们的思想是崇拜权贵而尊敬官吏。在尊重贤人的时代，人们所奉行的原则是推举别人，而在拥立国君的时代，尊重贤人的原则便不适用了。在亲近亲人的时代，人们把自私

---

① 《商君书·开塞》。

作为道德原则。而奉行公正原则的时代，自私的原则就无法通行了。这三个时代的情况，并不是故意在做彼此相反的事情，而是人们原来所遵循的原则有害了，因而所注重的东西被改变了；社会的情况变化了，因而人们奉行的原则也就不同了。所以说：统治天下的原则是有规律的。

商鞅认为，自从人类产生以后，社会的发展经历了四个阶段。

第一阶段，"上世"阶段。生民之始及其以后一个相当长时期叫作"上世"。"上世"的特点是"民知其母，而不知其父"。这个时期人们的互相关系是"亲亲而爱私"。

第二阶段，"中世"阶段。继"上世"而来的叫"中世"。"中世"是对"上世"的否定，"亲亲废，上贤立矣"。"中世"的特点是"上贤而说仁"。

第三阶段，"下世"阶段。继"中世"而来的是"下世"。在"下世"，私有、君主、国家、刑法都已经产生。"下世"的特点是"贵贵而尊官"。

第四阶段，"当今"阶段。与"下世"衔接的是"当今"。在"当今"之世，社会政治关系在很大程度上是由力量的对比决定的。

《商君书》记述了商鞅对历史进展的看法：

> 公孙鞅曰："前世不同教，何古之法？帝王不相复，何礼之循？伏羲、神农，教而不诛。黄帝、尧、舜，诛而不怒。及至文、武，各当时而立法，因事而制礼。礼、法以时而定；制、令各顺其宜；兵甲器备，各便其用。臣故曰：治世不一道，便国不必法古。汤、武之王也，不循古而兴；殷、夏之灭也，不易礼而亡。然则反古者未必可非，循礼者未足多是也。"①

公孙鞅说："过去的朝代政教不同，该效法哪一代的古法？过去的帝王不相因袭，该遵循谁的礼制？伏羲、神农，旋行教化而不加诛杀。黄帝、尧、舜，施行诛杀而不过分。等到了周文王、周武王的时候，他们各自针对时势而建立法度，根据社会情况而制定礼制。礼制、法度要根据时势来确定；制度、命令要各自顺应它们

---

① 《商君书·更法》。

的相关事宜；兵器、铠甲、器具、设备，都要有利于它们的使用。我所以要说：治理社会不必采取同一种方法，为国家谋利益不必效法古代。商汤、周武王的称王，正是由于他们不遵循古法而兴盛；商朝、夏朝的覆灭，正是因为商纣、夏桀不变换礼制才灭亡的。这样看来，违反古代法度的人不一定就可以否定，而遵循古代礼制的人也不值得赞扬肯定。"

总之，商鞅认为，历史演进的原因不在社会外部，而是由社会内部的矛盾引起的，即个人与社会及财产分配、权力斗争等等矛盾引起的。尽管贤者、圣人是一个时代的开创者，但他们又是社会矛盾发展到一定阶段才出现的，是应运而生的。这种历史进化理论与迂腐守旧、尚古非今的儒家理论截然相反，为政治上的变法改制提供了有力的论据。由这种历史观直接得出了"三代不同礼而王，五霸不同法而霸"[1]，"不法古，不循今。法古则后于时，循今则塞于势"[2]，"反古者未必可非，循礼者未足多是也"，"苟可以强国，不法其故；苟可以利民，不循其礼"[3]等"更法""更礼"、改革现实的结论。

第二，人性好利论。

商鞅认为，政治治理的诀窍，应该从人的利益、利害角度入手办理。《慎子》持人性好利说，商鞅继承了这一思想。《商君书·算地》说："民之性，饥而求食，劳而求佚，苦则索乐，辱则求荣，此民之情也。""民之生，度而取长，称而取重，权而索利。""民生则计利，死则虑名。"人们的一切社会活动都是为了追逐名利，"名利之所凑，则民道之"。哪里有名利，人们就会向哪里奔跑。《商君书·赏刑》将人性好利论讲得更为明确："民之欲富贵也，共阖棺而后止。"只有死去之后，才会停止对名利的追求。商鞅还具体分析了人们追求名利的具体内容，泛而言之是爵禄，具体而论便是土地与住宅。《商君书·徕民》说："意民之情，其所欲者田宅也。"这种说法真可谓切中肯綮，号

---

[1] 《商君书·更法》。
[2] 《商君书·开塞》。
[3] 《商君书·更法》。

准了战国时期的土地所有制由原来的"公"有向"私"有迈进,利益需要重新分配这个大时代的脉搏。

第三,万事决定于"力"原则。

商鞅认为,社会政治关系在很大程度上是由"力"原则决定的。

韩非子说:"上古竞于道德,中世逐于智谋,当今争于气力。"[1]

春秋战国时代,战争频繁,天下大乱,"争于气力"已经成为天下政治发展的大势。孔子罕言"力",这不能说明他不重视"力",只不过是他采取了鸵鸟政策。墨子明确地提出了"力"这个概念,并论述了它在政治中的作用。商鞅则是"力"的讴歌者。商鞅认为,当今这个时代是以"力"的较量为其特征的时代。《商君书·慎法》说:"千乘能以守者,自存也;万乘能以战者,自完也;虽桀为主,不肯诎半辞以下其敌。外不能战,内不能守,虽尧为主,不能以不臣谐所谓不若之国。自此观之,国之所以重,主之所以尊者,力也。"一个国家有成千上万辆的兵车,这样的国家即使像夏桀那样的君主,也不会向敌人屈服,不会说半句软话。反之,一个国家如果力量弱小,进不能攻,退不能守,即使有尧舜那样的贤圣君主,也不能不屈服于强国。"自此观之,国之所以重,主之所以尊者,力也"。商鞅指出,力量是提高国家和君主地位的最根本的凭借,力量绝不是从天上掉下来的,而是藏于民中间。《商君书·靳令》说:"圣君之治人也,必得其心,故能用其力。"《商君书·错法》说:"人情好爵禄而恶刑罚,人君设二者以御民之志,而立所欲焉。"君主用赏罚的目的就在于换取民力。

总的来说,由历史进化观得出的基本结论是形势发生了变化,政治也必须相应改革,但改革必须切中时代的脉搏,抓住民众的意愿,为民众谋利益。君主掌握这种力量,一是用来攻打敌国、争王、图霸,二是出于治国理政管理民众的需要。进化、利益、力量三者构成一个有机的结合体,这就是商鞅政治理论的基础[2]。

---

[1] 《韩非子·五蠹》。
[2] 参见刘泽华、葛荃主编:《中国古代政治思想史》,南开大学出版社2001年版,第91、92页。

2. 耕战一体、富国强兵

商鞅认为,"力"原则决定着国家及政治集团政治关系的走向,而国家的综合力量则来自于农战政策实施的好坏。

农战,就是指农耕与作战。

《商君书·农战》说:

> 国待农战而安,主待农战而尊。

商鞅劝告秦孝公,要复兴秦穆公之霸业,就得靠农战。只要民众致力于务农,就会"国富而治";积极为国家而战,就能"尊主安国"。要采取一切办法,把民众引导到农战的轨道上来。

《商君书·慎法》说:

> 先王能令其民蹈白刃,被矢石。其民之欲为之?非。如学之,所以避害。故吾教令:民之欲利者,非耕不得;避害者,非战不免。境内之民莫不先务耕战,而后得其所乐。故地少粟多,民少兵强。能行二者于境内,则霸王之道毕矣。

从前有作为的帝王能使他的民众脚踩白亮亮的刀口,身受飞来的乱箭、石块。他的民众真愿意干这种事吗?不是的。他们之所以能够前仆后继,是为了避免刑罚的祸害。所以我们的教令应该是:民众想得到利益,不种田就得不到;想避免祸害,不打仗就避免不了。这样,国内的民众就会首先致力于种田、打仗,然后才能得到他们所想要的东西。所以国家的土地虽然很少,粮食却很多;民众虽然很少,兵力却很强。如果能在国内推行这两项政令,那么称霸称王的办法就完备了。

第一,商鞅特别重农,把粮食看成是国家财政充裕与否的重要标志。

> 国好生粟于境内，则金粟两生，仓府两实，国强。①

商鞅指出，国家富强之道在于农耕政策的贯彻与落实。要实现这项国策，就应该做到：

（1）"劫以刑"。商鞅虽然提倡农耕经济，但是并不认为农耕是一件人们多么乐意去做的事情。

商鞅明确指出：

> 民之所苦者无耕。②
> 民之内事，莫苦于农。③

然而，农耕虽苦，但如果不务农就要受到刑罚，而且所受刑罚比务农还要苦的话，民众就会把务农当成是件乐事了。

（2）"驱以赏"。把"赏"作为鼓励民众积极农耕的一项政策，对于力耕者要赏以"官爵"④。《商君书·去强》提出"粟爵粟任"，即用粮食换取官爵。《商君书·靳令》也提出："民有余粮，使民以粟出官爵。官爵必以其力，则农不怠。"

（3）制定经济政策以鼓励农耕。商君主张重农抑商，利用价格和税收鼓励农耕。《商君书·外内》说：

> 民之内事，莫苦于农，故轻治不可以使之。奚谓轻治？其农贫而商富——故其食贱者钱重，食贱则农贫，钱重则商富；末事不禁，则技巧之人利，而游食者众之谓也。故农之用力最苦，而赢利少，不如商贾、技巧之人。苟能令商贾、技巧之人无繁，则欲国之无富，不可得也。故曰：欲农富其国者，境内之食必贵，而不农之征必多，市利之租必重。则民不得无田，无田不得不易其食。

---

① 《商君书·去强》。
② 《商君书·慎法》。
③ 《商君书·外内》。
④ 《商君书·农战》。

食贵则田者利，田者利则事者众。食贵，籴食不利，而又加重征，则民不得无去其商贾、技巧而事地利矣。故民之力尽在于地利矣。

商鞅说：民众的国内事务，没有什么比务农更艰苦的了，所以轻微宽松的政治措施是不能用来驱使他们去务农的。什么叫作轻微宽松的政治措施呢？那就是指农民贫穷而商人富裕——因为粮食便宜了钱币就贵重了，粮食便宜了农民就贫穷，钱币贵重了商人就富裕；奢侈品等不重要的生产不受到禁止，因而做手艺的人能得利，而到处游荡混饭吃的人很多。所以农民用力最苦，而获得的利益却很少，不及商贩、做手艺的人。如果能够使商贩、做手艺的人不增多，那即使要国家不富，也是不可能的。所以说，要想靠农业来使自己的国家富起来，那么国内的粮食价格必须昂贵，而对不务农的人所征的徭役必须增多，对市场利润的税收必须加重。这样，民众就不得不种田，不种田的人就不得不购买粮食。粮食昂贵，种田的人就有利；种田的人有利，从事农耕的人就会多起来。粮食昂贵，购买粮食不合算，加上沉重的赋税徭役，民众就不得不抛弃经商、卖手艺的行当而去从事农业生产了。这样，民众的力量就会全花在农业生产上了。既然"食贱则农贫，钱重则商富"，那么，就必须采取抑末政策，限制人们从事工商业活动，"不农之征必多，市利之租必重"①，只要采取这种办法，粮价就可以提高，农民就会安心从事农耕。

第二，加强行政管理。

《商君书·垦令》中提出了二十条重农措施，分别是：（1）"无宿治"；（2）"訾粟而税"；（3）"无以外权任爵与官"；（4）"以其食口之数赋而重使之"；（5）"使商无得籴，农无得粜"；（6）"声服无通于百县"；（7）"无得取庸"；（8）"废逆旅"；（9）"壹山泽"；（10）"贵酒肉之价，重其租，令十倍其朴"；（11）"重刑而连其罪"；（12）"使民无得擅徙"；（13）"均出余子之使令，以世使之，又高其解舍，令有甬官食，概"；（14）"国之大臣诸大夫，博闻、辨慧、游居之事，皆无得为，无得居游于百县"；

---

① 《商君书·外内》。

（15）"令军市无有女子；而命其商，令人自给甲兵，使视军兴；又使军市无得私输粮者"；（16）"百县之治一形"；（17）"重关市之赋"；（18）"以商之口数使商，令之厮、舆、徒、童者必当名"；（19）"令送粮无取僦，无得反庸，车牛舆重役必当名"；（20）"无得为罪人请于吏而飨食之"。由这二十条法令来看，其内容相当丰富，涉及行政管理、地税征收、官吏任用、劳动力管理、粮食买卖、音乐服装的控制、雇佣的禁止、旅馆的废除、矿藏资源的国有化、酒肉的价格政策、刑罚制度、居住制度、贵族特权的限制、高级官员的管理、军队管理、政治制度的统一、关税商品税政策、抑制商人的徭役制度、运粮制度、刑狱辩护制度等。对这种种法令的论证，充分体现了商鞅的重农思想及其对策[1]。

第三，商鞅特别重视开疆拓土的对外战争。

战国时期是一个争战不已、由割据走向统一的时代，胜败高下只能由战争决断，商鞅深切地认识到了这一点。农耕虽然是件苦事，但比农耕更苦的还是战争。商鞅非常清楚地认识到，民之所"危者无战"[2]，而政治的妙用就在于使民不得不勇战。其办法如同使民务农一样，一方面鼓励人们去打仗，使人们从打仗中获取利益；另一方面，你不是怕流血、怕死吗？那么就要营造一种环境，让你感到比流血、比死更为难受，相比之下，还不如去流血打仗。这种办法便是重罚和株连，严刑之下，变怯为勇。为了激励民众为国作战，商鞅提出要通过赏罚与宣传，造成全国皆兵和闻战则喜的局面，达到"民之见战也，如饿狼之见肉"[3]的宣传效果。于是，在商鞅农战政策的激励下，秦国上下形成了一片积极踊跃参战的局面。父送子、兄送弟、妻送夫出征时都说这样的话："不得，无返！"意思是："不能杀敌立功，你就不要回来！"秦国出现如此高涨的士气，战争当然是无往而不胜了。

商鞅说：

---

[1] 参见张觉译注：《商君书全译》，垦令第二，贵州人民出版社1993年版，第11—12页。

[2] 《商君书·慎法》。

[3] 《商君书·画策》。

民之外事，莫难于战，故轻法不可以使之。奚谓轻法？其赏少而威薄，淫道不塞之谓也。奚谓淫道？为辩知者贵，游宦者任，文学私名显之谓也。三者不塞，则民不战而事失矣。故其赏少，则听者无利也；威薄，则犯者无害也。故开淫道以诱之，而以轻法战之，是谓设鼠而饵以狸也，亦不几乎！故欲战其民者，必以重法。赏则必多，威则必严，淫道必塞。为辩知者不贵，游宦者不任，文学私名不显。赏多威严，民见战赏之多则忘死，见不战之辱则苦生。赏使之忘死，而威使之苦生，而淫道又塞，以此遇敌，是以百石之弩射飘叶也，何不陷之有哉？[①]

商鞅认为，就民众的对外事务而言，没有什么比作战更艰难的了，所以轻微宽松的法制是不能驱使他们去作战的。什么叫做轻微宽松的法制呢？那就是指奖赏少而刑罚轻，淫荡的歪门邪道不加堵塞。什么叫做淫荡的歪门邪道呢？就是指那些搞诡辩、耍聪明的人能得到尊贵，到处游说谋求官职的人能得到委任，研究文献典籍而有个人名气的人能显赫荣耀。这三条歪门邪道不加堵塞，那么民众就会不愿作战而对外战争就会失败。奖赏少，听从法令而立功的人就得不到什么好处；刑罚轻，犯法的人就不会受到什么伤害。所以开辟了淫荡的歪门邪道来引诱民众，又用轻微的法制去使他们作战，这叫做捕取老鼠而用猫去引诱，恐怕是没有什么指望的吧！所以，要想使民众积极作战，就必须用重典。奖赏一定要优厚，刑罚一定要严厉，淫荡的歪门邪道一定要堵塞，搞诡辩、耍聪明的人不能得到尊贵，到处游说谋求官职的人不能得到委任，研究文献典籍而有个人名望的人不能显赫荣耀。奖赏优厚、刑罚威严，民众看到作战立功的奖赏优厚就会舍生忘死，看到逃避作战所受到的刑辱就会把苟且偷生看作是一种痛苦。奖赏使民众不怕死，刑罚使他们不愿苟且偷生，而淫荡的歪门邪道又被堵住了，用这样的民众对付敌人，就好比是用上万斤的力量才能拉开的强弓去射飘落的树叶，哪会有攻不破敌人的道

[①]《商君书·外内》。

理呢？

总之，商鞅认为："故为国者，边利尽归于兵，市利尽归于农。边利归于兵者强，市利归于农者富。故出战而强，入休而富者，王也。"① 治理国家的人，要把从边境上得到的利益都给战士，把市场上得到的利益都给农民。边境上的利益归给战士的国家就强大，从市场上的利益归给农民的国家就富裕。如此，出外作战时兵力强大、回来休整时能致富的国家，能不称王天下吗？在以战争争高下的战国年代，商鞅直截了当地宣布战争是解决问题的唯一办法，王冠只能通过战争来取得，这比当时其他诸子的政治主张更加棋高一筹，更加入木三分。

3. 以法治国、明分尚公

商鞅十分重视法制建设。

作为秦律的最初缔造者，商鞅开创了秦国法律的基本框架、原则和内容制度建设的先河。

商鞅说：

> 国之所以治者三：一曰法，二曰信，三曰权。法者，君臣之所共操也；信者，君臣之所共立也；权者，君之所独制也，人主失守则危。君臣释法任私必乱。故立法明分，而不以私害法，则治。权制独断于君则威。民信其赏，则事功成；信其刑，则奸无端。惟明主爱权重信，而不以私害法。故上多惠言而不克其赏，则下不用；数加严令而不致其刑，则民傲死。凡赏者，文也；刑者，武也。文武者，法之约也。故明主任法。明主不蔽之谓明，不欺之谓察。故赏厚而信，刑重而必；不失疏远，不违亲近，故臣不蔽主，而下不欺上。世之为治者，多释法而任私议，此国之所以乱也。②

商鞅认为，国家之所以治理得好，是因为依靠了三样法宝：一是法度，二是信

---

① 《商君书·外内》。
② 《商君书·修权》。

用，三是权力。法度，是君主和臣下共同遵守的东西；信用，是君主和臣下共同建立的东西；权力，是君主单独控制的东西，君主如果没有保住就危险了。君主和臣下如果舍弃了法度而任凭私意办事，国家一定会混乱。所以建立法度、明确名分，而不以私意损害法度，国家就治理得好。权力由君主专断，君主就威严。民众确信君主的奖赏，那么功业就能建成；民众确信国家的刑罚，那么邪恶的事情就不会发生。只有英明的君主才爱惜权力、注重信用，而不以私意损害法度。如果君主多说给人恩惠的话而结果却不能实施他的赏赐，那么臣民就不会被君主利用；如果君主屡次增加严厉的命令而结果却不能施行他的刑罚，那么民众就不在乎死刑了。一般地说，奖赏，是一种起鼓励作用的"文"的手段；刑罚，是一种起强制作用的"武"的手段。这文、武两种手段，是法治的要领。所以英明的君主使用法度，奖赏优厚而且讲信用，刑罚严厉而且一定实施；实行奖赏不漏掉关系疏远的人，执行刑罚不回避关系亲近的人，所以臣子不敢蒙蔽君主，而下级不敢欺骗上级。英明的君主不会被人蒙蔽，所以被称为英明；不会受人欺骗，所以被称为明察。而今一些国家的统治者，多舍弃法度而听信私人的议论，这就是国家混乱的原因。

根据刘泽华、葛荃在其主编的《中国古代政治思想史》中的总结，商鞅的法治思想十分丰富，主要包括定分尚公、利出一孔、胜民弱民、轻罪重罚以及以法治国五项内容[1]。

第一，"定分"。

定分尚公是商鞅法治理论的主旨，这一点与慎到的政治主张基本相同。

定分，就是确定名分，用法令把人的职分与地位、财物的所有权等确定下来。《商君书》中有《定分》专篇进行论述。

《商君书·定分》篇首先记述了商鞅有关推行法令的具体办法：配置通晓法令的法官以负责法律咨询；对那些删改法令或不答复民众咨询的法官法吏予以严惩；为了防止法令被篡改，法令必须设置副本，藏于天子殿中，每年颁布一次，供郡、县、

---

[1] 参见刘泽华、葛荃主编：《中国古代政治思想史》，南开大学出版社2001年版，第95—97页。

诸侯等学习。通过广泛的推广宣传，就可使"天下之吏民无不知法者"，也就能使"吏不敢以非法遇民，民不敢犯法以干法官"，即使有"贤良辩慧""千金"者，也不能歪曲与破坏法令。这样，即使那些"知诈贤能者"，也都会奉公守法了。接着，《定分》篇指出法令是治国的根本措施，利用法令来确定名分是一种"势治之道"，它可以使"大诈贞信，巨盗愿悫，而各自治矣"；而"法令不明""名分不定"则是一种"势乱之道"，它将使"奸恶大起、人主夺威势、亡国灭社稷"。最后，《定分》篇再次强调了法令必须"明白易知"，并设置法官法吏，广为宣传，使"万民无陷于险危"，以达到有刑法而"无刑死者"的政治境界。可见，商鞅提倡严刑峻法，是为了使天下大治，而不是为了残杀生灵。

第二，"壹赏，壹刑，壹教"。

商鞅说：

> 圣人之为国也，壹赏，壹刑，壹教。壹赏则兵无敌，壹刑则令行，壹教则下听上。夫明赏不费，明刑不戮，明教不变，而民知于民务，国无异俗。明赏之犹至于无赏也，明刑之犹至于无刑也，明教之犹至于无教也。①

商鞅说：圣人治理国家的时候，统一奖赏，统一刑罚，统一教化。统一了奖赏，军队就能无敌于天下；统一了刑罚，命令就能贯彻执行；统一了教化，臣民就会服从君主。明确的奖赏并不会耗费财物，严明的刑罚并不会乱杀人，明白的教化并不需要去强行改变民众的风俗，而民众知道自己应该做的事情，国家也就没有异常的风俗。明确的奖赏发展到极点可以达到不用奖赏，严明的刑罚发展到极点可以达到不用刑罚，明白的教化发展到极点可以达到不用教化。

有关"壹赏，壹刑，壹教"的政治主张，《商君书·赏刑》篇有专门的论述。该篇条理极其清楚，分别论述了"壹赏，壹刑，壹教"三大政治主张。"壹赏"，就是只奖赏有军功的人，即所谓"利禄官爵抟出于兵"。这样，民众就会"出死而为上

---

① 《商君书·赏刑》。

用"、"战必覆人之军",君主就能"因天下之货以赏天下之人",即使厚赏,也不会破费自己的财富,而平定天下后,又无须再进行战争,也就无须再进行奖赏,这就达到了"无赏"的境界。"壹刑",就是"刑无等级。自卿相、将军以至大夫、庶人,有不从王令、犯国禁、乱上制者,罪死不赦"①。不论亲疏贵贱,不论过去有无功劳,只要犯了罪,一律加以查处,一律施以重刑,并株连治罪。这样,人们就不敢以身试法,刑罚也就无处可施,这就达到了"无刑"的境界。"壹教",就是反对种种不利于农战的意识形态,利用赏罚来养成民众好立战功的风气。这种风气一旦养成,即使不再进行教育,人们也会积极参战,这就达到了"无教"的境界。商鞅指出,"壹赏""壹刑""壹教"是治国的纲领,如果加以贯彻实施,就是法度严明的表现,那么无论是"圣人"还是"凡主",都能够把国家治理好。《商君书·赏刑》提出的"无赏""无刑""无教",表达了法家的政治理想,值得研究与重视。

第三,"利出一孔"。

为了保证耕战的成功,商鞅提出了"利出一孔"的政治主张。

所谓利出一孔,就是用立法的办法,将国家对于爵禄的奖赏,只留出一条利途,把其他的利途统统堵死。这条利途就是耕战。利出一孔还是利出多孔,关系到国家的兴衰。《商君书·靳令》说:"利出一孔者,其国无敌。利出二孔者,其国半利。利出十孔者,其国不守。"《商君书·弱民》说:"利出一孔,则国多物;出十孔,则国少物。守一者治,守十者乱。治则强,乱则弱。强则物来,弱则物去。故国致物者强,去物者弱。"为了确保耕战,必须打击一切不利于耕战的人、事与思想。商鞅把"豪杰""商贾""游士""食客""余子""技艺者"等列入非农战之人,主张采取政治、法律与经济手段加以限制和制裁,将国家的导向集中在农战上面,这是符合时代需要的。

第四,"弱民"。

弱民,就是使民众懦弱,削弱民众对法令的抗拒力,使民众俯首帖耳地遵行法

---

① 《商君书·赏刑》。

令。商鞅认为，民众懦弱守法，才能加以利用，国家才会强盛。君主应该利用法度，掌握权变，用奖赏农战的办法，使富裕的民众用粮食捐取官爵，使民众不怕牺牲上前线打仗，同时必须清除"六虱"（"岁""食""美""好""志""行"）[1]，反对空谈仁义，利用民众所厌恶的刑罚来使民众懦弱守法，从而达到国富兵强、称王天下的目的。

商鞅认识到，官与民、法与民是一种对立关系。解决这种矛盾的办法，就是民众必须服从法。法一经颁布，都必须遵从，不得违反，即所谓"法胜民"是也。

商鞅说：

> 民弱国强，国强民弱。故有道之国，务在弱民。朴则强，淫则弱。弱则轨，淫则越志。弱则有用，越志则强。故曰：以强去强者，弱；以弱去强者，强。[2]

商鞅认为，民众懦弱守法，那么国家就强盛；国家强盛，在于民众懦弱守法。所以掌握了统治术的国家，致力于使民众懦弱守法。民众朴实，国家就强盛；民众放荡，国家就削弱。民众懦弱，就会遵纪守法；民众放荡，就会有争强好胜的意念。民众懦弱守法，就可以利用；民众有了争强好胜的意念，就会强悍不羁。所以说：采用使民众强悍不羁的措施来清除强悍不羁之民，国家就削弱；采用使民众懦弱守法的措施来清除强悍不羁之民，国家就强盛。

商鞅又说：

> 政作民之所恶，民弱；政作民之所乐，民强。民弱，国强；民强，国弱。故民之所乐民强，民强而强之，兵重弱。民之所乐民强，民强而弱之，兵重强。故以强，重弱；弱，重强，王。以强政强，弱，弱存；以弱政弱，强，强去。强存则弱，强去则王。故以强政弱，削；以弱政强，王也。[3]

---

[1] 张觉注释六虱：第一叫做"岁"，即年终请客；第二叫做"食"，即大吃大喝；第三叫做"美"，即贩卖华美衣物；第四叫做"好"，即贩卖珍奇玩好；第五叫做"志"，即意志消沉；第六叫做"行"，即办事消极。

[2] 《商君书·弱民》。

[3] 《商君书·弱民》。

国家治理首在治民。政治措施采用民众所厌恶的刑罚之类，民众就懦弱守法；政治措施采用民众所喜欢的仁义道德之类，民众就强悍不羁。民众懦弱守法，国家就强盛；民众强悍不羁，国家就削弱。民众所喜欢的政治措施会使民众强悍，民众已经强悍，再用这种措施使他们强悍，那么兵力就会弱上加弱。民众所喜欢的政治措施会使民众强悍，民众强悍，而采用刑罚之类使他们懦弱守法，那么兵力就会强上加强。所以，采取使民众强悍的措施，兵力就弱上加弱；采取使民众懦弱的措施，兵力就强上加强，也就能称王天下。采用使民众强悍的措施去整治强悍的民众，国家就会削弱，因为强悍的民众还存在；采用使民众懦弱的措施去整治懦弱的民众，国家就强盛，因为强悍的民众被除去了。强悍的民众还存在，国家就削弱；强悍的民众被除去，就能称王天下。所以采用使民众强悍不羁的措施来整治懦弱的民众，国家就会削弱；采用使民众懦弱守法的措施来整治强悍的民众，就能称王天下。

商鞅还说：

> 民胜法，国乱。法胜民，兵强。①

民众不遵守法律制度，国家就会混乱；法律制度能制服民众，兵力就会强大。

如何治理才能实现"民弱"？《商君书》中提出了一些解决的办法，主要有以下几方面：

（1）使用严刑重罚，使民众时时处处如临深渊，如履薄冰，民众自然就怯弱而服法了。

（2）奖励告奸，挑动人们互斗，使人们互相监视，造成人人自危的局面。

（3）根据民的不同情况，有针对性地实行奖赏或者刑罚。"民勇，则赏之以其所欲。民怯，则杀之以其所恶。故怯民使之以刑则勇，勇民使之以赏则死。怯民勇，勇民死，国无敌者必王。"②

---

① 《商君书·说民》。
② 《商君书·说民》。

（4）设法使民在贫富之间不停地转化。"治国之举，贵令贫者富，富者贫。贫者富，国强。"①民疾恶贫苦，政府要通过农战之路，使之变富。可是人富了又易生淫乱，那就要设法使他们再变穷，如用粟捐官爵、用刑治罪等等。法的妙用之一就是要使民在贫富之间循环转化，君主则坐收转换之利。民在贫富转换之中变得愈弱，君主就会变得愈加强大。

（5）使民变得愚昧无知。《商君书·弱民》篇认为，民愚朴是民弱君强的基本要素。《商君书·算地》篇则提出："圣人之治也，多禁以止能，任力以穷诈。"

第五，以法治国。

法家的"法治"是一种治国理论、治国方略。"以法治国"是先秦法家提出的一种著名的政治主张，在中国历史上最早由《管子》一书提出。《管子·明法》篇说："威不两错，政不二门，以法治国，则举措而已。"就是说只要国君集中权力，以法为治理国家的"举措"，就可以治理好国家。后来，法家代表人物商鞅、韩非都对此做过比较精辟的阐述。

商鞅说：

> 凡将立国，制度不可不察也，治法不可不慎也，国务不可不谨也，事本不可不抟也。制度时，则国俗可化，而民从制；治法明，则官无邪；国务壹，则民应用；事本抟，则民喜农而乐战。夫圣人之立法、化俗，而使民朝夕从事于农也，不可不知也。②

凡是要建立一个国家，对于制度，不能不仔细审察；对于政策法令，不能不慎重对待；对于国家的政务，不能不严谨处理；对于事业的根本，不能不集中专一。制度适合时势，国家的风俗就能变好，而民众就会遵从制度；政策法令明确，官吏就不敢邪恶；国家的政务统一到农战上，民众就会听从使用；事业的根本集中专一，

---

① 《商君书·说民》。
② 《商君书·壹言》。

民众就会喜欢务农而乐意作战。圣人建立法治、移风易俗，是要使民众从早到晚都致力于农耕，这是不能不搞清楚的。

商鞅接着说：

> 夫民之不治者，君道卑也；法之不明者，君长乱也。故明君不道卑、不长乱也；秉权而立，垂法而治，以得奸于上，而官无不；赏罚断，而器用有度。若此，则国制明而民力竭，上爵尊而伦徒举。今世主皆欲治民，而助之以乱；非乐以为乱也，安其故而不窥于时也。是上法古而得其塞，下修今而不时移，而不明世俗之变，不察治民之情，故多赏以致刑，轻刑以去赏。夫上设刑而民不服，赏匮而奸益多。故民之于上也，先刑而后赏。故圣人之为国也，不法古，不修今，因世而为之治，度俗而为之法。故法不察民之情而立之，则不成；治宜于时而行之，则不干。故圣王之治也，慎为、察务，归心于壹而已矣。①

民众没有治理好，是因为君主不禁止卑鄙的行为；法令不严明，是因为君主助长了动乱的因素。所以英明的君主不放任卑鄙的行为、不助长动乱的因素；他掌握着大权而处在君位上，传下法令来统治人民，因此能高高在上而得知邪恶的情况，官吏也就不敢有邪恶的行为；该奖赏还是该用刑，臣民自己能作出决断，做出的器物用具都符合一定的制度。像这样，国家的制度明确而民众的力量被充分利用，君主的爵位尊贵而各种人物都被使用。现在各国的君主都想治理好民众，却又用动乱的因素去资助民众；这并不是君主们乐意要把民众搞乱，而是因为他们墨守陈规旧章、没有去考察一下时势啊。这样的话，他们远一点的就会去效法古代而得到那些行不通的措施，近一点的就会拘守现状而不能随着时代前进；又不明白社会风气的变化，不清楚统治民众的实际情况，所以滥加赏赐而导致了用刑，减轻刑罚而使奖赏失去了作用。因此，君主们设置了刑罚而民众还是不服从，赏赐用尽了而邪恶的人更多。所以民众对于君主，往往是先受了刑然后再取得奖赏。所以圣人治理国家，

---

① 《商君书·壹言》。

既不效法古代，又不拘守现状，而是根据社会情况来制定相应的政策，考虑民情习俗来建立相应的法制。对于法制，如果不考察民众的实际情况而建立它，那就不会成功；对于政策，如果能适应时代的需要来实行它，那就不会受到抵制。所以圣明的帝王治理国家，只是谨慎地建立法制、采取措施，仔细地考察时务，把心思都集中到农战上罢了。

由此可见，商鞅强调，国家的治乱与兴衰，关键不在于君主是否英明，而在于法律制度是否得到认真贯彻与落实；只要实行"以法治国"，就能治理好国家。正是基于这种认识，商鞅主张公布法律，强调"刑无等级"，要求"君臣上下贵贱皆从法"。这明显是具有进步意义的，新秩序总是在与旧势力的斗争中产生的。

结语　周文化的内核及对后世的影响

周文化的核心特征可以概括为四个方面：(1)农业文明基因；(2)伦理本位风尚；(3)以礼治国模式；(4)以德安邦思维。

公元前 11 世纪，周武王灭商。此后，周政权在伟大的政治家周公旦带领下大胆创新，先后实行分封制、宗法制、礼乐制，将商王朝的殷民部落分散迁徙到各诸侯国家，同时放弃商王朝的崇神政治，以民为本，高举以德治国的旗帜，建立起了一个完全不同于前代的新的政治文明体制，形成了家国同构、多源一统、天下一体的国家政治与天下观念，这是中国早期政治文明发展的又一个高峰。经过成康时代的建设，分封制、宗法制、礼乐制全面确立，王权政体从此进入君权政体时代，标志着早期中国政治从邦国制转型到了封建制的时代，这是早期中国人对大一统政治的探索进入一个新的发展阶段的标志。《诗经·小雅·北山》中说："溥天之下，莫非王土；率土之滨，莫非王臣。"这一诗句，充分体现了早期人们心目中的大一统观念，后来被世人频繁引用，成为国人信奉的一种普遍的政治信条。

从西周到春秋的中国社会，其基本特点是宗法性社会。这个"宗法性社会"是以亲属关系为结构、以亲属关系的原理和准则调节社会的一种社会类型。在这个宗法社会中，一切社会关系都被家族化，宗法关系即是政治关系，政治关系即是宗法关系，故政治关系以及其他社会关系，都依照宗法的亲属关系来规范和调节。在这种关系社会中，人们重礼义而不重法律，重义务而不重权利。虽然至春秋后期，政治领域的宗法关系解体，但社会层面的宗法关系依然存在，宗法社会养育的文明气质和文化精神被永久性地复制下来，成了中华民族的基本文化基因。中外历史表明，在世界上有过宗族性的血缘组织的民族不乏其例，但像中华周代文明社会中所见的宗族组织与政治权利同构的情形，却属罕见。政治身份与宗法身份的合二为一，发展出一种治家与治国融为一体的政治形态和文化传统。

从周文化的气质来看，经过轴心时代的发展，演变成为中国文化的基本气质。这种文化气质在周代集中表现为重孝、亲人、贵民、崇德。重孝不仅体现为殷商的繁盛的祖先祭祀，在周代礼乐文化中更强烈表现出对宗族成员的亲和情感，对人间生活和人际关系的热爱，对家族家庭的义务和依赖。这种强调家族向心性的文化心理，体现出周人对自己和所处世界的一种价值态度。这种气质与那种重视来生和神界，视人世与人生为纯粹幻觉，追求超自然的满足的价值取向有很大不同，它更倾向于积极的、社会性的、关心家国天下的人生情怀。

周文化十分重视"道德"建设。中国文化在西周时期已形成"敬德""重德"的基因，表现在人们的日常行为上，就是对事物的道德评价格外重视，显示出德感文化的醒目色彩。这种色彩体现为崇德贵民的政治文化、孝悌和亲的伦理文化、文质彬彬的礼乐文化、天人合一的宇宙观念、远神近人的人本取向等等。作为夏、商、周三代中华文明智慧的结晶，"六经"是中华文明的原始经典，其中凝结着中华文明早期形成、发展的历史智慧和主流价值，如敬德、保民、重孝、慎罚、协和万邦、修齐治平，体现了中华文明历经夏、商、周一千多年甚至更久远发展所累积的政治智慧、道德观念、审美精神以及价值取向，成为此后中国文化发展的本源。

历史表明，中国是在原始社会末期氏族部落联盟时代聚合成一个政治共同体后逐渐迈入文明门槛的。这使得中国传统的政体演进是呈阶梯式步步提高的，先后经历了氏族部落联盟共主政体、夏商时代的王权政体、周代的君权政体与秦帝国至清亡的皇权政体。在这阶梯式演进中，首先迎来的就是基于氏族部落通过共主聚合为一个共同体的共主政体时代。夏王朝虽然开启了王权政体时代，但由于组织化程度很低，显得很粗线条，商王朝是这个政体的继续和发展。王权政体的最大特点在于：中央集权是基于称王的部族对其他部族的聚合，形成以王畿为中心的四方共主格局而确立的。夏商的政治体系与周王朝在全面分封制基础上形成的政治体系完全不同。周王朝将君权政体建立在血缘宗法制度基础之上，以贵族制为支撑体系。随着分封制的全面确立，王权政体时代也就进入君权政体时代，王权政体被君权政体所替代。与此相应，以万邦共主为机制的大一统开始向以家国同构的宗法制为机制的大一统演进。春秋时代出现的诸侯割据是这种君权政体不完善的产物。春秋末年，大国诸侯还在鼓吹尊王攘夷，但到战国时代，各国诸侯都将寻求天下统一、重建大一统格局作为其最基本的政治理想。由此可见，早期中国在迈入文明门槛、开始国家发展历史进程的时候，就是将建立大一统的格局作为国家的理想与使命的。

周代政治与文化是中国古代政治制度和思想文化发展史上的奇峰,对中国文明产生了永久性的影响。在秦帝国建立以皇权为核心的中央集权政体之前,先秦制度史已经先后经历了以"共主"为表征的氏族部落联盟共主时代、王权政治时代以及基于血缘宗法制度所确立的君权政体时代。许倬云先生在《西周史》中比较系统地揭示出夏商周政治创造者们在三个方面所做出的最重要的政治文明成就:一是建立了华夏国家;二是建立了封土封民,构筑以"族"为单位的国家共同体的分封制;三是确立了与宗法社会相匹配的完整礼乐制度。这三大成就都在周王朝得到了集中体现,人们亦往往将其视作"周制"的具体内容与表现特征。

"周制"因为其漏洞与弊端无法解决而最终被"秦制"所替代。

"秦制"是通过用"郡县制"替代"分封制"、用"官僚制"替代"贵族制"、用"书同文、车同轨"式的中央集权终结诸侯割据而建构起来的一套更加适合中国国情的政治管理模式。

不过,我们必须看到,"秦制"的出现丝毫没有降低"周制"在传统中国政治文明发展中的地位与影响。这是因为,源于夏、发展于商、成熟于周的宗法制度与礼乐制度并没有随周王朝的灭亡而消失。相反,它转化成了国民心理与国民行为的共同价值观念与日常生活中的行为习惯,成为中国传统国家支撑制度、运行治理的根本所在。孔子论礼中讲了这个问题的重要性,礼也因此成为历代治国者必须遵循与重视的治国基础与法则。他说:"夫礼,先王以承天之道,以治人之情,故失之者死,得之者生。《诗》曰:'相鼠有体,人而无礼,人而无礼,胡不遄死?'是故夫礼,必本于天,殽于地,列于鬼神,达于丧、祭、射、御、冠、昏、朝、聘。故圣人以礼示之,故天下国家可得而正也。"[1] 由于宗法制度与礼乐制度完全嵌入到中国的文化习俗、社会组织以及国家治理之中,全面协调着人与人、人与自然、人与社会、人与国家、人与天地鬼神之间等等的关系,所以,它"就构成了中国宗法社会的基本

---

[1] 《礼记·礼运》。

伦理观念、组织结构和行为准则，也确立了中国文化的传统"。[1]

周制创造了中华文明曾经的辉煌。

以周制为基础所形成的周王朝政权确立在宗法封建制度的基础上，将政权与血缘、国家与家族之间的关系实现了完美的结合。在宗法制度下，族权，一方面来自家族的地位，另一方面来自家族所霸据的天下大小。于是，以封土封民的方式推动家族内部力量霸据天下并平衡家族内部权力秩序与权力关系，就成为周代政权与族权结合的必然制度选择。但这个制度既是家族霸据天下的制度，也是家族内部割据天下的制度。因为，它是以家族内部族权的自然分化、分立为基础的，而以族权体系为合法性基础的周代政权是无力用自身的力量去解决这其中的矛盾的，唯一的办法就是改变这种霸据天下机制与权力配置模式。[2] 所以，当春秋战国时期，天子权威下降、天下秩序大乱时，诸侯一面继续遵从周制以保证自己势力的合法性，另一面则放弃周制霸据天下的方式，开始探索新的制度，即用郡县制替代分封制，用官僚制取代贵族制，派官员驻守新领地，逐步减少给家族内部力量封土分民，从而逐渐弱化血缘与宗法制度在国家权力组织和国家治理中的主导作用。这是后来一统天下的秦制得以实践和发展的重要历史与社会基础。

春秋战国时代，随着周制度弊端的逐渐暴露，以"士"阶层为代表的势力，纷纷探索与寻求政治治理的最佳方案。其中，儒家、法家、墨家、道家等影响最大。到战国中后期，先后形成了以齐国稷下学宫与秦国相邦吕不韦门客为代表的整合力量，他们的天下一统的政治主张，为即将出现的以皇帝制度、郡县制度为特征的大一统国家政权在政治理论上做了充分的准备。

秦制是在周制的基础上脱胎而来的。秦制源于战国时代天下统一的需要。与周制的使命一样，秦制就是创造大一统的家国天下，但两者的取向却完全不同。周制是从族权逻辑出发，而秦制则是从政权逻辑出发的。与此相对应，推动周制成长的

---

[1] 葛兆光著：《中国思想史》第一卷，复旦大学出版社1998年版，第108页。
[2] 参见王健著：《西周政治地理结构研究》，中州古籍出版社2004年版，第386—416页。

背后力量是礼制及其所形成的贵族势力，而推动秦制成长的背后力量则是法家理论以及急于打破旧秩序的士阶层力量。因此，相对周制来说，秦制无疑是革命性的。这决定了秦制的确立过程，不仅是制度替代的过程，而且是用君王—官僚的权力结构替代君王—贵族的权力结构的过程。这个过程最终通过秦统一中国，建立皇帝制度得以完成。正如周制所形成的家天下有内在的矛盾一样，秦制所形成的家天下也有内在的矛盾。前者的矛盾导致了空间上的诸侯割据，后者的矛盾则导致了时间上的朝代更替。

从一开始，中国早期政权就是完全建立在家族统治的基础之上的。这决定了秦制与周制所赖以存在的社会性质与基础结构的一致性，即宗法社会。所不同的是，周制直接将宗法社会的宗法制度上升为国家政权建构的制度基础，从而将政权与族权结合于一体；秦制没有否定宗法社会与宗法制度，否则，它就不可能确立家天下制度。但秦制政权建构又在很大程度上超越了宗法社会与宗法制度，最重要的体现就是除了皇帝制度之外，国家政权不是靠家族来治理的，而是靠官僚来治理的，从而使得家族的社会地位不能直接转化为在国家治理中的权力地位。这样，基于封建制必然形成的贵族阶级与贵族统治就逐渐被基于官僚治理国家所形成的官僚制度所取代。秦制正是依靠这样的制度，建立了比周制更具统一性和牢固性的家天下格局。

秦制创造了中央集权的高度统一以及相应的强大皇权，但它从诞生的那天起就使得秦始皇用秦制统一中国时所追求的"万世一系"变成黄粱美梦。这是因为，秦制在用官僚制替代贵族制的时候，就使得"万世一系"失去了赖以存在的社会基础。正是这种家天下的内在矛盾，使得国家权力可以被某一个家族所掌控，但不可能永远掌控在一个家族的手中。国家权力的归宿和掌握一旦失去了血缘与家族的神圣性，国家权力自然就成为全社会的公器，在以家族为单位的宗法社会中，各家各姓都有权染指。中国是百家姓社会，任何一家一姓都拥有掌握皇权的权力与机会，因而谁家在有条件时都可以发出"王侯将相宁有种乎"的挑战，表达"彼可取而代也"的宏志。所以在这套制度与治理体系下，皇权不可能为一家万世垄断，必然是在百家姓之间流转，从而形成王朝更替。不同家族掌握国家权力，就会形成不同的朝代。

但掌握皇权的任何一家，要想江山巩固，则必须拼命守住政权，而守住政权的关键，不在权力本身，而在能否赢得天下人心，而赢得天下的根本，除了人心之外，就是皇权能否赢得既有制度和治理体系蕴含的"正统"合法性基础。拥有了这种合法性基础，既能有效运行制度与治理体系，也能赢得广泛的民心。正是这种独特的政治传统与政治文化，使得传统国家的制度与治理体系，虽依赖皇帝制度而运行，但又能超越皇帝制度而存在，成为维系中国大一统格局的制度与治理体系。于是，朝代更替就成为秦制家天下的形式。这与诸侯分封与割据的周制家天下形成了鲜明对比。

秦始皇统一中国，建立了以皇权统治为核心、以郡县制和官僚制为主干的中央集权体制，并试图用这样的政权体制创造"万世一系"的家天下格局。然而，秦"二世而亡"。汉承秦制，此后，秦制得以在中国延续了近两千年。从西汉贾谊所总结的秦二世而亡的历史教训来看，秦朝早亡的原因，不在于秦制本身，而在秦朝的施政，用贾谊的话说是"仁义不施，而攻守之势异也"，结果，一统天下的煌煌帝国，不经意间毁于一介草民陈涉之手。显然，秦朝不是亡于秦制，而是亡于暴政，亡于对周政成果的总结与继承得不够。秦的暴政固然与秦制有关，但更与秦始皇不施"仁义"有直接关系。秦不施"仁义"，一方面源于国家统一之后，亟须用政权力量创立与巩固中央集权的新制度，消除被征服的六国残余势力的反抗，固守扩展好几倍的大国边疆；另一方面也与秦制统一中国过程中所秉承的法家治国哲学有关，过于强调"法术势"在固权治国中的作用。正因为如此，秦亡之后而起的汉朝，继承秦制，同时也参用周制，在政体上采用郡县与封国并存，在意识形态上则是"以道治国""以德治国""以法治国"同时参用，从而创造了汉初的"文景之治"。在这个过程中，汉承的秦制有意识地吸纳了周制中的封国制、礼治等政治体系及其背后的思想与原则。

然而，无论周制还是秦制，都重视人才与制度在治国理政中的地位和作用，而不重视宗教在国家治理中的地位和作用。

中国虽有原始宗教，但由于中国是以天地自然的法则来安排世俗权力的，是以宗法伦理来安排人伦关系与世俗生活的，所以，君王治国所要借助的智力支撑，主要不是来自宗教的力量，而是来自掌握天下国家之"道"的士人智慧。君王要治天下，就必须将其所掌握的"势"与士人掌握的"道"有机结合。这种治国形态兴起于西周时期的"天人合一""敬天保民"观，发展于春秋战国时期的百家争鸣，随后成为一种政治形态贯穿中国传统政治始终。秦制要巩固，必须解决一个问题，就是建构起应有的意识形态基础，获得充分的价值合理性。为此，秦始皇选择了法家哲学，汉初王朝选择了黄老哲学。这两套哲学立足点不是民情、民心与民生，而是君王的治国之策，所以，这两次选择都是从统治的需要和政权的巩固出发的，没有更多地从政权本身如何立足社会、深入人心、融入传统出发。这在客观上导致了汉武帝所进行的第三次历史性的努力——同意董仲舒的"罢黜百家独尊儒术"，为秦制配上以儒家为核心的意识形态系统。这个意识形态系统，相对于法家和黄老哲学来说，更立足于中国伦理本位的宗法社会，将宗法社会的伦理原则与家天下的皇权统治所需要的治国原则有机统一起来，相互衔接、相互协调，从而形成源于人性、立于人心、扎根社会、贯通国家的意识形态运行体系，创造了集修身、齐家、治国、平天下于一体的大一统的政治文化。在这样的大一统政治文化中，皇权真正之"势"，不是来自皇权本身，而是来自支撑皇权的"制"及其背后的"道"。秦制的实际运行者是官僚，在天下太平取决于"势""制"与"道"衔接有序的大一统政治格局下，官僚队伍的选拔及其管理，就成为王朝兴衰的关键。正因为如此，汉承秦制之后，一方面为秦制选择相应的意识形态系统，另一方面努力为秦制搭建其运行必不可少的选官体系，并力图实现两者的有机协调。

历史研究表明，不论是周制，还是秦制，都建立了相应的官制系统。直接反映周制形态的《周礼》，就是一部通过官制来表达治国方案的著作，并由此确立了以官制来表达制度体系、国家组织以及治理形态的中国政治传统。在这个传统下，国不可一日无君，同样，君不可一日无臣，君臣一体，是立政安国之本。所不同的是，在周制下，天子和诸侯以下的各官都是世袭的，称为世卿。到了春秋战国时代，随着士的崛起，世卿制度开始动摇，举贤任能逐渐成为公认的治国安邦之道。秦统一中国过程中所确立的按军功授爵的原则，从根本上摧毁了周制的世卿制，拉开了选官制度的序幕。汉承秦制之后，汉武帝在元光元年（公元前134

年），开启每年一次的"举孝廉"活动，从而使选官成为制度性的安排，这一举动奠定了中国千年选官制度的基础。此后，历朝历代选官制度的完善与发展，就成为秦制完善与发展的重要内容，并成为秦制完善性和有效性的关键所在，以至于成为中国传统国家走向成熟的标志。从这个角度讲，隋唐的科举制确立，既标志着选官制度经历了汉代的察举制、魏晋南北朝的九品中正制之后终于定型于规范而系统的科举制，也标志着传统大一统政治所运行的"秦制"达到了最成熟和完美的形态。辉煌的大唐盛世正是在这样完美的制度形态基础上形成的。

今天，纵观人类所创设的各种政体以及相应的制度形式，制度得以巩固和完善的关键主要有两个：一个是制度能够与外部保持持久的互动关系；二是制度内部自身具有很强的自我修复与完善功能。由此来透视周制，不难发现周制在这两个关键点上都具有有效的因素，通过分封制、宗法制、礼乐制，周制将其意识形态有效地贯穿到人们的价值观念与日常生活之中，从而成功地实现了家国同构、天下一体、多源一统的制度与社会文化价值观念的转变，周王朝虽然灭亡，但周初统治者所开创的一系列封建制度，以及春秋战国时期百家争鸣所形成的关心家国天下的国民意识却具有强大的生命力，并不断影响着中国后世的历史发展进程。

附录　主要参考书目

《史记》

《汉书》

《国语》

《说苑》

《新序》

《管子》

《老子》

《周易》

《论语》

《诗经》

《尚书》

《礼记》

《周礼》

《仪礼》

《孟子》

《荀子》

《墨子》

《庄子》

《论衡》

《逸周书》

《商君书》

《韩非子》

《战国策》

《淮南子》

《吕氏春秋》

《孔子家语》

《春秋繁露》

《春秋左传》

《春秋公羊传》

《春秋穀梁传》

皮锡瑞著:《经学通论》,中华书局1954年版。

吕振羽著:《殷周时代的中国社会》,生活·读书·新知三联书店1962年版。

范文澜著:《范文澜历史论文选集》,中国社会科学出版社1979年版。

赵光贤著:《周代社会辨析》,人民出版社1980年版。

童书业著:《先秦七子思想研究》,齐鲁书社1982年版。

李学勤著:《东周与秦代文明》,文物出版社1984年版。

余英时著:《士与中国文化》,上海人民出版社1987年版。

童书业著:《春秋史》,山东大学出版社1987年版。

刘俊田、林松、禹克坤译注:《四书全译》,贵州人民出版社1988年版。

郑树良著:《商鞅及其学派》,上海古籍出版社1989年版。

孙实明著:《韩非思想新探》,湖北人民出版社1990年版。

杨向奎著:《宗周社会与礼乐文明》,人民出版社1992年版。

许倬云著:《西周史》,生活·读书·新知三联书店1994年版。

俞荣根著:《儒言治世——儒学治国之本》,四川人民出版社1995年版。

张之恒、周裕兴著:《夏商周考古》,南京大学出版社1995年版。

晁福林著:《夏商西周的社会变迁》,北京师范大学出版社1996年版。

白钢主编,王宇信、杨升南著:《中国政治制度通史》,第二卷,先秦,人民出版社1996年版。

李学勤主编:《中国古代文明与国家形成研究》,云南人民出版社1997年版。

巴新生著:《西周伦理形态研究》,天津古籍出版社1997年版。

武树臣、李力著:《法家思想与法家精神》,中国广播电视大学出版社1998年版。

杨宽著:《西周史》,上海人民出版社1999年版。

郑师渠总主编，王冠英主编：《中国文化通史》（先秦卷），中共中央党校出版社2000年版。

王晖著：《商周文化比较研究》，人民出版社2000年版。

王玉哲著：《中华远古史》，上海人民出版社2000年版。

刘泽华、葛荃主编：《中国古代政治思想史》，南开大学出版社2001年版。

钱穆著：《先秦诸子系年》，商务印书馆2002年版。

瞿同祖著：《中国封建社会》，上海世纪出版集团上海人民出版社2003年版。

唐帼丽著：《传统中国的文化精神》，中国社会科学出版社2003年版。

齐涛主编，王和著：《中国政治通史——从邦国到帝国的先秦政治》，泰山出版社2003年版。

周延良著：《夏商周原始文化要论》，学苑出版社2004年版。

钱穆著：《中国历代政治得失》，生活·读书·新知三联书店2005年版。

丁小萍著：《中国古代政治智慧》，浙江大学出版社2005年版。

吴怀祺主编，吴怀祺、林晓平著：《中国史学思想通史》（总论，先秦卷），黄山书社2005年版。

韩星著：《儒法整合——秦汉政治文化论》，中国社会科学出版社2005年版。

冯天瑜著：《中华元典精神》，武汉大学出版社2006年版。

辜堪生、李学林著：《周公评传》，四川大学出版社2006年版。

李学勤主编，孟世凯副主编：《西周史与西周文明》，上海科学技术文献出版社2007年版。

刘泽华著：《中国政治思想史集》（1—3卷），人民出版社2008年版。

薛永武著：《礼记·乐记研究》，光明日报出版社2010年版。

黄勇军著：《儒家政治思维传统及其现代转化》，岳麓书社2010年版。

孙开泰著：《先秦诸子精神》，凤凰出版社2010年版。

[宋]朱熹撰：《四书章句集注》，中华书局2011年版。

何怀宏著：《世袭社会——西周至春秋社会形态研究》，北京大学出版社2011

年版。

钱穆著：《周公》，九州出版社 2011 年版。

杨琥编：《夏曾佑集》，上海古籍出版社 2011 年版。

陈戍国著：《中国礼制史》（先秦卷），湖南教育出版社 2011 年版。

关健英著：《先秦秦汉德治法治关系思想研究》，人民出版社 2011 年版。

杨向奎著：《大一统与儒家思想》，北京出版社 2011 年版。

夏曾佑著：《中国古代史》，东方出版社 2012 年版。

陈占国著：《先秦儒学史》，人民出版社 2012 年版。

吕庙军著：《周公研究》，人民出版社 2012 年版。

方铭著：《战国诸子概论》，学苑出版社 2012 年版。

蔡尚思著：《孔子思想体系》，上海古籍出版社 2013 年版。

田昌五著：《华夏文明的起源》，中国书籍出版社 2015 年版。

金春峰著：《先秦思想史论》，东方出版社 2015 年版。

关万维著：《先秦儒法关系研究：殷周思想的对立性继承及流变》，上海人民出版社 2015 年版。

逯宏著：《中国五帝时代——北方传说时代多元文化融合研究》，中国社会科学出版社 2017 年版。

林义正著：《公羊春秋九讲》，九州出版社 2018 年版。

周萌著：《〈春秋〉的牢骚与梦想》，北京大学出版社 2018 年版。